羅光全書

冊十四

中國哲學思想史

民國篇

臺灣學生書局印行

序

寫完了中國哲學思想史清代篇以後，我停了筆，並且說明暫時不寫民國篇的中國哲學思想史，因爲對民國時期中國哲學界所介紹的西洋近代哲學，我缺乏研究，不便下筆。我就寫自己的哲學思想生命哲學，和輔仁大學教學用的人生哲學。

朋友們和弟子們卻不時催促，要我將民國時期的中國哲學思想系統地加以陳述，使所寫的中國哲學思想史成一全書，包括中國歷代和當前的哲學思想。

我則答應朋友們和弟子們說：陳述已故去的人之思想或過去的時代之思想，較爲容易寫，因爲那些人和那些時代的思想已經成了定型；現在還活著的人或當前尚在變動的時期，思想也在變，就不容易捉摸，更不容易系統地去述說。

朋友們和弟子們又說：民國時期哲學界的人士有的已經去世，他們的思想不會再變，對於這些哲學人的思想可以寫了，至於整個民國時期的哲學思想，雖然現在仍舊不停的變，但是已經過去的思想變遷則又成爲了歷史的事蹟，對於這些事蹟也可以寫。

我接受了朋友們和弟子們的勸說，動筆寫民國時期的中國哲學思想史，我寫這書的第一個原則還是我寫這全部中國哲學思想史的原則：只是寫哲學思想，關於社會、政治、教育等方面的思想都不談，免得全書太泛太膚淺。民國時期有好幾位思想界學人，在政治、社會或教育方面，有卓越的思想，但並不是哲學者，如梁啓超、蔡元培等人，我便不詳談。有的則是中國思想史的專家，如錢穆，有的雖不能稱爲專家，然堪稱爲中國思想史的學人，如徐復觀，我也不多講他們的思想。

我寫這書的第二個原則，是對於活著的中國哲學人，不作專章論述，只在總論裏略提一提，使大家知道他們在民國時期哲學界所處的地位。在附錄裏則寫了肆篇，一篇關於馮友蘭的哲學思想，一篇關於我的生命哲學，一篇是剛過世的吳經熊先生的哲學思想，另一篇則是我和俞大維部長論學的點滴。

全書的第一章爲總論，總論頗長，概括也頗系統地陳述民國七十年來哲學界的思想變遷。以後的幾章，分別講述民國時期幾位哲學者的思想，這幾位哲學者的思想，對於民國的哲學思想，都具有建設性的影響，民國時期是一種變亂時期，先有軍閥的戰爭，後有日本的侵略，最後有共黨的分裂，學者都沒有安定研究學術的環境，在兵慌馬亂中生活；而且整個國家處在追求革新的趨勢裡，一切以西洋的社會作爲理想的模型。因此，在哲學界大家以介紹歐美哲學思想爲能事，一意鄙棄傳統的儒學。但是介紹歐美哲學思想的人，年輕學淺，沒有哲學的根基，結果造成青年人崇洋的心理，加速了馬克思主義的宣傳。政府遷臺以後，痛定思痛，才毅然提倡恢復固有文化，整理傳統哲學思想。民國時期的哲學思想要到了臺灣定居以後，才有了中國哲學思想的成績，幾位研究哲學的人，積數十年的研究經驗，創下了幾分哲學資產，供青年的學人繼續向前向上，繼續創作。我在這本書裏特別述說了他們的思想，作爲民國時期中國哲學思想的代表。三十年來中國大陸則沒有思想可言，一切只是唯物辯證論的瘴氣。希望早有一日，瘴消煙散，大陸臺灣共同成爲革新又充實了的中國哲學的天下。

民國七十四年十二月一日序於羅瑪寓所

中國哲學思想史 民國篇

目　錄

第二章 章炳麟的哲學思想……六五

第四章 胡適的哲學思想……………………一五九

第五章 蔣中正的哲學思想……一九五

第六章　方東美的哲學思想……………………二五一

第一章 總論

一、歷史背景

民國成立，今年已是七十四年了。七十多年來，民國沒有度過安寧的日子，首先是軍閥的內戰，內戰平息了，有日本的侵略。抗戰勝利了，有共產黨的叛亂，竊據整個大陸，一切學術都不能發達。在七十餘年裏中國社會的生活也徹底地改了，七十年代的中國社會，在大陸是共產制度，在臺澎金馬是三民主義制度，兩種制度互相對立。共產黨圖謀消滅中華民族的文化傳統，可是民間的生活制度是改了，民間的衣食住行還是七十餘年前的貧苦情景。三民主義的民生主義，發展了民間的經濟，國民的生活在衣食住行各方面都逐漸西洋化了，民族的文化傳統也受到了重大的打擊。

民國在七十多年內的變化，事事常出乎人意料之外；然而變化的原因和路線則有內在的理由，首要的原因，當然是政治的遭遇，第一個政治遭遇是公元一八四〇年的鴉片戰爭，打破了清廷自恃的傲心。第二個政治遭遇是公元一八九四年的甲午之戰，激起了中國仿效日本採用西洋科學以自強的熱忱。第三個政治遭遇是公元一九一一年武昌起義，建立民國，促使國人追求社會改革。社會改革必以思想爲引導，從鴉片戰爭以後，國人的思想傾向接收西學，甲午戰爭以後，這種傾向更加強烈，民國建立以後，整個社會的思想都成了西洋思想的介紹。

這種傾向可以分成幾個階段。第一個階段從鴉片戰爭以後，到甲午之戰，是採用西洋的軍器；第二個階段從甲午之戰到民國初年，是「中學爲體，西學爲用。」第三個階段從五四運動後，是「全盤西化」；第四個階段，由政府遷到臺灣後，是重建中華文化。

採用西洋軍器以求自強，在「同治中興」時期實現，曾國藩、李鴻章、張之洞等人爲代表，曾國藩曾上奏說臨時藉西洋鎗炮打平了洪秀全，祇解了一時的困難，要緊的在「師夷智以造炮制船，尤可期永遠之利。㈠」李鴻章奏開工廠、築鐵路，以求自富，「臣維古今國勢，必先富而後能強，尤必富在民生，而國本乃益可固。㈡」同治元年曾國藩在安慶開設軍械所，李鴻章在上海設造炮局，以後全國各地陸續開設機器局、礦局、軍事學堂。

「中學爲體，西學爲用。」由張之洞所寫的「勸學篇」公開提出，成爲當時思想界的標語，張之洞以孔孟之道，永久不能變，代表中學之傳統，應作爲革新思想之體。西學則是科技，可應時作爲實用。他說「中學爲內學，西學爲外學；中學治身心，西學應世事。㈢」以西學應世，不能專是槍炮軍器，提倡革新的人，進而提倡商業，再進而提倡教育。

編纂馬氏文通的馬建忠曾留學歐美，他寫信給他兄長馬相伯說：

「忠此次來歐，一載有餘，初到之時，以為歐洲各國富强，專在製造之精，兵紀之嚴，及披其律例，考其文事，而知其進富以護商務為本，求强者以强民心為要。……㈣」

歐洲先有西班牙和葡萄牙，發現美洲新大陸、印度、非洲，於是建立商業網，國家致富，後來法國和英國奪取了西葡的殖民地，操縱全世界的商務，英法一躍而爲世界第一等强國，在南京條約中英國所要求的，是五口通商，目標也在發展商務，馬建忠在歐洲所看見的現象就是歐洲人重商的事實。然而爲能發展商務，須有教育作基礎，因此主張革新的人，進而主張革新敎育。

「夫泰西諸國富强之基，根於工藝，而工藝之學不能不賴於讀書，……我國宜籌款，廣開藝院，教育人才，以制造為用，庶幾日精，品物日備。㈤」

「學校者，人才所由出。人才者，國勢所由強。故泰西之強，強於學。……然而欲與爭強，非徒在槍炮戰艦而已，強在學中國之學，而又學與其所學也。」㈥

根本上的改革，還是在政治，康有爲、譚嗣同、梁啓超乃主張變法。然而戊戌政變流產，六君子被難。激起了孫中山先生領導革命，推翻滿淸。民國既成立，革命的思想已達到目的；但民主共和仍不能步入軌道，原因則是國人大都沒有民主的知識，因而有遠見的人主張革新社會生活，使人民有新的生活觀念。五四運動，開始了這種新生活知識的運動。新生活知識運動爲一種新文化運動。新文化運動的動力，則是新哲學思想。

二、梁啓超

民國初年的哲學思想，繼續了淸朝末年的哲學思想。淸朝末年的哲學思想雖然已經開始向新的方向發展，然而當時的哲學者還沒有研究西洋的哲學，雖然由日本方面得到一些西洋哲學的知識，都是殘缺不全；因此新的哲學方向，仍舊在中國哲學思想裏去尋。淸朝末葉的哲學者，當推康有爲；康有爲的思想則是以公羊學的思想來建立孔教。康有爲的私淑門生譚嗣同拿了西洋的「以太」來講「仁」和「大同」，牽強附會，都不足成一家之言。熊十力則以佛學來結合道家和易經的思想，成了一家之言。章太炎專長經學，反對今文學，喜文字聲韻，鄙薄孔子爲史學者。在一系列的學者中，以梁啓超的影響力爲最高。

梁啓超爲康有爲的門生，曾共同提倡戊戌變法，變法失敗，亡命日本，思想乃逐漸改變。梁氏名啓超、字卓如、號任公，同治十三年（公元一八七三）生於廣東新會，民國十八年（公元一九二九）病沒於北平協和醫院，年五十有六歲。

梁氏的著作很多，尤其在報章雜誌的論文，激動當時一般青年的心。在哲學方面的著作，有先秦政治思想史、淸代學術概論、中國近三百年學術史。收在飮冰室文集裏的，有新史學、論正統、中國學術思想變遷之大勢。

對於中國哲學的要點，他用普通的話加以說明：

「漢代人的思想的骨幹，是陰陽五行，無論在宗教上、在政治上、在學術上，沒有不用這套方式的。……其結果，有陰陽之說以統轄天地、晝夜、男女等自然現象，以及尊卑、動靜、剛柔等抽象觀念；有五行之說，以木火土金水五種物質以其作用統轄時令、方向、神靈、音律、服色、食物、臭味、道德等等，以至於帝王的系統和國家的制度。㈦」

梁啓超對於宋明理學少有講述，在中國學術思想變遷之大勢中，講了佛學時代，以後就沒有下文。他所喜歡研究的是墨子和佛學，著有中國佛學史、佛學十八篇、墨子學案、墨經校釋。

「美哉！我中國不受外學則已，苟受之，則必能發輝光大，而自現一種特色。吾於算學見之，吾於佛學見之。中國佛學，非純然印度之佛教也。……中國之佛學，以宗教而兼有哲學之長。中國人迷信宗教之心，素稱薄弱。……佛耶兩宗，並以外教入中國。而佛氏大盛，耶氏不能盛者，何也？耶教唯以迷信為主，其哲理淺薄，不足以饜中國士君子之心也。佛教本有宗教與哲學兩大方面，其證道之究竟也在覺悟，其入道之門在智慧，其修道之得力在自力，佛教實不能與尋常宗教同視者也。中國人惟不蔽於迷信也，故所受者多在哲學方面，而不在其宗教方面。而佛教之哲學，又最足與中國原有之哲學，相輔佐者也。(八)」

梁啓超曾批評自己求學，博而不精，「啓超學問慾極熾，其所嗜之種類亦繁雜。每治一業，則沈溺焉，集中精力，盡抛其他；歷若干時日，移於他業，則又抛其前所治者；以集中精力故，故常有所得；以移時而抛故，故入焉而不深。彼嘗有詩題其女令嫻藝術館日記云：吾學病愛博，是用淺且蕪！尤病在無恒，有獲旋失諸。百凡可效我，此二無我如。(九)」

博而淺，卽在上面所引的論佛耶兩教的評語中可見。佛教在中國的傳播，主因在關於死後的信仰，中國人都信佛，是信佛「超度」「輪迴」「法會」等等宗教信仰，（梁氏以為是迷信）中國人研究佛教哲學的人則很少。耶教不是沒有高深哲學，只是沒有漢譯。

梁氏在哲學上沒有成就，在中國思想界則有相當大的貢獻。他介紹西洋社會政治思想，宣傳公德、自由、人權、國家等等新思想。又介紹邊沁、康德的哲學思想。他的文章非常流暢、重感情、深入人心。他又介紹西洋學術，例如新史學，對於西洋史學方法、歷史哲學，都能簡略說明。他自己說：「啓超平素主張，謂：須將世界學說爲無限制的盡量輸入，斯固然矣；然必所輸入者確爲該思想之本來面目，又必具其條理本末，始能供國人切實研究之資。(十)」又說：「識者謂啓超若能永遠絕意政治，且裁斂其學問慾，專精於一二點，則於將來之思想界當更有所貢獻；否則亦適成爲清代思想史之結束人物而已。(十)」實際上，他也就只是清代思想史之結束人物。

三、西潮與反傳統

清朝的思想已經不能應付清末和民初的時代，介紹西洋學問乃是當然的事。第一位有條理本末介紹西洋思想的爲嚴復。

嚴復字幾道，又字又陵，咸豐三年（公元一八五三年）生於福建侯官，民國十年（公元一九二一年）去世，享年六十九歲。嚴復年十四，入沈文肅在福建創辦的船政學堂，年二十五（公元一八七八年）被派赴英留學，入英國海軍學校，習數學、論理學、天演論、社會學、法律和經濟等科。四年學成歸國，歷任船政學堂教習、水師學堂教習、京師大學監督、北京大學校長。拳匪亂時，避亂上海，譯天演論。

天演論爲英人赫胥黎（I. Huxley）的著作，講物種進化論。嚴復解釋說：

「物競者，物爭自存也，天擇者存其宜種也。意謂民物於世樊然並生，同食天地自然之利矣。然與接為構民物，各爭有以自有。其始也種與種爭，弱者常為强肉，愚者常為智役。及其有以自存而遺種也，則必强忍魁傑，矯健巧慧，而與其一時之天時地利人事最相宜者也。㈩」

進化論當時在歐美尙係新的學術思想，受社會人士所喜好。嚴氏介紹到中國，在中國青年學生中引起了崇拜的熱忱，胡適在他的四十自述裏說：

「在中國屢次戰敗以後，在庚子辛丑大恥辱之後，這個『優勝劣敗，適者生存』的公式確是一個『當頭棒喝』，給了無數人一種絕大的刺激。幾年之中，這種思想像野火一樣，延燒了許多少年人的心和血。『天演』『物競』『淘汰』『天擇』等等術語都漸漸成了報紙文章的術語，漸漸成了一般愛國志士的『口頭禪』。還有許多人愛用這種名詞做自己或兒女的名字。……我自己的名字也是這種風氣底下的紀念品。㈫」

嚴復又譯亞丹斯密（Adam Smith）的原富，斯賓塞的羣學肄言，穆勒的名學、孟德斯鳩的法意、耶方思（W. S. Jevons）的名學淺說，他所譯的著作的作家和書，後來都爲中國智識階級所共同仰慕；他自己本人則認爲西洋的名學和經濟學，中國早已講論。西洋名學就是中國春秋之學：「及觀西人名學，則其於格物致知之事，有內籀之術焉，有外籀之術焉。……乃推卷而起曰：有是哉，是固吾春秋之學也，遷所謂本隱知顯者外籀也，所謂推見至隱者內籀也。(十四)」又說：「謂計學創於斯密，此阿好之言也。中國有三古以前，若大學、若周官、若管子、孟子，若史記之平準書、貨殖列傳、漢書之食貨志、桓寬之鹽鐵論，降至唐之杜祐、宋之王安石，雖未立本幹，循條發葉，不得謂於理財之義無所發明。(十五)」

嚴復在當代翻譯學佔有重要地位，因他翻譯最早，所譯書皆世界名著，也因他對翻譯創「信、達、雅」三字，自己的翻譯以古文作譯，眞能作到信達雅的境界。而且他所譯的書對中華民國初年的影響很大。

民國初年的學者，對於西洋學術的書籍，已多有人能讀外文書籍，第一是通日文者多，第二則是通英文者也不少，還有通法文的人和通俄文的人。西洋思想隨著這些書籍進入中國社會，適應當時社會和政治的情況，造成了強烈的反傳統和反孔子的趨勢，構成「全盤西化」的口號，再進而建立了左派和共產黨的勢力。

反孔和反傳統的趨勢，由「新青年」雜誌作宣傳，這派的代表人是吳虞和陳獨秀。陳氏後來偏向社會主義，創設中國共產黨，有李大釗作呼應。

吳虞，字又陵（公元一八七一年－一九四九年），吳虞批評傳統的禮教，爲吃人的禮教。他稱揚魯迅的狂人日記「把吃人的內容和仁義道德的表面看得淸淸楚楚。那些戴著禮教假面具吃人的滑頭伎倆，都被他把黑幕揭破了。」㈥胡適在吳虞文錄的序裏說：

「吳先生（又陵）和我的朋友陳獨秀是近年來攻擊孔教最有力的兩位健將。他們倆人，一個在上海，一個在成都，……獨秀攻擊孔丘的許多文章注重『孔子之道不合現代生活』的一個主要觀念。……吳先生非孔的文章，也是『孔子之道不合現代生活』的一個觀念。他根據孔子的種種禮教、法律、制度、風俗、……都是一些吃人的禮教，和坑人的法律制度。……正因為二千年吃人的禮教法制都掛著孔丘的招牌，故這塊孔丘的招牌——無論是老店、是冒牌——不能不拿下來，搥碎、燒去。㈦」

當時在新青年雜誌上常有吳虞、陳獨秀、胡適、李大釗等人反孔子的文章，喊著打倒孔家店。在新青年以外，反對孔子的要推吳稚暉最凶。

吳稚暉名朓，後名敬恒，字稚暉，別號朏盦，江蘇武進人，生於清同治四年（公元一八六五年），逝於民國四十二年（公元一九五三年），享年八十八歲。敬恒曾留日留英留法，和李石曾組織「勤工儉學」，自任法國里昂中法大學校長，勤工儉學計劃失敗，回國參加政治，卻不接受官職，晚年成為國民黨的大思想家。

吳敬恒的哲學思想，在消極方面盡力推翻中國的傳統，在積極方面盡力提倡唯物的科學。

「這國故的臭東西，他本同小老婆吸鴉片相依為命。小老婆和吸鴉片，又同升官發財相依為命。國學大盛，政治無不腐敗。因為孔孟老墨便是春秋亂國的產物。非把他丟在毛厠裏三十年，現今鼓吹成一個乾燥無味的物質文明。人家用機關槍打我，我也用機關槍對打。把中國站住了，再整理什麼國故，毫不嫌遲。㈥」（吳稚暉學術論集，箴洋八股化之理學）

在他的學術論集裏有一篇一個新信仰的宇宙觀及人生觀，這一篇和上面那篇箴洋八股化之理學，都收在科學與人生觀書裏。

「什麼叫做國故？與我們現今的世界有什麼相關？他不過是世界一種古董，應保存的罷了。㈨」

吳敬恒的新信仰呢？不是指的信仰宗教，而是他所信仰的宇宙觀。他以宇宙爲「一個」，「一個」不可名說。

「如是，放之則彌六合，變為有，是這一個；卷之則退藏於密，變為沒有，也是這一個。陳老古舊所謂萬物有生，原質是風水地火，或金木水火土，是這一個。新西洋界所謂綿延創化，是片斷而非整個，止有真時，並無空間，也是這一個。……

那我便劈頭的假設著，我所謂一個，是一個活物。從他『一個』變成現象世界、精神世界、萬有世界、沒有世界，無論適用時間空間的，不適用時間空間的、順理成章的、往來矛盾的、能直覺的、不能直覺的、恆河沙數的形形色色，有有無無，自然也通是活物。」（新信仰的宇宙觀及人生觀）㈩

「在無始之始，有一個混沌得著實可笑，不能拿言語來形容的怪物，住在無何有之鄉，自己對自己說道，悶死我也……說時遲，那時快，自己不知不覺便破裂了。這個破裂，也可叫做適如其意志，所謂求仁而得仁。頃刻變起了大千宇宙，換言之，便是兆兆兆兆的我。他那變的方法，也很簡單，無非拿具有質力的若干『不思議』量，合成某某子，合若干某某子，成為電子。合若干電子，成為原子。合若干原子，成為星辰日月、山川草木、鳥獸昆蟲魚鼈。你喜歡叫他是綿延創化也好，你滑稽些稱他是心境所幻也好。總之，他是至今沒有變好，並且似乎還沒有一樣東西，值得他愜意，留了永久不變，這是我的宇宙觀。㈢」

吳敬恒的本體論是「一個」，他不願稱爲上帝，不願稱爲絕對實有，也不願稱爲本體。「一個」是活的，由他變成一切。究其實「一個」就是道或太極，只是他不喜歡形上學，所以不願加上形上學的名詞。

宇宙論則是現在科學的宇宙論，不是哲學的宇宙論；哲學宇宙論應該講「破裂」成大千宇宙之理，和原子成物之理，而不是違背科學的話。

什麼是他的人生觀？他說：「人便是外面止賸兩隻腳，卻得到了兩隻手，內面有三斤二兩腦髓，五千零四十八根腦筋，比較佔有多額神經系質的動物。㈢」人生便是有兩手兩腳的動物，在人生戲臺上自編自演的戲。人生所演的包括在三句話裏：喫飯、生小孩、招呼朋友。他稱爲：

「(甲) 清風明月的喫飯人生觀。

(乙) 神工鬼斧的生小孩人生觀。

(丙) 覆天載地的招呼朋友人生觀。㈢」

他用了一百頁的文字講述他這三個人生觀。胡適稱吳敬恒的人生觀爲自然主義的人生觀，是建築在二、三百年的科學常識之上的一個大假設㈢。然而實際上，吳敬恒自己不願是哲學的人，更不願是形上學的人，所以他所講的雖是哲學，仍舊是他的「上下古今談」的諷刺話，不是講哲學，但是他反對中國傳統思想的態度，對當時青年人頗有影響。

另一個反對中國傳統思想，一意往左傾，且在中國建立共產黨的思想，後來又反共產黨的人，則是陳獨秀。

民國初年，思想左傾，乃是政治的因素所造成。孫中山先生推翻滿清。建立了民國，一般國民，特別是青年人都熱烈地希望中國從此走向自強大路，可以反抗外來的侵略；然而，在事實上有袁世凱稱帝，有軍閥割據，局面較比清朝末年更壞；清末，最少全國是一統江山，民初則各處軍閥自做土皇帝。對外，有歐洲大戰，日本送二十一條件，巴黎會議逼迫中國把山東交給日本經營，於是爆發五四運動，以政治、軍事和社會各方面都不能革新，原因在於中華民族五千年的傳統，已不合於時代，而且積重難返，必須全部予以掃除，另起一種新思想。當時，新青年雜誌就是這種思想傾向的代表。在文學方面，先有白話文運動；這種運動本不和思想左傾運動連結一起，但因爲要推翻傳統的古文，因而便被看爲一種澈底的革新運動。當時反對白話文的學者，如林紓等人都以護道自任。魯迅乃以極尖銳的諷刺，描寫中國的舊社會，阿Q正傳的流行，助長了左傾的風氣。陳獨秀便是在這種社會環境中帶着左傾思想，走向共黨主義，這條途徑陷害了民國初期的青年。

陳獨秀，原名乾生，字仲甫，號實庵，筆名陳仲、陳仲子。安徽懷寧人，生於清光緒五年（公元一八七九年）[五]，卒於民國卅一年（公元一九四二年）。青年時曾受家塾教育，考取秀才，後留學日本（公元一九〇〇年），三年後回安徽組織愛國會，辦白話報。辛亥革命後，任安徽省督軍柏文蔚的秘書長。民國二年，第二次革命失敗，再赴日本。民國四年回國，在上海創辦新青年雜誌。民國五年任北京大學文科學長（文學院院長）。民國八年，因在天橋香敞散佈反抗軍閥的傳單，被捕下獄，三月後出獄到上海，恢復新青年。民國九年，任廣東教育廳長，同年在上海組織「中國勞動組合書記部」。民國十年組織中國共產黨，加入第三國際。民國十二年赴莫斯科，被派爲中國共黨總書記，並加入國民黨，任中央委員。民國十六年，國民政府發動淸黨。民國十八年被共黨幹部派開除黨籍，離開武昌，藏身上海租界。民二十一年，在上海被捕，判罪入獄，繫獄五年。民國廿六年抗日戰爭與起後，國民政府舉行大赦，陳獨秀獲釋，居武昌，後遷重慶，思想大爲改變，攻擊共黨，然不放棄唯物社會主義。民國卅一年，病死重慶。

陳獨秀在民國四年九月十五日發表「敬告青年」一文，告訴青年應該是自主而非奴隸的。進步而非保守的，進取而非退隱的，世界的而非鎖國的，實利的而非虛文的，科學的而非想像的㉖。

同年十一月十五日發表「抵抗力」，認爲中國人最缺欠抵抗力。原因有三：一是學說爲害，老莊尙退，儒家尙禮讓，佛敎尙空無。二是專制君主的流毒，以一切決於君主。三是統一政體爲害，一切相同，不能創新㉗。

在民國五年十二月一日，他發表「孔子之道與現代生活」一文。

「以上所舉孔子之道，吾願尊孔諸公叩之良心，自身能否遵行；徵之事實能否行之社會；即能行之，是否增進社會福利國家實力，而決於野蠻黑暗之譏評耶？吾人爲現代尚推求理性之文明人類，那古代盲從傳說之野蠻人類，烏可以耳代腦，徒以兒時震驚孔夫子之大名遂真以爲萬世師表，而莫可議其非也！孔子生長封建時代，所提倡之道德，封建時代之道德也；所垂示之禮教，即生活狀態，封建時代之禮教，封建時代之生活狀態也；所主張之政治，封建時代之政治也。封建時代之道德禮教生活政治，所心營目注，其範圍不越少數君主貴族之權利與名譽，於多數國民之幸福無與焉。㈥」

陳獨秀這時還很溫和，說話還不很尖利，他開始提倡社會主義，以個人的生命有限，社會則是眞實的存在；但是個人在社會裏是自由的、獨立的，執行意志和滿足慾望爲每個人的生性。所以人生要享幸福，莫怕痛苦㈦。

民國七年，陳獨秀傾向唯物的馬克思主義，他發表「偶像破壞論」：

「天地間鬼神的存在，倘不能確實證明，一切宗教，都是一種騙人的偶像；阿彌陀佛是騙人的；耶和華上帝也是騙人的，玉皇大帝也是騙人的；一切宗教所尊重的崇拜的神佛仙鬼，都是無用的騙人的偶像，都該破壞。……破壞！破壞偶像！破壞虛偽的偶像！吾人信仰當以真實合理的為標準；宗教上、政治上、道德上，自古相傳的虛偽，欺人不合理的信仰，都算是偶像，都應該破壞！此等虛偽的偶像，倘不破壞，宇宙間實在的真理和吾人心坎兒裏徹底的信仰，永遠不能合一。㈩」

這些仍不免是口號、是宣傳，沒有說出哲學的理由。要證明一切宗教都是虛偽騙人，不是一句話能夠肯定的。

在民國九年，他發表「談政治」一文，明白主張勞動階級推翻資產階級：

「我雖然承認不必從根本上廢棄國家、政治、法律這個工具，却不承認現存的資產階級的國家、政治、法律，有效掃除社會罪惡的可能性。我承認用革命的手段建設勞動階級的國家，創造那禁止對內對外一切掠奪的政治法律，為現代社會第一需要。㈢」

又在科學與人生觀序文裏說：

「我們相信以有客觀的物質原因可以變動社會，可以解釋歷史，可以支配人生觀，這便是唯物的歷史觀。㈢」

這以上所引的陳獨秀的文據，都是政治性和社會性的文章，沒有哲學的思想，卽使有，也不過幾個簡單觀念。他後來離開共產黨以後，他還是唯物社會主義者。但不贊成無產階級的專政，卻贊成無產階級的民主政治，很惋惜俄國十月革命以後，輕率地把民主制度和資產階級統治一同推翻，以獨裁代替了民主。他主張無產階級民主和資產階級民主，在內容上大致相同。因此，中國共產黨以他爲反對派，開除了他的黨籍。他在民國廿九年十一月二十八日發表了「我的根本意見」㈢，他相信資產階級，但不相信無產階級的革命。陳獨秀只是一個社會主義的宣傳者，不是一個研究哲學的人。

陳獨秀引進了馬克思的唯物思想，設立了共產黨。共產黨後來排除了他，實行一黨獨裁，以唯物辯證論批判一切，改寫中國的學術史和歷史，使整個中國大陸的思想和文化，變成了唯物辯證論的思想。在歐美的人士看來，中國在民國時期的哲學，只是唯物辯證論的哲學，馬克思思想的繼承者。

四、殷海光

介紹西洋哲學思想的趨勢，逐漸加大，又因著歐美兩位當代知名度很高的哲學家到中國來講學，把這種趨勢帶到高潮，一位是美國的杜威，一位是英國的羅素。

杜威（John Dewey）他是實驗主義者，於民國七年（公元一九一八年）來華講學，停留了兩年零兩個月，走遍中國十省，到處作學術演講，在北平講演最多，以五大講演最重要：社會哲學與政治哲學、教育哲學、思想之派別、現代的三個哲學家、倫理演講，常由胡適翻譯。胡氏乃是杜威的學生。服膺老師的學說，在當時寫了幾篇文章，介紹杜威的實驗主義，而胡氏自己論事求學，都是沿用杜氏的思想和方法。胡氏的思想和方法，對於中國青年影響很大；共產黨在大陸特別批判他。我在後面專講胡適思想的一章裏，將稍微詳細地講述實驗主義的思想。於今祇說一句，實驗主義論眞理，是能考驗的、能用旁證證明的、能稽核查實的、又能合於實用的。

第二位來中國講學的西方哲學家爲英國羅素（Bertrand Russell），民國九年（公元一九二〇年）來華講學，在北平也有五大講演：數理邏輯、物之分析、心之分析、哲學問題、社會構造論，都由趙元任口譯。羅素在哲學方面，主張數學邏輯，以改正或更訂亞里斯多德的邏輯學。尤其訂立追求眞理的方法，西洋哲學從笛卡爾講論追求眞理的途徑，四百年來常滯留在認識論上。終至於否定形上學而以邏輯爲唯一哲學。羅素就是其中最有力的一個新邏輯學家，後來語意邏輯可以說是進一步的推進。

中國哲學歷代不講邏輯、重體驗。爲革新中國哲學，民初，一般學人都實行研究西洋理則學。習行亞里斯多德的推理方式。在明末李之藻曾譯名理探，清朝學者把這書忽視了。清末民初嚴復譯了穆勒名學、名學淺說，才引起大家注意，各大學都設有理則學一課，講述理則學的書也陸續增多。

杜威的實驗哲學，也是一種邏輯推論方法。羅素的數學邏輯更是一項新邏輯法，在他們講學以後，也曾有人從事宣傳，取得青年人的信從。但是從陳獨秀所介紹的唯物社會主義後，跟著就有唯物辯證法在中國大肆宣傳。抗日戰爭爆發後，學術工作大部份都停頓下來，八年抗戰勝利後，共黨又起戰爭，政府隨卽遷來臺灣。政府在臺享有平靜的環境，乃從事經濟建設。建設成功，國民生活逐漸提高，學術研究工作相繼發展，哲學的研究在臺灣也能逐步前進。首先引起青年人注意的，爲臺灣大學哲學系的邏輯學。這派學人的代表爲殷海光教授。

殷海光原名福生，民國八年（公元一九一九年）十二月生於湖北黃岡。他的伯父和父親都是基督教傳敎士，培植他的學業。他在高中就喜歡邏輯學，開始讀講述羅素思想的文章，和清華大學教授金岳霖通訊。金岳霖予以鼓勵。高中畢業後往北平（公元一九三六年），就敎於金岳霖，次年七七事變，乃離開北平，轉赴昆明，考進西南聯合大學哲學系，金岳霖也就在西南聯大哲學系任敎。殷海光在哲學系畢業後，繼續讀研究所。民國卅三年（公元一九四四年）研究所畢業。在重慶辦雜誌。抗戰勝利到南京，任中央日報主筆，兼金陵大學哲學教授。隨政府遷臺後，任臺灣大學教授。民國五十八年（公元一九六九年）因胃癌去世，時年五十歲㈣。

殷海光受金岳霖影響很多。金岳霖湖南長沙人，生於民前十九年（公元一八九七年）是民國初期研究邏輯學的學者，著有邏輯一册，爲大學敎本，又著有論道一書，企圖建一形上學系統，以「道」爲基本，「道」有式有能，然沒有進入形上學的門限。

殷海光專門研究邏輯和分析哲學，研究的方法用自然科學的研究法。他介紹邏輯經驗論，隨從維也納學派的主張，分哲學爲社會哲學和專技哲學。社會哲學可以發生實際的社會效應，但是缺乏精確的概念和完備的理論構造；專技哲學是一種純理論的知識，肯定經驗，注重邏輯分析技術，就以哲學看作邏輯解析，否定形上學。卡納普（Rudolf Carnap）和維根什坦（L. Wittgenstein）成爲他所崇拜的哲學導師，而且也崇拜羅素。他解釋邏輯是什麼？他說：

「時至今日，『邏輯』一名所指的，是而且只是亞里士多德以來經過中世紀學者詮釋及十九至二十世紀許多數學家和邏輯家所革新並擴大的那一堆題材。如果我們不習慣於攪亂，那麼一涉及邏輯，所涉及的就應須是那一堆題材，那一堆題材，叫做數學邏輯也可，叫做符號邏輯也可，只有一點是我們所須注意的，就是，如果不是數學或符號的，便不是我們所謂邏輯。㈣」

把「邏輯解析」作為全部哲學，則形上學便在哲學以外。沒有學術的價值。殷海光把語言的陳述詞，分為二種：一為純形式的，如邏輯、數學裏的；另一種是經驗的，如一切經驗科學的陳述詞。一切有認知意義的陳述詞，不屬於第一種，就屬於第二種。他便說：

「依照這一劃分和規定，形上學裏有許許多多說詞沒有認知的意義。例如，關於『本體』、『共相』、『絕對』、『超越的存在』、『理性底發展』、『歷史的必然』、『人的命運』等等種種，都屬此類。這類說詞，因為由來已久，『傳統深厚』……於是，多少年來，有些人以為『其中必有些道理』。其實，那些玄學教授們年復一年，翻來覆去，究竟講些什麼，包括他們自己在內，沒有任何人明白。這些似乎「有道德」而其實毫無認知意義的話，永遠不會弄明白的。……形上學的說話，並非全無用處。…… 形上學的說詞，像文學作品一樣，也許有趣，也許對人有鼓舞作用。這些作用，也是很未可厚非的。但是，形上學的大病，在它表達的方式，裝作很是高深智識的樣子。形上學家往往自以為揭發了宇宙之較科學所發現的那一層更深的一層。因此，形上學每每以科學的太上皇的姿態出現，這真是令人百思不得其解的事！形上學家想問題，設使沒有數學與邏輯裝備的赤裸頭腦，且又常撇開科學知識，以這樣的一副本錢怎樣能夠揭發較科學所發現的那一層更深的一層的宇宙，真是令人百思不得其解！(四三)」

以殷海光的頭腦，當然要百思不得其解！因為他沒有懂得形上學的意義，以邏輯概括整個哲學，而且是以經驗邏輯！其實他已經把邏輯看做了形上學。他以為哲學不是在於思索，而是在於「說」。「依此出發，邏輯經驗論說形上學根本違反了有正式認知意義的語言必須滿足的那些條件或規律，這些規律與維根什坦在 Tractatus Logico-philosophicus 裏所說的語言概念相聯。而維根什坦底語言概念，又係從羅素那裏得來。(四四)」

這一點表示殷海光太天眞！西洋當代除了羅素和維根什坦以外，還有別的哲學，除了數學邏輯和語言邏輯以外，還有別派哲學思想，何況這種邏輯目前已不似二十年前的囂張！殷海光又主張要用同一的經驗邏輯法去研究倫理學，因爲人的行爲，係在經驗世界，所以應該用經驗科學的方法去研究。

「邏輯經驗論者認為研究自然世界的所謂『自然科學』與研究行為世界的所謂『社會科學』或行為科學，並非性質不同的研究。它們都是本格意義的科學。它們的基本假設、基本方法、基本語言、基本的理論構造，都是一樣的。它們的不同，並非在前者能成嚴格的科學而後者不能成為嚴格的科學，只在題材不同而已。㊃」

不但是倫理學就是歷史哲學，現在就研究的方法，有人主張都用自然科學的方法，有人主張用人文科學的方法，中國人對於「科學」一詞，總是想著自然科學，其實西洋學術界和社會普通人士，都懂得「科學」是指的「學術」，科學是學術，倫理學是學術，就連神學也是學術。用自然科學去研究倫理學，是經驗派人的主張。用這種方法破毀傳統倫理，使青年人犯罪加高，卻說原因不在他們，而是在傳統倫理經不起他們的批駁！

上面所舉的文據，或者可以認爲只是殷海光介紹邏輯經驗論，而不代表他自己的思想，現在我再舉出一件文據：

「話說到這裏，我願意順便表示，我對於我所知的一切傳統哲學的名詞都無絲毫的敬意。什麼『內在』、『外在』、『心靈』、『物質』、『本體』、『存在』、『理性』等等種種，都是代代相傳的糊塗人造出來迷泥糊塗人的糊塗名詞。拿這些名詞來互相播弄的人除了十足表示無知之外，就是作語言的奴隸時得到一些快感。㊽」

玩弄語言邏輯的人，才是作語言的奴隸。至於說使用上面殷海光所舉出的名詞的人都是十足表示無知，那他自己在同一篇文章的前一小段，就用『內在的原因』，雖然他聲明說「作者在這裏用『內在』一詞，毫無哲學意味。我之所以用它，完全是爲了節省篇幅」。這祇是一些自欺欺人的話，罵別人，而且罵歷代哲學家是糊塗人，自己免不了變成了糊塗人。他的哲學就祇是語言。「數學語言底結構精密，證法謹嚴，一個臆創有解無解，因此容易比較確定。而玄學體系主要是用自然語言構成的，自然語言結構遠不及符號語言精密，交談不到有何謹嚴的證法。所以，一個玄學體系之眞假、對錯，根本無法確定。」

但是人的語言，就是自然語言，自然語言自然有邏輯結構，並不一定要用數學邏輯；否則人們便不能用日常言語了，而且符號邏輯很可以造成詭辯。就如「白馬非馬」，如用符號邏輯，便可以符合邏輯，但是一般人都知道是錯。

所以，他的門生對他的學術工作批評說：「但殷先生的一生，在他學術專業——邏輯與分析哲學——上並沒重大的原創貢獻；這是他晚年提到的遺憾之一。(四八)」

五、張君勱、吳康

五四運動掀起了思想改革運動，改革的趨向偏左，先則唾棄傳統的儒家，後來走上了唯物的辯證論。但是在哲學思想方面，研究哲學的青年，還是注重古代希臘柏拉圖和亞里斯多德的哲學和近代的康德和黑格爾的哲學，在大學的哲學系都設有講授的課程，出版的書籍裏也有講述他們的思想之專書。希臘古代哲學家的思想已成爲學哲學的基本知識，康德和黑格爾的思想也爲研究哲學的人應有的知識。至於研究康德和黑格爾而自有成就的人則尙沒有，只有張君勱還可以說是從研究康德而研究理學家「新儒學」，吳康也從研究康德和柏格森而著宋明理學。

張君勱名嘉森，號立齋，一字士林，江蘇寶山縣人，光緒十二年（公元一八八七年）生於嘉定縣，民國五十八年逝於美國舊金山（公元一九六九年），壽八十四歲。

張君勱曾留學日本，又留學德國和法國，曾從倭鏗（Rudolf Euken）和柏格森受教，不接納他們的思想，轉而研究康德，他自述說：

「我初窺哲學門徑，從倭鏗柏格森入手。梁任公遊歐，與倭氏匆匆一晤，引起我研究倭氏哲学之興趣。同時每年一度去巴黎，兼讀柏氏著書。然倭氏柏氏書中，側重於所謂生活之流，歸宿於反理性主義，將一二百年來歐洲哲學系統中之知識論棄之不顧，故我初期流覽兩家學說後，心中卽有所不慊，乃同時讀席氏著作，於新康德派之所以發揮康氏者，此為我心中潛伏之態度。倭氏柏氏提倡自由意志、行動，與變之哲學，為我之所喜，然知有變而不知有常，知有流而不知有潛藏，知行動而不知辨別是非之智慧，不免為一幅奇峯突出之山水，而平坦之康莊大道，擯之於視野之外矣，倭氏雖念念不忘精神生活，柏氏晚年亦有道德來源之著作，然其不知知識與道德為文化靜定之一要素則一也。(四九)」

張君勱便傾心於康德，研究康德的知識論和道德論，企圖建立自己的哲學思想。

「可見所謂主義，各有正反兩面，應比較應參相互證。誠循此而為之，則自己思索自己選擇，或更進而自有所去取以為折衷一是之歸。此則讀書明理者之所當為也。㈤」

張君勱曾和丁文江爆發科學和玄學的論戰，歷時兩年，參加論戰者頗多，後收集爲一書名爲科學與玄學的人生觀，實則兩方面參加的人都沒有弄淸楚科學和玄學的意義；胡適在該書的序文裏就這樣作了批評。

張君勱在他的哲學著作裏，大部份是講中國哲學，因爲他是在國外講中國哲學思想：

「我再思三思，覺『五四』以來主張『打倒孔家店』者，但見『三綱五常』與夫『禮教吃人』之為害，然於儒家思想與德賽兩先生可以同條共貫之處，竟熟視而不覩不聞，在今日思之，猶不能不為之深惜者也，去年自美而歐而亞，以儒家思想復興為題，與各方人士往復討論，今記而出之，所以謀今後推陳出新之途徑。(五一)」

他舉儒學的特點：「第一，天地萬物，儒家自孔孟以來，無不肯定天地間萬物之有，而未嘗有懷疑之處。……第二，致知窮理，儒家承認天地萬物之存在，然同時以爲天地萬物之理，以經由心乃能知乃能通其理。……第三，推己及人，儒家認定己與人之間，有其彼此共同之點，可名曰精神感召，或心心相印。……第四，形上形下，儒家認形下形上之相通，必以形下爲基，然而進而達於形上。……儒家之最理想爲「盡性知天」四字，此四字見於孟子，實則此四字早見於中庸之中，所論尤爲翔實。(五二)」

講中國哲學而舉出中國哲學特點的人已經不少，有盡舉壞處，有盡舉好處，張君勱所舉的特點，可稱爲翔實平庸。

對於宋代儒學，他以周敦頤和張載之功「在於明道之大原，以現代語釋之卽爲確定一種宇宙觀，上自宇宙之所以成，下迄於人之所以爲人之理燦然大明也。(五三)」

在他所著新儒家思想史中，常有中西哲學的比較，他認爲中國哲學有四點獨一無二的特性：「(一)中國人在哲學方面的興趣集中在道德價值方面：中國人認爲人是宇宙的中心。人與人的關係應是哲學家有先考慮的對象。……(二)中國人對倫理問題的重視，往往使西方人認爲中國人思想太實際太世俗，但是這種看法錯了。中國人希望解釋宇宙間一切現象。……他們的形上學永遠是理性主義，不帶超自然主義色彩。……㈢中國人在哲學上最大的興趣是對心靈的控制。㈣中國哲學與西方哲學不同的第四個特色是重視自己所學的身體力行，甚至於爲道可以犧牲性命。……㉔」

所舉特色雖不完全，然所舉的是正確不錯。他相信中國哲學在唯物辯證論的刺激之下，一定可以復興，在新儒家思想史裏，他講述理學的演變，從宋朝到民國，歷舉各家的特點，對於宋朝的理學，他說：「以上三章，我們討論了宋學不同派別之間的相互關係。主要的兩派是朱派和陸派，前者主張道問學，多事鑽研和註釋工作。宋元學案對此曾有評語，認自饒魯和陳淳以來，學者除鑽研小學以外，毫無新意。相反的，陸派的情形卻不同，慈湖繼爲陸派的領導者，而慈湖則頗有思想家的氣勢。㉕」對於明末清初的王船山，則說船山創動的哲學，頗似法國的柏格森哲學。以上所說雖不離譜，然對於理學的根源易經，張君勱研究的太少。若說王船山創動的哲學，則更應說易經創動的哲學，而動的哲學是中國哲學的基本特點。

另一位研究康德和柏格森的哲學，寫書予以介紹，而終歸於宋明理學的哲學者，則是吳康。

吳康字敬軒，號錫園，廣東平遠人，生於民前十六年（公元一八九五年），卒於民國六十三年（公元一九七四年）曾留學法國巴黎大學，歷任廣東大學、中山大學教授，來臺灣後，曾任教臺灣大學和輔仁大學、和文化大學。

吳康對於康德和柏格森，著有專書：康德哲學和柏格森哲學，然在大學中所講授多為中國哲學，著有莊子衍義、孔孟荀哲學、老莊哲學、宋明理學。他評宋明理學說：

「宋明理學，承儒家之正統，內之理氣心性之微，外之修齊治平之業，研精覃思，窮高極遠，故能有大本達道之傳，民胞物與之感，於中庸入世之中，有高明出世之想，此天人合一之偉大理論，乃人道哲學之中心，而社會進化之表率也。(卅六)」

他是一位專門研究哲學的人，講授理學時，常把理學思想和方法，同西方哲學相比較。例如：「西洋哲學精於邏輯推論，不以冥想為求知之正軌，故康德論現象界與本體界之分，語及正語的本體，謂須恃理智之直覺或能知之，然此種直覺，非吾人力所能及云云。此蓋指

「內觀之知」，在中國印度學者，早已習爲故常，而歐西哲人，雋敏如康德者，亦謝莫能識。此中西哲學求知態度與方法，如山河兩戒，截然不同。則尤吾人治思想史者，所不可不審知明辨者也。(五七)」

這種比較雖然有對的地方，也有不對的地方。所謂「內觀之知」在西洋哲學涵義頗廣，不能只看爲直覺之知，卽在中國儒家的「明明德」和佛教的「明心見性」也不是吳康所說是同一的「內觀之知」，這一點是研究思想史的人，應該「審知明辨」。又如：「濂溪爲宋學開宗，雖太極圖說、通書，遺文散牒，著墨無多，而大義微言，已顯樹性理學之大纛前導，開中土近代哲學之新紀元，以視同時歐洲思想界，如經院學派之聖安森輩，猶拘滯於神學黜闇之境者，相去遠矣。(五八)」這一點又表示吳康雖留學法國，不通拉丁文，沒有研究經院哲學（士林哲學）更不懂神學，所以才囫圇說神學是黜闇。

又如講通書的誠，比較爲西洋哲學的純粹活動力Actus purus，「此誠卽純粹活動力，爲宇宙萬有之本體。(五九)」且將張載正蒙論誠的誠，也比較西洋哲學的純粹活動力，「昔周子濂溪通書，嘗極論『誠』之爲德，純粹至善，蓋是純粹活動力，爲宇宙萬物所由產生之基本精神。橫渠亦謂『天所以長久不已之道，乃所謂誠，仁人孝子所以事天誠身，不過不已於仁孝而已，故君之誠之爲貴。』其意與通書所言相似，特不如通書之發揮宏暢耳。(六十)」這一點就表示吳康沒有懂得士林哲學的「純粹活動力」的意義，不然就錯解了「誠」字。全書裏這類的比較頗多，吳康是一位專心教授哲學的教授，對於西洋哲學也有研究，他講宋明理學，關於本體、性、心等問題，深入予以解釋。他在宋明理學一書的結論說：

「宋元明理學思想，構成中國近世哲學之中心，其主要績業，在對於天人觀念及治學方法等，有創新之發明，前者屬於本體問題，闡天人之關係，後者屬於智識問題，論知行之內容。

一、天人關係——中國傳統哲學，以儒家為大宗，自孔孟以還，輒以道德學之人生觀，控馭形而上學之宇宙觀，謂即以『人生』觀察『自然』，種種天然現象，皆以人生之態度為之解釋，於是天生德於予（論語述而），則天為有意志之天也。……而宇宙本體之觀念，亦由是而誕生。……故宋明理學最大之功績，不在其論之本身，而在據之以肯定『人』之價值之存在，人在覆載之中，以其道（仁義）與天地參，卽顯示其真實之價值。此種傳統哲學之宇宙觀，乃一種道德的形而上思想，卽所謂倫理的宇宙觀，與柏拉圖之以共相（觀念）統個體，萊布尼茲之以單子成宇宙，為純形而上的世界觀不同。宋明諸儒，以太極心性理氣等義，闡發此種世界觀，盡密栗分析之深功，極廣大精微之能事，使『純我』為一控名責實之『小宇宙』，於以建立天人合一之健全理論，為真正之人文精神，奠其不可動搖之基石，此宋明理學所以創闢新境，則繼往聖、開來學，卓然為中國哲學之正統者也。……㈥」

吳康為一純粹學者，愛慕中國傳統哲學，和方東美、唐君毅相同，故對中國傳統哲學抱樂觀看法。但對中國哲學，他只有傳授，沒有對將來的發展，有所建樹。他以儒家哲學為「純我」哲學，則有所偏。他說：「吾人今後欲為博大精微之學，致力於培毓理想中之『全人』人格，宜參酌古今，擷取中國文化之菁華，加以現代智慧之陶鑄，使一一融化於新理想、新人道之中，而由是建立現代化之新人文哲學，即新時代人文思想之唯我哲學。㈦」儒家哲學不是唯我哲學，而是『一體之仁』的哲學，是天人合一的哲學。

還有尚在教授哲學的牟宗三，研究康德和黑格爾，以黑格爾的歷史哲學思想寫中國歷史哲學，以康德的思想，寫中國心性學和儒學，批評宋朝理學不是純正儒家哲學，然而他又是走唐君毅和方東美的路途，企圖融會中西哲學，以建立新的儒學。

六、吳經熊的哲學思想

1. 傳略

若以西洋哲學家的標準來看吳經熊，應該說他不是哲學家，他沒有專門哲學的著作，也沒有發表有關哲學的主張；但是以中國傳統哲學家的標準來說，他確實是位中國哲學家。中國哲學家講人生之道，實踐人生之道而修身養性，吳經熊有似程明道優遊於天道之中，內心平靜悅樂。

吳經熊，字德生，浙江鄞縣人，生於一八九九年三月二十八日。幼就學於家塾，後入效實中學。中學畢業，入滬江大學、東吳大學。民國九年在東吳法科畢業，赴美留學，得密歇根大學（University of Michigan）法學博士，獲國際和平卡尼奇基金之助，赴歐進修，在巴黎大學和柏林大學各進修一年。民十三年，回東吳大學任教，後兼法學院長，民十六年，出任上海臨時法院推事，次年法院正式成立，改任上訴庭長。民二十二年，任立法委員，兼憲法起草委員會副委員長。民二十六年皈依天主教，抗戰軍興，避難香港，主辦「天下」英文雜誌。民三十一年日軍佔領香港，幾為日軍所擒，變服易容，逃往桂林，奉　先總統蔣公命翻譯聖經，先以古詩體翻譯聖詠，經　蔣公批改，後翻譯全部新約，也俱經　蔣公修改。民三十四年冬，出席聯合國舊金山會議，為我國代表團顧問，主稿聯合國憲章中文本。民三十五年八月，奉派出任駐教廷大使，次年正月抵達羅馬。駐教廷兩年半，與法國大使著名哲學家馬里旦（Maritain）訂交。民三十八年八月辭職赴夏威夷大學任教，後兩年轉美國西東大學(Seaton university)，主講法理學。民四十八年及五十三年兩度出席夏威夷大學東西哲學會議。國父百年誕辰紀年時，應籌備典禮委員會聘約撰寫英文國父傳，吳經熊乃來臺灣，任教中國文化大學和輔仁大學的哲學研究所。民七十五年二月六日逝世，享年八十八歲。

吳經熊國學湛深，精通法理，擅長英文，著作以英文為多。英文著作有：正義之泉源(Fountain of Justice)，判例（Cases and Materials on Jurisprudences），道德經譯本，唐詩譯本，內心靜園(Interior Carmel)，超乎東西（Beyond East and West）。禪學的黃金時代（The Golden Age of Zen）中文著作有：哲學與文化，蔣總統的精神生活，內心悅樂之源泉，聖咏譯義，新經全集。

2. 法律哲學

在歐美法學界，近代討論最熱烈的問題爲「性律」或稱「自然法」(Natural Law)。從「羅瑪法」開始，西方法學承認「性律」爲法律的根基，中世紀大神哲學家聖多瑪斯以哲學理論，講明「性律」的性質和存在。近代法學家漸有異論，當代歐美法學界則有許多學者否認有「性律」，或解釋「性律」不是萬古不變的原理。

吳經熊在所著「正義之泉源」一書裏，說明自己的思想：「讓我把我的法律哲學老老實實地說出來，我沒有什麼別的目的，祇是在許多的學者意見中，代表一種意見。爲能明瞭『人定法律』或後天法 (Human Law) 是什麼，先該知道一點『永久法律』(Eternal Law) 另外是『性律』。「性律」不僅是『人定法律』的根源，而且構成『人定法律』的核心部份。如同聖多瑪斯所說：『凡是人所定的法律，爲能够具有法律的性質，就看它怎樣從性律出發。』(Summa Theologica, I—II, 95. 2 in corpore) 人類的統治權確實地隸屬於天主又隸屬於法律，因爲從天主和法律，人取得自己的權威。(六三)」

什麼是「性律」？「聖多瑪斯說：『是理性變造物分有永久律的一部份。』(S. T. I—II, 91. 2. in corp.) 爲避免麻煩的自下了武斷的譏刺，要緊明瞭永久律和性律兩者的意義和關係。永久律是天主法理永久的藍圖，既沒有缺點又永久不變。性律則是永久律留在人的理性中的痕跡，人的理性則是有限而且具有缺點。㈣」

「我的法律哲學，主要不外乎二點。第一點是：自然法是一切法律的基礎。第二點是：自然法不是死僵僵地一成不變的東西，而是與時俱進的有機體。因此，我的法律哲學，可以用一個標題來概括：在進化中的自然法。㈤」

吳經熊舉出德國新康德派法學家斯丹木拉（Stammler）曾用「具有變化內容的自然法」這句法，似乎和他的主張「在進化中的自然法」有些相同，實際上則根本有異。斯氏並不相信有自然法，祇以自然法爲一形上的觀念，意義可以說是理想的公道。同時他也指出美國聯邦最高法院大法官荷爾姆斯（Justice Holmes）的意見，荷氏對於自然法具有強烈的反感，認爲在自然法的名義下，聚集了種種所謂「普遍有效的標準」。吳經熊在公元一九二二年一月八日致荷氏一信，信中說：『而我們對自然法的看法，就好像上帝的面孔一樣，是永遠生輝的，能表達內部情感的，對外面之適應非常靈敏的；並且常以人類的幸福爲懷，這才是一種比較眞實的自然法。㈥』

吳經熊承認自己年青時，傾向於自然法的變，以法律的生命中，唯一永恆的原則就是變化。到了後來，尤其是中年以後則對自然法的變加有限制。

「我現在的看法可用數言加以表達，雖然自然法是導源於『永恆法』，但是它絕對不能與永恆法混為一談，否則將重蹈十七、八世紀所有自然法學派的覆轍。因為永恆法是『神的睿智』的另一名稱，所以它該是絕對完全而不容任何變更，也談不到什麼成長。就另一方面說，自然法只是神的睿智在人性上的烙印，若以多默士・亞奎那斯（聖多瑪斯）的話來說便是：『自然法是人類理性對於永恆法的參與。』多氏更進一步說：『人類經由其理性，並不能對於神的睿智的啓示完全參與，只能作局部而有瑕疵的參與。』多氏又認為：「人類的理性，自然而然的在逐漸地從比較不完善的，進化到比較完善的程度。』因此，人類理性參與永恆法的能力，也在逐漸成長。(六七)」

「總之，我以為永恆法、自然法和人定法是一貫的。自然法譬如一座橋樑，其一端架在人定法的這一邊，而另一端則植於永恆法的彼岸。若從人定法這邊看自然法，自然法可變的一面，清晰可辨；然而若從永恆法的彼岸看自然法，則自然法可變的一面，亦甚瞭然。以前抱獨斷論的自然法學者，似乎祇看到自然法植基於永恆法的彼岸，而認自然法的整體具有不變的傾向，甚至連同它的細微末節亦包括在內。就另一方面看，抱懷疑論者，完全把注意力貫注於自然法在人定法的此岸，否定自然法的不變性，甚至於它的最根本原則——為善避惡——亦不例外。法律哲學惟有以足夠開廣的胸襟，來觀賞自然法的全部美景，在這個美景中，有屹立不移的山嶽，也有流動不息的江河，我們優游其中，樂此不倦，才能使我們的心境，臻乎仁知兼修的最高境界。㈥」

吳經熊很明白地表達了自己的意見，說得也很堅定。但是他還是懷着中國傳統哲學家的風度，注意全體而不注意分析。他主張自然法有不變的一面，又有變的一面，因為人的理性認知力逐漸地進化。在西洋法律哲學者看來，自然法中究竟何者不變？何者可變？並沒有說清楚。他在另一篇文章裏，解釋聖多瑪斯的自然法思想，說明聖多瑪斯的主張：『人類理性對於永恆法的參與，僅能理解某些普遍原則的知識，並不能理解每個案件之判決的知識，因為我們可以穩當地推測，每個案件之判決的知識，只有全知全能的上帝（天主），才能完全理解。㈦』這就是說自然法的普遍原則是不變的，自然法在實際上的應用，則在演繹上有進化的解釋，『明顯地，由於多氏這一活潑生動的看法，使得他的自然法哲學那麼特殊地適合現代人的心理需要。筆者認為，這一觀察是從多氏的多種前提觀念，推演而得的必然結論。㈧』他是讚成聖多瑪斯的主張，然而他繼續說『自然法能够而且應該隨着人類文明的發展，在它的內容方面跟隨着演進。』所說「內容方面」一詞則過於籠統，容易被人誤解。雖然「普遍原則」和「演繹結論」都屬於自然法的內容，假若不予以分析，則可以被人解釋為自然法整個可以變，那就沒有自然法的存在了。他則是非常堅決地肯定有自然法。『自然法與任何的啓示無關的，它的第一原則爲一切民族所共具，並非屬於基督信徒的專利品。(十二)』

在我所寫的中西法律哲學之比較研究一書中，對於自然法曾作了下面的意見：「聖多瑪斯以『自然律』以人性爲根本，『自然律』的意義是人性對於自己的成全所有的天生追求。人性生來是一個完全的人性，但不是靜止不動的，而是常追求自己的發展，以達於理想的成全境界。人爲追求自性的完全，天生有一些必要的權利，別人務須尊重。『自然律』即是人性追求自己的成全所有的必然途徑。中國中庸講誠，誠是忠於自己的人性。這種忠於人性，不是靜止的呆忠，而是積極自強的行。(十三)」途徑不變，途徑的進行，則隨時代而異。

3. 中國哲學

吳經熊在內心悅樂之源泉的書裏，第一篇題目是「中國哲學之悅樂精神」。他在別的文章裏也常講到中國哲學，但是只有這一篇系統地講論中國的哲學，而且表明他對中國哲學的看法，他看哲學不是希臘人的看法，不以哲學去分析宇宙的事物，追求事物之理；他看哲學從人生方面去看，看哲學爲人生之道，幫助人發揚人性，以能樂天知命。他說：「中國哲學有三大主流，就是儒家、道家和釋家，而釋家尤以禪宗爲最重要。這三大主流，全都洋溢着悅樂的精神。雖然其所樂各有不同，可是他們一貫的精神，卻不外『悅樂』兩個字。一般說來，儒家的悅樂導源於好學、行仁和人羣的和諧；道家的悅樂在於逍遙自在，無拘無礙，心靈與大自然的和諧，乃至於由忘我而找到眞我；禪宗的悅樂則寄託在明心見性，求得本來面目而達到入世、出世的和諧。由此可見，和諧實在是儒家、道家、和禪宗三家悅樂精神的核心。㈢」他在這裏提出了中國哲學的兩大特點：一是悅樂，一是和諧。悅樂是中國人傳統的人生觀，和諧是求悅樂的途徑。

儒家爲入世的人文哲學，看重宇宙萬物和人間社會的事情，以樂觀的精神應接一切，在適當的應接中獲得快樂。道家爲避世的人文哲學，以人間事物爲汚穢，以宇宙萬物爲美，逃避人世以優游於自然之中。佛敎認爲人生爲痛苦，解救之道在於否認宇宙的一切，並否認自我，在絕對否定中，得到絕對的「眞如」，融會於絕對眞如中，乃有「常樂我淨」。

吳經熊說：

儒家人文主義最美的地方，在於它旣熱情而又豁達，凡是人們所關心的事物，它沒有不關心的；而凡是人類所有正常的感覺與情慾，它也一概不予摒棄。儒家尋求人倫的和諧，當其形諸詩歌，同情心的溫馨四溢，使人感到莫大的興奮。㈣」

「儒家最高的境界為對人一視同仁，卽是具有『以天下為一家，中國為一人。』的胸襟，自然達到己立立人，己達達人的理想，這才是人生的至樂。(十五)」

這種人文主義有它的形上和宗教基礎。形上的基礎爲孟子所說：『君子所性，仁義禮智根於心，其生色也，晬然見於面，盎於背，施於四體，四體不言而喻。』（盡心 上）宗教的基礎，也是孟子所說：『萬物皆備於我矣！反身而誠，樂莫大焉。』（盡心 上）人和萬物同出一源，爲天地所化生，具有一體的生命。和萬物相合，便達到「天人合一」和「心物合一」的境界。

「道家的視野，甚至比儒家來得遼濶。如果說儒家將人類看作一家，那麼道家就把宇宙視為一體，如果說儒家從人際關係的和諧中找到快樂，那麼道家就從人與大自然的和諧中找到快樂。(十六)」

「道家的樂趣，就是超然，天馬行空之樂。如果說儒家是充實之樂，那麼道家便是空靈之樂。前者之樂，來自努力與行動，後者之樂，則來自無為與恬淡。(十七)」

「談到道家在自然懷抱中找到樂處，我必須指出他們對自然的觀念，遠非近代西洋的自然主義所能比。對於道家來說，自然的源頭，就是『天』與『道』。莊子說：『與人合者，謂之人樂；與天合者，謂之天樂。』（天道）精確地說，因為莊子與天諧和，乃能洞徹自然的奧秘。㈦」

現代中國許多講道家思想的人，必定不讚同他的這種肯定，他們認爲道家根本沒有天帝的信仰。但是在莊子的書裏，明明講到造物者，這一點可以說和老子不同。莊子所謂「天樂」，是要與造物者游。這種與造物者游的心境，是中國許多詩人騷客的心境，即使他們追隨孔子，力行修身，然而常很顯明地表出這種生活的傾向。吳經熊在所著蔣總統的精神生活書中，述說 蔣公優遊大自然中，他說：

「典型的中國人，尤其是有文化素養的人，能優遊大自然中，安怡舒適，好像在自己家中一樣；他們觀賞那無邊旖旎的風光，好像是造物主的藝術作品。……蔣公有得於中國古哲的思想，而形成他自己的一套美的宇宙觀。對他來說，整個宇宙是由無數小和諧所構成的一個大和諧。㈦」

吳經熊自己爲一個虔誠天主教徒，虔信基督，又在精神上追隨孔子，但是他的生活傾向，則傾向道家的恬靜淡泊，清靜無爲。

由道家的恬靜淡泊，吳經熊深入佛教禪宗的奧秘，他在中國文化大學和輔仁大學哲學博士班常講禪宗，他著有禪學的黃金時代。對於佛家，他不注意「唯識論」，也不注意「天台宗」、「華嚴宗」的哲理，他卻喜歡禪宗的悅樂精神，他不從消極方面去看禪宗，而從積極方面去看，不重視涅槃的忘物忘我，而重視佛由出世而入世。他說：

「佛教過去被西方認為悲觀和虛無論的人生哲學，對於小乘而言，也許不錯；可是大乘絕非如此，因為它有涅槃的積極觀念，救世的熱情以及普渡衆生的慈悲。佛教的樂，除基督信仰外，是無可比擬的。……因此，禪宗的樂趣，在於自己開悟和覺悟他人。(卆)」

禪宗的開悟，在於明心見悟，宇宙萬法和自我，都是『眞如』絕對實體的表現，眞如住在心的底處。得禪道者擺脫心中的一切，忘物忘我，乃能見到自己的本心本性，即是眞如。既見到，便和眞如融會爲一，人和絕對實體融會，只能直接體會，不能言傳。懷著這種心境，環觀宇宙萬物，乃能有天台宗和華嚴宗的三重觀和圓融觀，一切都在眞如內，眞如在一切內。

「整個禪的意義，無非是想喚起生生不息與時空交融的覺悟。當一個人自性具足性，最偶然的機緣，都能使他開悟。(八一)」

『禪』是沒法可以講述的，只有自己去體驗。

「宋朝禪師清遠認為學禪有二病，亟應避免：一是騎驢覓驢，一是騎驢不肯下。騎驢覓驢的弊端易見，當你的內心追逐外物時，必定置內於不顧，因而所求徒勞無功。……第二種毛病則比較微妙而難治，現在你不再向外尋求，你自己知道騎在驢背上，你已經深切體會到內心的安寧遠比從外物所得的樂趣更為甜蜜。可是危險的是由於你過分迷惑它，反而會完全失掉它，這就是清遠禪師所說的『騎驢不肯下』，也是一切宗教冥思者的通病。(八二)」

吳經熊常以禪宗的得道和天主教的『靜觀境界』相比，天主教靜觀境界在於人心斷絕世物世人的牽累，也斷絕自己的牽累，心地清明，面對天主，體會與絕對眞美善的融會，這種境界的樂趣，乃是超然的，超越人的本性。

因著對中國哲學的看法，吳經熊對中西文化也有他的看法。「我們的文化，固然根植於道心；西洋的文化，難道不是植根於道心嗎？㈣」

吳經熊的哲學思想，常週轉在精神上。他對於「靜觀」(Contemplative Life)，非常仰慕，他將禪宗和莊子的養生法，和西洋的天主教「靜觀」相結合，他在晚年虔誠地仰慕法國的一位青年去世的聖女，聖女名叫「德蘭」，爲苦修會的一位會員。聖德蘭的修會，爲加爾默會。加爾默會紀律很嚴，專務祈禱，足不出院門。三百年前，加爾默男修會出了一位精神的大師，名叫聖十字若望，後來加爾默女修會也出了一位精神的大師，名叫「德蘭」。吳經熊研究了這兩位大師的傑作。他用英文寫了一書，書名 The interior Carmel「心中靜園」，人的精神生活；乃是愛的生活。愛不僵硬，愛是活力，常在變易，或增或減。吳經熊追隨加爾默修會的大師，把精神生命的發展，分成三級：初級：克己苦身，清除心靈罪汚；中級：依照福音的啓示，勉力修德；最高級：靜觀，心靈和天主絕對眞美善相融合，排除一切世物的雜念；心中只有天主。

「我們精神生活應該成長，在成長途中，通常要經過幾個階段或層次，這種思想並不是天主教的專有品。例如我們在佛教裏也可以見到。佛教首重清心寡欲，避免作惡，再進入第二級，勉力修行，建立善德，最後達到大智慧的佛，便能明心見性。㊃」

吳經熊用文言翻譯了新約全書，又用詩歌翻譯了聖咏，他對於福音的思想，非常透徹。福音中有「眞福八端」的教訓，吳經熊把八端眞福，歸併在精神生活的三級中。每一級爲「愛的含苞」；「愛的開花」；「愛的成熟」。他對於人生常懷喜樂。

吳經熊的人生觀，可以用兩個字作代表：「愛」和「樂」。儒家由孔子所傳的人生觀，也是這兩個字，孔子以「仁」作心靈生活的中心，以「樂」爲心靈生活的成果。吳經熊寫先總統　蔣公的精神生活一書，書中有一章專講「仁」，分爲仁的觀念、仁的素養、仁與愛，仁是人生目的與意義所在。吳氏在這一章的結語說：

「筆者認為，我們如果能把這句名言──生活的目的在增進人類全體之生活，生命的意義在創造宇宙繼起之生命，放在仁學的背景上來觀摩欣賞，就會更顯得意味無窮了，因為這兩句話實在代表『仁的宇宙』。……從修己的功夫到大同世界的實現，從進化的現階段到更高一層的階段，到消滅獸性，培養人性，乃至於發生神性，一切的一切，無非仁的過程，仁的課題和仁的完成。(八五)」

吳經熊追隨孔孟，培養仁愛，他所講和所行的『仁』，乃是基督的『仁』。天主因愛而造萬物，又因愛遣派聖子降生成人，以自己作犧牲，刷洗我們心靈的汚穢。吳經熊歌誦天主的兩層仁愛。他以基督之心爲心，能够仁民而愛物。因著基督之愛，接受人生的各種遭遇，遭遇越苦，越能和基督相結合，痛苦的遭遇，使人進入基督的精神裏。吳經熊在「內心靜園」有很長的一章，解釋痛苦，歌誦痛苦。聖十字若望稱痛苦的遭遇爲「黑暗之夜」，吳經熊沿用這個名詞，探索痛苦在基督愛中的地位。人生不能沒有痛苦，孟子曾經說過「一個從上天得有特別使命的人，上天必定要以盤根錯節來鍛鍊他。」吳經熊則以痛苦能使人和基督相結合，基督因愛而受苦，我們爲表現自己對基督之愛，也要同樣受苦。這樣痛苦不再被看成災禍，反而成了我們與基督相結合的路途和方法，而且還能幫人洗滌罪汚。

「就最後的觀點來說：我們在人間全部的生命歷程，乃是一個朝聖的旅途，向永恒的天鄉。……因此，把人世生命看成一個整體，全部都成為來生的趨向。在這種意義之下，人世的生命可以看作一個黑暗的山洞，在洞裏可以見到來生的一點光輝。(八六)」

生命應該是一個弦樂隊，各種不同的樂器共同演奏一曲新歌。人對於自己的生命，能夠看到它的美妙，心靈充滿悅樂。『悅樂』成爲吳經熊的生命意義。「除非你愛天主，體會心中的悅樂，否則最好你不要愛天主。(八七)」愛天主而不體會生命的悅樂，那是沒有眞正愛天主。

在中國的哲學裏，『悅樂』也是中心。孔子的生活就充滿悅樂的精神，常敎訓門徒「安貧樂道」。孔子實踐了這種生活，他曾描述自己：「其爲人也，發憤忘食，樂以忘憂，不知老之將至云耳。」（述而）

「儒家最高的境界為對人一視同仁，即是具有『以天下為一家，中國為一人。』的胸襟，自然達到己立立人，己達達人的理想，這才是人生的至樂。因為這個時候，人我已無藩籬之隔，胸懷坦蕩，已經達到了『人之有技，若己有之；人之彥聖，其心好之。』的境界了。(八八)」

「道家的樂趣，就是超然，天馬行空之樂。如果說儒家的樂是充實之樂，那麼道家之樂便是空靈之樂。前者之樂，來自努力與行動；後者之樂，則來自無為與恬淡。前者屬於人羣，後者則屬於宇宙的。前者係冬天裏溫暖的陽光，後者則像炎夏裏涼爽的細雨。(八九)」

儒家以天下爲一家，道家則以宇宙爲一體，儒家因著『仁』和人類相通，和諧有美，乃得快樂。道家因著無爲，逸出人羣，與宇宙相結合，乃得快樂。

「禪宗的樂趣，在於自己開悟和覺悟他人。可是，這種開悟却如電光火石般，悄然而至。(九十)」

「我們整體生命的歷程，就像從小我到真我的朝聖進香一樣，任何風流韻事都沒有它那麼有意義與動人。因為朝聖的目的與歷程都充滿驚喜與刺激，缺少了驚喜與刺激，就沒有生命的可言了。(九一)」

吳經熊的人生悅樂思想和人生悅樂的實踐，除接受中國傳統的儒釋道三家的悅樂境界以外，或更好說在三家悅樂境界以上，融會了天主教悅樂的精神。吳經熊翻譯聖經，深深領悟基督所教的悅樂精神。這種精神在聖保祿的書信裏充份地表達了出來，聖保祿在「致斐里比人書信」裏說自己安於一切，貧賤也好，富足也好，事情順遂也好，事情乖戾也好，他的心境常是一樣的安定。這其中的原因，聖保祿在「致羅瑪人書」裏說得明白，就是在於基督的愛。人也沒有一件事物可以使他和基督的愛相分離；毀謗、打擊、饑寒貧病、榮譽權勢，都不能使他脫離基督的愛。人在基督的愛中生活，一切一切變成愛的表現。在愛裏生活，無往而不樂。

「蓋就余一己言之，實已修得隨遇而安，知足常樂之境。窮困之味，予固知之，寬裕之味，予亦知之；一切境遇，余已窺其堂奧，測其深淺，外物何有於我哉。故溫飽可也，凍餒亦可也，有餘可也，不足亦未始不可也。總之，全恃全能之主，故能應付萬變，遊刄有餘耳。」（吳經熊譯，新經全集，致斐里比人書第四章。）

人心的悅樂，在於心定，人能自信爲造物主天主所愛，造物主以慈父的心腸愛人，人以小孩信賴父母之心，信賴天主，無憂無懼。年青修女聖德蘭特別強調這種心情，吳經熊很欽佩聖德蘭孝愛天父的愛心，曾寫了一個小册子，題爲「愛的哲學」，闡明孝愛天父之愛。

宇宙一切乃造物主所造，造物主既是絕對的眞美善，所造的萬物便不能不美，吳經熊實踐體貼自然美的樂境。他在蔣總統的精神生活一書裏，特闢一章，談優遊大自然之中。

「典型的中國人，尤其是有文化素養的中國人，能優遊大自然中，安怡舒適，好像在自己家中一樣；他們觀賞那無邊旖旎的風光，好像都是造物主的藝術作品。他們把小丘、小溪；把花兒、鳥兒都當作親密的友伴。㈨」

一個虔誠的天主教教友，優遊大自然中的心情，多超越中國學者詩人欣賞自然的心情，他在大自然中，隨處體會到造物主的愛，心靈上沒有仇恨，沒有佔有慾，一片淸白，光明透澈。他愛讀聖經中的聖詠，曾以中國古詩式作聖詠釋義。聖詠歌誦天主，描述人心靈在各種生活遭遇裏，向天主傾吐心聲。吳經熊常藉聖詠表達自己的情感，他曾在蔣總統精神生活一書裏，選出蔣公在各種遭遇裏所吟咏的詩篇，題爲「聖詠的欣賞」，對於「樂」，有「聖詠第三十六首」：

主之慈愛沖諸天，主之信義薄雲間，
主之正真峻於嶽，主之睿斷深於淵，
人畜草木盡覆載，好生之德洵無邊。
世人咸庇卵翼下，安居大宅飫肥鮮，
主復飲以靈川水，在主身邊有活泉，
吾人沐浴光明裏，眼見光明心怡然。

吳經熊培養了中國學者傳統的悅樂精神，特別看重程明道和莊子的悅樂(21)然而他更實踐天主教的愛的哲學。

七、中國哲學的再生

上面所講述的民國初年到臺灣時期的中國哲學情況，可說都成過去的事實。中華民國政府遷臺以後，中國哲學已走向了建立新中國哲學的路途。先是整理中國古代的哲學思想，使有系統而可從事研究，再則以西方哲學的方法和思想融會入中國傳統哲學思想裏。

在整理中國哲學方面，最初有胡適的中國哲學史大綱，第一次以西洋哲學方法寫中國哲學史，當時很受青年人歡迎，然而胡氏只寫了先秦編，後來就沒有寫了，雖然以後出版了中國中古思想史長編和短編，但已是考證的歷史，而不是哲學思想史了。

當時，隨後出版了馮友蘭的中國哲學史上下册，從先秦到淸末，簡述中國歷代的哲學，方法也是西洋哲學的方法。他的哲學史較比胡氏的哲學史，主觀的成份少，頗能解釋中國以往哲學家的思想。馮氏後來出刊了他的新理學，企圖自成一系統，可是留在共產黨統治下的大陸，他的思想被逼而變了。他已認爲自己所寫的中國哲學史要算爲歷史的古董了，他以唯物辯證思想重寫中國哲學史，共計七册，將於最近出版。

整理中國哲學最用力者爲唐君毅，他出版了中國哲學原論、導論篇、原道篇、原性篇、原教篇，將中國哲學的基本觀念和思想，原原本本，詳加論述，最後出版了生命存在與心靈境界，很詳細地說明他自己的哲學思想。然而唐氏的著作在文語上，艱澀不易爲人所懂，內容又多重覆，方法不嚴密。

融會中西哲學成就更高者則爲方東美。方氏深究西方哲學，對於中國哲學的易經又深有研究，且生性愛好藝術，以生命作爲中國哲學的特色，很能引人入勝。

士林哲學在臺灣哲學界佔有相當的地位，從歐洲天主敎的大學留學回來的天主敎哲學學人，在臺灣各大學哲學系敎授哲學，輔仁大學則以敎授士林哲學爲特徵。中國文化大學前哲學博士班研究所所長吳經熊，雖以法學著名法學界，以聖多瑪斯的自然法思想講授法學，但他生性所好爲精神生活，故在文化大學講禪學，著有禪學的黃金時代，用英文寫天主敎的直觀神秘生活，以禪學與莊子的超越自然界的生活，解釋天主敎的超性精神生活。

我本人從在羅瑪開始，先研究士林哲學，後敎授中國哲學，至今已將近五十年　完成七篇十冊的中國哲學思想史，以易經的生生之道，融會士林哲學形上本體的「存有」，結成「生命哲學」的系統，出版生命哲學一書，以成新的中國哲學。

一輩青年哲學學人，近年介紹西洋哲學的「存在論」，頗引起青年人的興趣，再又有人介紹胡賽爾的「現象論」和懷德海的動態哲學，已能使臺灣哲學界表現研究風氣。然而我們的隱憂在於青年和壯年哲學學人對中國古代經書和子書下的功夫很淺，對佛學也沒有深入研究，所有的西方哲學知識並不深刻，這輩學人將來的成就，可能繼續融會中西，以建立深厚的新哲學思想。

註

(一) 曾文正公全集 奏稿卷一五，頁一四。
(二) 試辦織布 光緒八年（一八八二）三月初六日，李文忠公全書，奏稿卷四十三。
(三) 張之洞 勸學篇，會通。
(四) 馬建忠 適可齋記言記行。記言，卷二，馬相伯言出洋工課書，一八七七年，
(五) 盛世危言 技藝。
(六) 盛世危言 西學。
(七) 梁啓超 漢代學術史略，頁一，啓業書局，民六四年。
(八) 梁啓超 中國學術思想變遷史，頁一六〇—一六三，飲冰室文集，卷二。
(九) 梁啓超 清代學術概論，頁一四九。
(十) 同上 頁一四八。
(十一) 同上 頁一五〇。
(十二) 嚴復 天演論導言。
(十三) 胡適 四十自述。
(十四) 嚴復 天演論序。
(十五) 嚴復 原富例言。

(十六) 吳虞 吃人與禮教，吳虞文錄，卷上。
(十七) 胡適 吳虞文錄序，胡適文存(一)頁七九五—七九七。
(十八) 可看科學與人生觀，(二)頁四五〇。
(十九) 同上 頁四五一。
(二十) 同上 頁四九〇—五〇〇。
(二一) 同上 頁五二三。
(二二) 同上 頁五二七。
(二三) 同上 頁五四二。
(二四) 胡適 科學與人生觀序，科學與人生觀(一)頁二七。
(二五) 關於陳獨秀的生平，郭湛波在所著近五十年中國思想史，說是生在光緒六年（一八八〇），黃公偉在所著中國近代學術思想變遷史，說是生在光緒五年（一八七九），陳獨秀自在實庵自傳沒有寫出生的年月，只說他鄉試時，在光緒二十二年（一八九六）他已經十七歲。按照陳獨秀所說十七歲，倒推上去，應該是光緒五年(一八七九)。
(二六) 陳獨秀 獨秀文存。上冊，頁一—一〇，上海亞東圖書館民國二十三年。
(二七) 同上 頁二七—三四。
(二八) 同上 頁一二一。
(二九) 同上 頁一八一—一八五。
(三十) 同上 頁三二八—三三〇。
(三一) 同上 下冊，頁五五六。
(三二) 見科學與人生觀胡適序文的附註，頁二九。
(三三) 實庵自傳 頁八二—八八。

(34) 梁漱溟　東西文化及其哲學，頁二，虹橋出版社，民五十六年。
(35) 同上　頁十。
(36) 同上　頁二十一。
(37) 同上　頁一百二十一。
(38) 同上　頁一百二十八—一百二十九。
(39) 同上　頁二百二。
(40) 同上　頁三百二十。
(41) 夏道平　殷海光先生小傳，殷海光先生文集㈠頁一，九思出版公司，一九七九。
(42) 殷海光先生文集　㈠頁一六二。
(43) 同上　頁六〇〇。
(44) 同上　頁六〇二。
(45) 同上　頁六〇三。
(46) 同上　頁六一二。
(47) 同上　頁六三三。
(48) 同上　頁五。
(49) 張君勱著　中西哲學文集　上，頁四四，學生書局，民七十年。
(50) 同上　頁六十。
(51) 同上　頁四六〇。
(52) 同上　頁四八八—四九六。
(53) 同上　頁五〇五。

(五四) 張君勱 新儒家思想史，上册，頁二一一—二三，中國民主社會黨中央總部印行，民六十九年。
(五五) 同上 頁二八五。
(五六) 吳 康 宋明理學，頁一五，華國出版社，民四十四年。
(五七) 同上 頁二八。
(五八) 同上 頁六六。
(五九) 同上 頁四三。
(六十) 同上 頁一三〇。
(六一) 同上 頁三四七—三四八。
(六二) 同上 頁三五二。
(六三) John C.II. Wu. Fountain of Justice P. F. Mei Ya Publication Taipei 1971
(六四) 同上 P. 16
(六五) 吳經熊 內心悅樂之源泉，頁一六六。東大圖書公司，一九八一年。
(六六) 同上，頁一七五。
(六七) 同上，頁一七六。
(六八) 同上，頁一七八。
(六九) 同上，頁一八九。
(七十) 同上，頁一九〇。
(七一) 同上，頁二〇〇。
(七二) 羅光 中西法律哲學之比較研究，頁八六。中央文物供應社，民七十二年。

(七三) 吳經熊 內心悅樂之源泉，頁一。
(七四) 同上，頁三。
(七五) 同上，頁五。
(七六) 同上，頁六。
(七七) 同上，頁八。
(七八) 同上，頁一一。
(七九) 吳經熊 蔣總統的精神生活，頁一四〇—一四一，華欣文化事業中心，民六五年。
(八十) 內心悅樂之源泉，頁一四—一五。
(八一) 同上，頁二二。
(八二) 同上，頁一六。
(八三) 同上，頁二八。
(八四) John Wu. The Interior Carmel Hwakang Booktor 1975 頁三。
(八五) 吳經熊 蔣總統的精神生活，頁三八。
(八六) The Interior Carmel，頁一四七。
(八七) John Wu. Beyond East and West 頁二〇八。
(八八) 內心悅樂之源泉，頁五。
(八九) 同上，頁八。
(九十) 同上，頁十五。

(九一) 同上，頁十九。

(九二) 同上，頁一四〇。

(九三) 吳經熊 哲學與文化一書裏有「程明道先生」和「莊子的智慧」。

第二章　章炳麟的哲學思想

一、傳　略

章炳麟(也名絳)，字枚叔，號太炎，浙江餘杭人，生於同治七年(公元一八六八年)十一月卅日(一)(按陽曆則爲公元一八六九年，一月十二日)，民國廿五年(公元一九三六年)在蘇州去世。

九歲時，從海鹽朱有虔家塾教師讀經，「時雖童稺，而授音必審，粗爲講解。課讀四年，稍知經訓。(二)」

十三歲時，由他的父親章濬親自督教。十八歲時，專治聲韻學和經學，二十三歲時，父卒，從俞樾受教，二十九歲時作左傳讀。他自己敍述治經學的經歷：「余始治經，獨求通訓故知典禮而已。及從俞先生游，轉益精審，然終未窺大體。二十四歲，始分別古今師說。……專慕劉子駿，翻印自言私淑。其後偏尋荀卿、賈生、太史公、張子高、劉子政諸家左氏古義，至是書成。然尚多凌雜，中歲以後，悉刪不用，獨以敍錄一卷劉子政左氏說一卷行世。㈢」

三十歲時，讀佛經，對三論，不大喜好，對大乘起信論，則「一見心悟，常諷誦之。㈣」「時余所操儒術，以孫卿爲宗。」

三十一歲時（光緒二十四年，公元一八九八年）攜家往臺灣，住了半年，轉赴日本。次年七月回上海。

三十五歲時，東渡日本，受識於孫中山先生。和湖南秦力山舉行「亡國二百四十二年紀念會」，時光緒二十八年（公元一九〇二年），然留日本三月，又回國，居鄉。

三十六歲時，（公元一九〇三年）在上海和張繼、鄒容、章士釗，倡言革命，結盟「愛國學社」，被清廷兩江總督所捕，繫獄三年。在獄中研讀佛經：因明入正理論，瑜珈師地論，成唯識論。

三十九歲時（公元一九〇六年）出獄，赴日本東京，加入同盟會，任民報編輯。

四十三歲時（公元一九一〇年），自述求學經歷：

「余學雖有師友講習，然得于憂患者多。自三十九歲亡命日本，提奬光復，未嘗廢學。東國佛藏易致，購得讀之，其思益深。始治小學音韻，徧覽清世大師著撰，猶謂未至。久乃專讀大徐原本，日繙數葉，至十餘周，以說解正文比校，疑義冰釋，先後成小學答問、新方言、文始三書，又如國故論衡、齊物論釋、訄書亦多修治矣。(五)」

四十四歲時(公元一九一一年)，武昌起義，乃回國，受 孫中山臨時大總統命，任樞密顧問。次年，袁世凱被選為臨時大總統，受任為高等顧問，後受任東三省籌邊使。

四十六歲時(公元一九一三年)諫袁世凱勿稱帝，辭官職，與共和黨同處。次年，被袁氏監禁，取訄書刪改為檢論。

四十九歲時(公元一九一六年)袁世凱去世，黎元洪繼任總統，乃得自由，寓北京錢糧胡同。六月離京赴上海，歸家，往廣西雲南，訪起義軍，知無可為，往遊南洋，歲晚始歸。「明年，送克強葬，伏地痛哭，至不能起。(六)」

五十歲(公元一九一七年)陪 孫中山先生赴廣州，再往廣西雲南，次年赴四川再往湖北，都在軍中周旋。十月十一日歸上海。次年五十二歲，唐紹儀和朱啓鈐議和，炳麟極力反對，議和因時勢不許，議遂寢。九月歸故鄉餘杭，住十餘日，譚延闓遣使迎往湖南，返上海，移居蘇州。五十七歲時，創立「章氏國學講習會」，講學不輟。六十九歲時，以舊病膽囊炎復發，於六月十四日逝世。

炳麟從少年時，研究經學，一生不輟。壯年，從事政治，主張革命，反對康有爲、梁啓超的保皇主張，加入同盟會，後任袁世凱高等顧問。繼因面責袁氏稱帝，被禁。孫中山先生在廣州成立軍政府時，炳麟以大元帥秘書，遊讀滇黔蜀。軍政府改制後，乃返鄉講學。他的著作現在收編成集的，有章氏叢書上下册

二、經學

1. 文字學・聲韻學

章炳麟自述學術思想變遷的經歷說：

「余自志學訖今，更事既多，觀其會通，時有新意。思意變遷之迹，約略可言。少時治經，謹守樸學，所疏通證者，在文學器數之間。雖嘗博觀諸子，略識微言，亦隨順舊義耳。遭世衰微，不忘經國，尋求政術，歷覽前史，獨於荀卿韓非所說，謂不可易。自餘閎眇之旨，未暇深察。繼閱佛藏，涉獵華嚴、法

華、涅槃諸經，義解漸深，卒未窺其究竟。及囚繫上海，三歲不覩，專修慈氏世親之書。此一術也，以分析名相始，以排遣名相終。從入之途，與平生樸學相似，易於契機。解此以還，乃達大乘深趣。私謂釋迦玄言，出過晚周諸子，不可勝計，程朱以下，尤不足論。既出獄東走日本，……旁覽彼土所譯希臘、德意志哲人之書，時有概述。……却後為諸生說莊子，閒以郭義敷譯，多不愜心。旦夕比度，遂有所得，端居深觀而釋齊物，乃與瑜珈、華嚴相會，所謂摩尼見光，隨見異色，因陀帝網攝入無礙。獨有莊生明之，而今始探其妙，覩於一曙。次及荀卿墨翟莫不抽其微言，以為仲尼之功，賢於堯舜，其玄遠終不敵老莊矣。癸甲之際，戹於龍泉，始玩爻象，重籀論語。(七)」

章炳麟研究經學，從文字學和音韻學入手，精通古字和音律，著有文始，小斅答問，說文部首韻語。他在文始敍例說：

「敍曰，倉頡之初作書，蓋依類象形，其後形聲相益，卽謂之字。文字、物象之本；字者，言孳乳而浸多也。(八)」

他自己述說研究小學和音韻，由音韻以明一字數義所由生，不明聲音，則字形爲糟粕。

「余治小學，不欲為王菉友輩，滯於形體，將流為字學與隅之陋也。顧江戴段王孔音韻之學，好之甚深。經以戴孔為主，明本字，辨雙聲，則取諸錢曉徵。旣通其理，亦猶有歉然。在東閒暇，嘗取二徐原本，讀十餘過，乃知戴段而言轉注，猶有汎濫。絲專取同訓，不顧聲音之異，于是類其音訓，凡說解大同，而又同韻或雙聲得轉者，則歸之于轉注。假借亦非同音通用，正小徐所謂引伸之義也，轉後審念，古文至今，而後代孳乳為九千。唐宋以來，字至二三萬矣。自非域外之語，字雖轉繁，其語必有所根本。蓋義相引伸者。由其近似之聲，轉成一語，轉造一字，此語言文字自然之則也，于是始作文始，分部為編，則孳乳浸多之理自見。亦使人知中夏語言，不可貿然變革，又編次新方言，以見古今語言，雖遞相嬗代，未有不歸其宗，故今語猶古語也。(九)」

在文始裏，章炳麟解說說文一古字，由聲轉和形轉，孳生許多字，意義相近或不相近。

例如講月字：

「說文，月，闕也，大陰之精，象形，外遠也。卜，尚平旦。今若夕卜，于事外矣。外，古人外，尋夕卜之說甚迂。門部，古文閒作闕，外卽月字。……月又孳乳入寒為閒，隙也。月光自閒入也。閒對轉泰則為堨，壁閒隙也。(十)」

文始共九卷，解說的字共五百十字，集爲四百五十七條。「討其類物，比其聲韵，音義相讎，謂之變易，義自音衍，謂之孳乳。(十一)」這種研究的工夫，有科學的方法，造詣很深，啓發了中國造字的經歷，加增了說文的內涵。他又用文字學上的字義字音，去解釋經書，承繼清朝的經學研究，清朝的經學以考據爲主，成爲考證的經學。初期以惠棟、戴震爲鉅子，梁啓超以惠棟治學的方法，以八字爲代表：『凡古必眞，凡漢皆好。(十二)』戴震的弟子有王念孫、段玉裁。這輩學者都以小學爲治經的途徑，兼究音韻學。清阮元可以說是集這種學說的大成。編纂經籍纂詁，集爲皇清經解。王引之作纂詁序說：「展一韻而衆字畢備，檢一字而諸訓皆存，尋一訓而原書可讀。」經學在漢代有今文古文的爭執，唐朝陸德明著釋文，孔穎達著正義，都以鄭玄、王肅爲主。鄭、王相信古文，宋朝程頤、朱熹注釋經書，以義理爲主，廢漢、唐的註疏。到了清朝，研究經學的學者都捨了宋朝的義理而承繼漢朝的注疏，都宗鄭玄、馬融、賈逵等古文學家。但是今文學的主題公羊傳，在清中葉，漸爲學者所重，莊存嶼、龔自珍、魏源著書攻擊古文經的僞書，又特別提出公羊傳，講解「張三世」、「通三統」、「受命改制」等說。淸末康有爲乃專講公羊學。章炳麟極力予以攻擊。

2. 評議清朝學者

章炳麟研究經學，以古文學爲宗，攻擊今文學。因此，他不相信古文經書是漢朝人所僞造的，同時指責今文經書的神話，緯書既不可信，「託古改制」的話多不可信。經書又不僅是官書，官書也不全是經書。

「今以仲尼受天命為素王，變異舊常，虛設事狀，以為後世制法。且言左氏與遷固皆史傳而春秋為經，經與史異，蓋素王者，其名見於莊子（天下篇），責實有三：伊尹陳九主素王之法，守府者為素王；莊子道玄聖素王，無其位而德可比于王者；太史公為素王眇論，多道貨殖。其貨殖列傳已著素封，無其位有其富厚崇者，小者比封君，大者擬天下，此三素王之辨也。仲尼稱素王者，自後生號之。……春秋二百四十二年之事，不足盡人事蕃變，典章亦非具舉之。……言春秋，載其行事，憲章文武，下遵時王，懲惡而勸善有之矣，法制何與焉。(十三)」

當時今文學派的代表人物爲康有爲，提倡公羊學說，章炳麟處處予以反駁。

「他不但在經學上、文學上，以至政論上都樹起反公羊學派的旗幟，而且在人物評價等方面都顯示異趣。例如公羊派骨子裏宗宋儒，而他則有思鄉愿上下篇，言朱子為鄉愿之優者。公羊派沒有不攻擊戴（東原）學的，而他則有釋戴一文，甚為推崇。康有為抑顧（亭林），而他則申顧。康有為宗黄（梨洲），而他則非黄。凡此種種充滿在他的思想中，甚至在某一個專題研究中，亦或多或少，要申引批評幾句公羊家法。(十四)」

他的門戶之見很深，不是依傍師門，卻是自己以自己的思想爲門戶，排斥他人的思想。

他對於清朝學者的門戶之見，卻加以批評。

「昔吳萊有言今之學者，非特可以經義治獄，乃亦可以獄法治經。萊一金華之末師耳！心知其意，發言卓絕，近世經師皆取是為法。審名實，一也；重左證，二也；戒妄筆，三也；守凡例，四也；斷情感，五也；汰華辭，六也。六者不具而能成經師者，天下無有。學者往往崇尊其師，而江戴之徒，義有未安，彈射糾發，雖師亦無所避。蘇州惠學，此風少衰。常州莊錙之遺緒不稽情偽，惟朋黨比周是務，以戴學為權度，而辨其等差。吾生所見，凡有五第。研精故訓而不支，博考事實而不亂，文理密察，發前修所未見，每下一義，泰山不移，若德清俞先生、定海黃以周、瑞掌孫詒讓，此其上也。

守一家之學，為之疏通證明，文句隱沒鉤深而致之顯，上比伯淵，下規鳳喈，若善化皮錫瑞，此其次也。己無心得，亦無以發前人隱義，而通知法式，能辨真偽，比輯章句，秩如有條，不濫以俗儒狂夫之說，若長沙王先謙，此其次也。

高論西漢而謬於實證，侈談大義而褋以夸言，務為華妙以悅文人，相其文質，不出辭人說話之域，若丹徒莊忠棫、湘潭王闓運，又其次也。歸命素王，以其言無不包絡，未來之事如占蓍龜，瀛海之大如觀掌上，其說經也，略法今文而不通其條貫。一字之進於譯文者，以為重寶，使經典為圖書符命，若井研廖平，又其次也。……

甘泉江翁為漢學師承宋學淵源兩記，世多病其顢固，漢學記與戴君鉏鋙。江翁受業余翁，余翁之學，本吳惠君，堅貞守師，遂擅其門以褊心訾異己，非直江翁。清光祿卿王鳴盛自惠君出，為蛾術篇，亦嗑嗑詈休寧。巷陌之學。同門相黨，異夫惠君之博宥也。其他或趍隲諸師，吐言削刻，然能甄擇無汎愛不忍者。……

宋學記甚榷略，所錄止於窮閭苦行，排擠南方諸浮華，士而仕滿洲，一命以上，財有政治聲聞，卽棄不載。……清大傅阮元，學術差愈江翁，在史館為儒林傳，說經先顧棟高諸賤儒、講學亦錄諸顯貴人，仁鄙倜陋、溷殽無序，顧下於兩記遠甚。故知學術在草野則理，在官府則衰。(十五)」

這一段引文，顯示章炳麟對清朝學者的評議，也顯出他自己對經學的研究態度。學術不應分門戶，但若有所師承，也是研究的途徑。章炳麟就很捧自己的老師俞樾，學術也不該分朝野，不能因反滿而不重視清朝官吏中的學者，章炳麟在這方面的成見很深。

3. 六經皆史

章炳麟研究經籍，既重小學，又重史學。對於春秋左傳作讀敍錄，以左傳釋春秋而駁斥公羊：「名者，實之賓，左氏自釋春秋，不在其名傳與否也。㈥」「孔子春秋，丘明作傳，復有國語世本，春秋比於史記、漢書，猶華山熊耳，爲山則同，特有高下之殊耳。……今必謂春秋非史，是巫祝之讆言，非學者之平議也。㈦」春秋爲史，尚書也是史，其他經書也視爲史書。

「六經皆史之方，治之則明其行事，識其時制，通其故言。㈧」

「言六經皆史者，賢于春秋制作之論，巧歷所不能計也。雖然，史之所記大者爲春秋，細者爲小說。故青史子五十七篇，本古史官記事。㈨」

周禮記成周時代的典禮，和後代周朝典禮有些不同，故「王制」等篇和周禮不同，然「王制」不是孔子所作。

「假令王制為孔子作者，何緣復有周尺東田之文？若為漢制法邪，爵當有王侯，何故列五等？地當南盡九真，北極朔方，何故偏促三千里？西域已賓，而不為置都護，匈奴可臣，而不為建朝儀，以此知其妄矣！(二十)」

章炳麟既以六經皆史，又以諸子皆出王官，曾作諸子學略說刊於國粹學報第二十、二十一兩期。這篇著作沒有收在章氏叢書和續編裏。他在諸子學略說裏說「史記稱老聃為柱下史，莊子稱老子為徵藏史，道家固出於史官矣，孔子問禮於老聃，卒以刪定六藝，而儒家亦自萌芽。墨家先有史佚為成王師，其後有墨翟，亦受學於史角。陰陽者，其所掌為文史星曆之事，則左氏所載瞽史之徒，能知天道者是也，其他，雖無徵驗，而大抵出於王官。』又說：「古之學者多出王官，世卿用事之時，百姓當家則務農商畜牧，無所謂學問也，其欲學者，不得不給事官府，為之胥徒，或乃供灑掃為僕役焉。……說文云：仕，學也。仕何以得訓為學？所謂官於大夫，猶今之學習行走耳，是故非仕無學，非學無仕。」胡適曾作文辨駁，以諸子不出於王官(二)。但他以章炳麟在原學上所說的，還可以接受。章炳麟說：「是故九流皆出於王官，及其發舒，王官所不能與，官人守要，而九流究宣其義，是以滋長短者，即循循無所進取。(三)」胡適說若以古代學者須向官吏受學，以吏為師，或可以為事實。

對於六經，章炳麟也以爲都是官書。他說：

「古之為政者，必本於天，殽以降命，命降於社之謂殽地，降於祖廟之謂仁義，降於山川之謂興作，降於五祀之謂制度。故諸教令符號謂之經。輓世有章學誠，以經皆官書，不宜以庶士僭擬。……經之名廣矣，仲尼作孝經，漢七略始傳六藝，其始則師友讎對之辭，不在邦典，墨子有經上下，……學誠以六經皆史，史者固不可私作。……章炳麟曰：老聃仲尼而上，學皆在官。老聃仲尼而下，學皆在家人。……問者曰：經不悉官書，今世說今文者，以六經為孔子作，豈不然哉？曰：經不悉官書，官書亦不悉稱經。易詩書禮樂春秋者本官書者，又得經名。孔子曰述而不作，信而好古，明其亡，變改其次。(三)」

六經不是孔子所作，孔子祇加以編刪。其他所謂經書，多爲私人所作，然並不得把它們和六經相比。六經作於老子和孔子以前，都在官府，爲官吏教學的書本，孔子和春秋、戰國的諸子，敎授徒弟，學者乃重家傳，分成各家的弟子。

4. 學宗古文

漢朝經學分今文和古文，清朝學者重考據，對於古文經書，多以考據證明爲僞書，閻若璩攻古文尚書，劉逢祿疑春秋左傳，魏源疑毛氏詩傳，疑周官者也多。康有爲則以東漢晚出的經書都係僞書，獨宗今文公羊傳，倡「孔子改制」說，以六經爲孔子所作。漢朝經書的毛傳詩、春秋左傳和周官最爲晚出，故被學者認爲古文經書的代表，公羊傳則爲今文代表。

章炳麟治經學，宗古文，他自己說：

「余治經專尚古文，非獨不主齊魯，雖景伯康成亦不能阿好也。先師俞君，曩日談論之暇，頗右公羊。余以為經卽古文，孔子卽史家宗主。漢世齊學，雜以燕齊方士怪迂之談，乃陰陽家之變。魯學雖近儒流，而成事不符已甚。康成雖述，獨周禮不能雜以今文，毛詩箋名為宗毛，實破毛耳。景伯謂左氏同公羊者什有七八，故條例多為元凱所駁。余初治左傳，偏重漢師，亦頗傍采公羊，以為元凱拘滯，不如劉、賈閎通，數年以來，知釋例必依杜氏，古字古言，則漢師尚焉。其文外微言，當取二劉以上。……所次左傳讀，不欲遽以問世者，以滯義猶未更正也。毛詩微言，所得尤衆，藏之匈中，未及著錄，今則亡矣。余少讀惠文定張皋文諸家易義，雖以為漢說固然，而心不能慊也。亦謂易道冥昧，可以存而不論。在東因究老莊，兼尋輔嗣輔舊說，觀其明爻明象，乃歎其超絕漢儒也。近遭憂患，益復會心。然輔嗣易注，簡略過甚。康成爻明辰之說，誠無足取。以禮說易，則可謂所所甄明。易者，藏往知來之學，開物成務之書，所敘古今舊變，不專為周氏一家，則康成有未及也。近欲有所論著，煩憂未果，惟條記數事，亦足以明易道之大矣。㈣」

在章氏叢書裏收有春秋左傳讀敍錄、春秋左氏疑義答問、劉子政左氏說、太史公古文尚書說、古文尚書拾遺。在所收的文錄裏，還有論古文經書的文字，足以表示他宗古文的經學研究，在文錄裏有孔子作易駁議，孔子制禮駁議，王制駁議，反對皮錫瑞和康有爲的主張。

「漢世有言孔子作春秋，未有言孔子作易。皮錫瑞以為伏羲畫卦，孔子繫辭，繫辭者，謂卦爻下辭也，繫辭傳則為弟子所作。案左氏傳所載筮辭，錫瑞將謂古文難信，今姑不舉，且以大傳、史記及佗書所記為質。……謂孔子作易者，太史公所不著，施孟梁亦所不言，錫瑞直以己意斷其有無。吾見世之妄人多矣，於皮氏得一焉。(三五)」

章炳麟在這篇文章裏，舉出皮氏十二點錯謬，以駁孔子作易的主張。但是所說的證據，多爲間接的旁證，不足以完全推翻孔子作十翼的主張。

「禮五十六篇，皆周公舊制。記言哀公使孺悲學士喪禮于孔子，士喪禮是乎書。此謂舊禮崩壞，自此復著竹帛，故言書，不言作。……孔子曰：殷因於夏禮，所損益可知也，周因於殷禮，所損益可知也。晚世尊公旦者黜孔子以為先師，訟孔子者又云周監二代，實無其禮，不悟箸之版法，姬氏之功，下之庶人，後聖之績，成功盛德，各有所施，不得一概以論也。(三六)」

文錄中，考據的文字頗多。又有徵信、信史，各上下篇，駁緯書，詆爲方士的虛論，絕對不是信史。他對於治史，重有證據。「傳曰：聖有謨勳，明徵定保，故非獨度事爲然也，凡學皆然。其於抽史尤重，何者？諸學莫不始於期驗，轉求其原，視聽所不能至，以名理刻之。獨治史志者爲異，始卒不逾期驗之域，而名理卻焉。今之散儒曾不諭也，故微言以致誣，玄議以成惑。㈦」梁啓超曾以淸代經學，在顧、閻、胡、惠、戴、段、二王以後，只有兪樾和孫詒讓作爲殿後。「樾弟子有章炳麟，智過其師，然亦以好談政治，稍荒厥業。㈧」

三、哲學思想

章炳麟對於自己哲學思想的變遷經歷，曾經自作記述。他先論子書，喜好荀子和韓非子；後來研究佛學，專習法相宗的唯識論，最後以法相宗的思想注解莊子的齊物論。他雖高抬老莊，輕看孔子和儒家；但是他的哲學思想則是佛教的思想，他不提歐陽竟無，也不提熊十力，然而他在民初，應該同歐陽、熊兩人同爲佛學思想的學人。

1. 以孔子為史家

章炳麟素攻小學，專於考據；然性喜玄想，重老莊而崇佛學。對於孔子，祇看重春秋一書，春秋一書和左傳相連，爲古文經學家所重；然章炳麟看重春秋，則以春秋爲史書，而以孔子爲史學家。

「然春秋所以獨貴者，自仲尼以上，尚書則闕略無年次，百國春秋之志，復散亂不循凡例，又亦藏之故府，不下庶人，國亡則人與事偕絕。太史公云史記獨藏周室，以故滅，此其效也。是故本之吉甫史籀紀歲時月日，以更尚書，傳之其人，令與禮樂詩書等治，以異百國春秋，然後東周之事，粲然著明。令仲尼不次春秋，今雖欲觀定哀之世，求五伯之迹，尚荒忽如草昧。夫發金匱之藏，被之萌庶，令人不忘前王，自仲尼左丘明始。……故春秋者，可以封岱宗，配無極。今異春秋於史，是猶異蒼頡於史籀、李斯，祇見惑也。[29]」

春秋的特點，不在於有評論史事的義例和微言；因爲司馬遷和班固，也說在他們的史記和漢書裏也有義例和微言。

『今文家所貴者，家法也，博士固不知有經史之分。則分經史者，與家法不相應。夫春秋之為志也。董仲舒說之，以為上明三王之道，下辨人事之紀，萬物之散聚，皆在春秋。然太史公自敍其書，亦曰：厥協六經異傳，整齊百家異語，俟後世聖人君子。班固亦云：凡漢書，窮人理，該萬方，緯六經，綴道綱，總百氏，贊篇章。其自美何以異春秋，春秋有義例，其文微婉，遷、固亦非無義例也。㊇」

章炳麟以六經皆史，以春秋爲史。春秋固然爲史，但是春秋在歷代的價值，則在於以倫理標準，評判史事，有時不惜犧牲客觀性。章炳麟則推崇孔子治史，有系統、有徵信，足爲中國史學的楷模。

「仲尼，良史也。輔以丘明，而次春秋，比百家若旋機玉斗矣。談、遷嗣之，後有七略。孔子歿，名實足以抗者，漢之劉歆。㊁」

在思想史上看來，以劉歆比孔子，實在是不倫不類，可說沒有深入儒家的思想，他以孔子的功績在保全六經：

「而布彰六籍，令人知前世廢興，中夏所以瓶業垂統者，孔氏也。㊂」

他對於儒家的思想，估價很低，比較釋老，遠遠在下，「余既解齊物，於老氏亦能推明。佛法雖高，不應用於社會政治，此則惟待老莊也。儒家比之，邈焉不相逮矣。㈢」以儒家思想應用於社會，比老莊的思想差得很遠，這不是從事革命政治者可說的話，若說儒家的形上思想，比不上老莊和佛學，還可以說得對。況且他還說：

「自老聃寫書徵藏，以詒孔氏，然後布帛下庶人，六籍既定，諸書後稍出金匱石室間。㈣」

老聃以藏書詒孔子，在考據方面有何根據？他又說老聃主張愛，可與易經生生的愛心相同，儒家的「恕」由這裏出來。

「（易經）變化無常，死與生與，天地並與，神明往與，聖人之愛人終無已者，亦乃取於諸者也。夫有身不期於大患，而大患從之，大患不期於託寄天下，而託寄天下從之。此老聃所為貴愛者哉。取觀儒釋之論其利物，則有高下遠邇，而老聃挾兼之。仲尼所謂忠恕，亦從是出也。夫不持靈臺而愛其身，滌除玄覽而貴其患，義不相害，道在並行矣。故莊周援引其文，且頌之曰：尸居而龍見，淵默而雷聲，神動而天隨，從容無為而萬物炊累焉，（在宥篇）婾以苟容，怯以自全者，自以為得老聃之道，曾未窺其大體也。㈢」

以老莊的自然，比易經的天地好生之心，已經是道不相同，再以孔子的忠恕不及老聃所講自然的愛，更是曲解孔子的仁道。

「然世人多云，天地之大德曰生，陰陽匹偶，根性所同，不應背天德而違人道。嗟乎！人在天地，若物之寄於康瓠耳！器非同類，則無德之可感？體無知識，則何物之能生？且原始要終，有生者未有不死，既云天地之大德曰生，何獨不云天地之大德曰死？天地不仁，以萬物為芻狗，乃老子已知之矣。㈥」

老子講天地不仁，無所謂愛，易經以天地好生之德爲仁；天地使陰陽相感應，萬物化生；陰陽變合不停，有合有分，合則爲生，分則爲死，死爲生之變化歷程，生則由天地好生之愛使陰陽相合而成。雖然陰陽相結合爲自然之道，然自然之道的來源，則由於天地因上天愛物之心而來。這是儒家孔子和道家老子不同之點。章炳麟在上面所引的一篇五無論裏，主張：無政府、無聚落、無人類、無衆生、無世界。這種五無，較比老子返歸原始社會的主張，還更徹底，完全是佛教的思想，「世界本無，不待消滅。而始爲無，今之有器世間，爲衆生依止之所，本由衆生眼翳見病所成，都非實有。㊲」以佛教虛無的思想，評判儒家的思想，當然以儒家爲塵俗。「所謂無人類、無衆生、無世界者，說雖繁多，而無人類爲最要，以觀無我爲本，因以斷交接爲方便，此消滅人類之方也。㊳」無我，乃佛教大小乘共同的主張。

從人生來說，忠恕仁義既沒有意義，就俗人的名言上說，忠恕爲理則的方法。

「心則推度曰恕，周以察物曰忠。故聞一知十舉一隅而以三隅反者，恕之事也。……周以察物，舉其徵符，而辨其骨理者，忠之事也。故疏通知遠者恕，文理密察者忠。㊴」

這種解釋忠恕和胡適的解釋相同，或更好說胡適採納了章炳麟的解釋㊵。但是兩人的出發點卻不相同，胡適研究名學，以名學解釋孔子的「正名」，章炳麟尚法相宗，以法相宗解釋一切。在胡適的思想裏，名還有實，在章炳麟的思想裏，名祇是空名。還有對於論語的話，如『無可無不可』、『可與立未可與權』、『君子之中庸也，君子而時中。』等話，竟解釋爲「君子時中，時伸時絀，故道德不必求其是，理想亦不必求其是，惟期便於用事可矣。用儒之道德，故艱苦卓厲者絕無，而冒設奔競者皆是。」(諸子學略說)這等對孔子和儒家的批評，很不適合一個研究經學人的判斷，而是替民國初年喊「打倒孔家店」口號作開導。

他喜好法相宗，表示他喜好名學；因此對於荀子的名學和墨翟的墨經相當看重。在訄書裏，有訂孔、儒墨儒道、儒法等篇，對儒家的思想多予批評，然文字都帶政治時論的性質，少有哲學思想，例言在訂孔篇說：

「凡說人事，固不以祿胙應塞，惟孔氏聞望之過情有故，曰：六藝者，道墨所周聞，故墨子稱詩書春秋多太史中秘書，女商事魏君也，衡說之以詩書禮樂，從說之以金版六弢，異時老墨諸公，不降志於刪定六藝，而孔氏擅其威，遭焚散復出，則關軸自抒於孔氏。」

2. 崇尚佛學

甲、唯識論

章炳麟自述研究佛經的經歷：

「余少年獨治經史通典諸書，旁及當代政書而已。不好宋學，尤無意於釋氏，與宋子平交，子平勸讀佛書，始觀涅槃、維摩詰、起信論、華嚴、法華等書，漸近玄門，而未有所專精也，遭禍繫獄，始專論瑜伽師地論，及因明唯識論，乃知瑜伽為不可加。既東遊日本，提倡改革，人事繁多，而暇輟讀藏經，又取魏譯楞伽及密嚴誦之，參以近代康德蕭賓阿爾之書，益信玄理無過楞伽瑜伽者。……余臣佛法不事天神，不當命為宗教，於密宗不能信。」

章炳麟不僅研究佛學，而且接納佛學，作爲自己的思想，且以佛學解釋老莊，評判儒家，所以他的哲學思想乃是佛學思想，在佛學中，尤信法相宗的唯識論。

對於語言的緣起，他在研究中國文字學時，他主張：

「語言之初，當先緣天官。然則表德之名最夙矣。然文字可見者，上世先有表實之名，以次桄充，而表德表業之名因之。後世先有表德表業之名，以次桄充，而表實之名因之。㊃」

德、業、實，取之印度勝論，「人云馬云，是其實也。仁云武云，是其德也。金云火云，是其實也，禁云毀云，是其業也。」(同上) 實，爲實體；德，爲特性；業，爲用，爲動。名由天官的感覺而起，「物之得名，大都由於觸受。」(同上) 觸受卽是感官的感覺。

「名之成，始於受，中於想，終於思。領納之謂受，受非愛憎不著。取像之謂想，想非呼喚不徵。造作之謂思，思非動作不形。名言者，自取像生。……接於五官曰受，受者謂之當簿。傳於心曰想，想者謂之徵知。一接焉，一傳焉，曰緣。凡緣有四。增上緣者，謂之緣耳知聲，緣目知形，此名之所以成也。名雖成，藏於胸中，久而不渝，浮屠謂之法。㊃」

章炳麟將荀子的名學，墨翟的墨經和佛學的名相思想合而爲一。採荀子的單名、別名、共名；採墨經的「知而不以五路在久」和「名達類私。」又採佛學的唯識。唯識論以『萬法唯識』，識由第八阿賴耶識的種子所生，種子受薰而造境，五官緣境而生識，識由心而了別，了別經第七末那識而執著，乃有我有法，名緣識而生，識爲因緣所生，名乃爲空名，名所代表的實沒有自性自相。章炳麟解莊子的「齊物論」說：

「齊物本以觀察名相，會之一心，故以地籟發端，風喻意想分別，萬竅怒號，各不相似，喻世界名言各異，乃至家鷄野鵲，各有殊音，自抒其意。天籟喻藏識(阿賴耶識)中種子。晚世或名原型觀念。非獨籠罩名言，亦是相之本質，故曰吹萬不同使其自已者，謂依止藏識，乃有意根，自執藏識而秘之也。自取者，攝大乘謂無性。釋曰：於一識中，有相有見二分俱轉，相見二分不卽不離，所取分名相，能取分名見，於一識中，一分變異似所取相，一分變異似能取相，是則自心還取自心，非有外界。……謂盈虛衰殺，彼爲盈虛非盈虛，彼爲衰殺非衰殺，彼爲本末非本末，彼爲積散非積散也。物謂物色，卽是相分。物物者謂物色，卽是見分。相見二分，不卽不離，是名物物者與物無際，而彼相分自見。方圓邊角是名物有際，見分上之相分。本無方隅，而見有是方隅，是名不際之際，即此相分。方隅之界如實是無，是名際之不際，此皆義同攝論。㈣」

見分和相分，為佛學的術語。兩個術語有多項意義，如相分有四義：一、實相名相，二、境相名相，三、相狀名相，四、義相名相。取二、三、四的意義為相分，即是識所變成的對象。見分有五義：一、證見名見，二、照燭名見，三、能緣名見，四、念解名見，五、推度名見。五種意義作為見分，都是認識或感覺的意義。章炳麟用唯識論的思想解釋莊子齊物論的「南郭子綦隱几而坐」一段，一切都是自心取自心，沒有外面的對象。名言為人們日常的語言，由天官觸受而生；然而天官所觸受，乃是人心自證自心，即是所見的境(對象)，由識所造，沒有自己的性相，所以名都是假名。

在同一段釋文中，論到了時間，章炳麟主張時是空名，並不是實有：

「即自位心證自位心，覺有現在，以自位心望前位心，覺有過去；以自位心望後位心，比知未來。是故心起即有時分，心寂即無時分。若睡眠無夢位，雖五更夜不異刹那。然則時非實有，宛爾可知。但以衆同分心，悉有此相，世遂執著為實。……時由心造，其舒促亦由心變也。此上是破時分也。(四五)」

時間是否為實有，西洋哲學也多有爭論。章炳麟採納佛教的主張，以時間為心所造。因為，既然一切唯識，識由心生，因而『諸法唯心』。

對於空間，他的主張也用佛學的思想：

「破我執易，破法執難，如時間有無終始，空間有無方位，皆法執所見。此土陸子靜輩，思之終不了然，實未達唯識之旨。時間者，起於心法生滅，相續無已；心不生滅，則時間無自建立矣。空間者，起於我慢，例如同時同地，不能幷容二物，何以不容？則因我慢而有界閾，因界閾而有方所。滌除我慢，則空間亦無自建立矣。(四六)」

章炳麟不僅以時空為心所造，而且以宇宙為虛無，完全採納佛教虛無觀。

「宇宙本非實有，要待意想安立為有。若衆生意想，盡歸滅絕，誰知有宇宙？於不知中，證其為有，則證據必不極成。譬如無樹之地，證有掛影，非大愚不靈之甚邪？（四七）」

普通以宇宙所有爲物質，章炳麟以物質沒有本性，而所有聲色乃是空無。

「然以見量比量觀察物質，此中見量觸受，比量不能推度，惟是依於法執認有物質。而彼法質，卽是徧計，徧計所執，自性本空，故知萬物出於無質。質卽是無，卽此萬物見象有色有聲有香有味有觸者，惟是依他起性，屬於幻有。（四八）」

這一段全是「唯識論」的思想，見量爲感覺，比量爲評判，徧計爲我執法執。萬物根本不存在，種子造境，境和根（感官）相觸乃有知覺，第七識末那識執著外境以爲實有，實則屬於幻有。章炳麟將佛教的無和老子的無相同。

「老子亦云天下萬物生於有，有生於無。初語，隨法我執，故云萬物生於本質；次語，破我法執，故曰本質生於無。無者云何？卽偏計所執自性。此性本無，無則不生，而言生於無者，欲以無之能生證明有之為幻。……又天地篇云：『泰初有無，無有無名，一之所起。有一而未形，物得以生，謂之德。』……今案彼言無者，謂質；彼言一者，謂心，是皆說物質本無，而不說心量本無，正契唯心勝義，寧同斷滅之見乎。近世達者，莫若蕭賓閒爾，彼說物質常在之律，非實驗所能知。唯依先在觀念知之。然不悟此先在觀念卽是法執，其去莊生之見，偶乎不及遠矣。(兕)」

老子的無，為無限之實體，怎能和佛教之無相同？若說相同，則同於佛教的「眞如」。德國哲學家蕭賓閒爾卽普通所譯的叔本華(Schopenhauer)，叔氏的思想雖和黑格爾的唯心論相反，然仍充有唯心論的傾向，但不能和佛教的無和老子的虛，相提並論。

乙、本體論

佛教哲學講世界萬法(物)，主張萬法由因緣而成，沒有自性自相，但是大乘終教和圓教則承認萬法的本體爲實相，實相乃是「眞如」，「眞如」也是「眞我」。

章炳麟採納這種主張，他說：

「體非形器，故自在而無對，理絕名言，故平等而咸適。(五十)」

體爲實體，實體爲絕對體，故是「無對」。佛教天臺宗以事理合一，事爲宇宙萬法，理爲「眞如」，「眞如」與萬物相合爲一，不可名言，「平等而咸適」。「眞我」也稱如來藏，如來藏爲佛性。佛性在衆生中，爲衆生的實相，也就是眞如。

「佛法雖稱無我，祇就藏識生滅說耳，其如來藏自性不變，卽是佛性，卽是真我，是實、是徧、是常。而衆人未能自證，徒以生滅者為我，我豈可得邪？及得佛果，卽為常樂我淨。此則涅槃經所說第一義諦。要知無我，真我乃見。然則是兩說者，亦擐而後成者也。今應說言依真我，起幻我；依幻我，說無我；依無我，見真我。(五一)」

大乘始教，以眞對假，以空對有。大乘終教如「中論」，則不有不空，亦有亦空；但仍是相對。大乘圓教天臺宗和華嚴宗則講一乘，以空假中三乘爲一，超越相對而向絕對。章炳麟所講尚是相對的眞假，尚在眞假二乘中。

大乘起信論爲大乘主要經典，講論眞如，以眞如有二門：眞如門、生滅門。眞如門爲眞如本體；生滅門，爲眞如因無明而生宇宙萬法。萬法既由眞如所生，眞如乃萬法的本體，不生不滅。但是問題則在眞如何以生無明？

「昔居東（日本）時，有人問言，心本真如性，何緣突起無明？桂百華擧起信論風水之喻答之。然水因風而有波，水如真如性，波是生滅心，風乃外來，本無水有，而無明真如是一心法，則斯喻原非極成。有執是難，桂無以解。余謂馬鳴之言，容亦有漏。解斯難者應擧例云，如小兒蒙昧，不解文義，漸次修習，一旦解寤。當其既通與昔未通之心，非是二物。然未通之時，通性自在，喻如真如；當其未通，喻如無明。由塞而通，喻如始覺，……雖然，斯例則通達矣，而終不解無明突起之由。余以所謂常樂我淨者，我即指真如心。而此真如心，本唯絕對，既無對待，不覺有我。即此不覺，謂之無明。證覺以後，亦歸絕對，而不至再迷者，以曾經始覺故。後有問言，何時而有無明？此難較不易釋。佛書不言無明無本際，蓋為此也。然深思之，故有說時分之成，起於心之生滅，生滅心未起，則時分之相無自建立。因無明而心生滅，因生滅相續而有時分之相，故謂之無始無明。㈢」

眞如爲何生無明？佛教沒有確實的回答。章炳麟所想的答覆，也不能解答。這個問題有兩個層次：第一個上面的層次，是眞如二門，眞如有本體門，卽本體一面，爲何生生滅門？卽爲何有了生滅一面。本體一面是眞如本體，生滅一面是世界萬法，有生有滅。萬法由眞如而生，仍留在眞如本體上，以眞如爲實性實相，問題在於萬法由何而生？下面的低一層次，是人心爲假心，以眞如爲眞心，人心爲何生無明，執著自己爲有，執著萬法爲有呢？章炳麟對於這下一層問題，答說以眞心假心爲一心，眞心爲假心，乃是眞心沒有認識自己，如同小孩雖有理智，但是理智尚沒有開通，不能認識自心。然而問題就在於眞心爲何不認識自己，答說是因爲愚昧。愚昧由何而來？章炳麟不答。人心愚昧的來因，在於第八識的有漏種子，有漏種子薰識，識薰現行，有漏種子所薰的識爲愚昧的識，末那識偏執爲有。這下層問題的解答並不難。上一層的問題，眞如爲何生生滅門？佛教以爲眞如生無明。但是眞如乃是絕對光明，不改不變，自己爲何生無明？若用我們的哲學去解釋，則可引用一項原則：「善，本性是擴散自己的。」絕對的眞如，擴散自己，乃有自己的表現，成爲自己的「非我」。「非我」中有人，人因自心的無明，執著眞如的表現爲實有體，便是人心的愚昧。

萬物沒有實相，更沒有自性，章炳麟作「辨性」上下篇，辨明物性非實有。又在「菿漢微言」的開端，就聲明說：

「昔人言性者，皆非探本之談。不知世所謂善惡，俱由於末那識之四種煩惱。仁為惻隱我愛所推，義為羞惡我慢所變，乃夫我見我癡，則不可以善惡言矣。廣說，亦得言有善惡相應。(三)」

章炳麟以性爲第七識末那識所執。世界有我有物，佛教認爲都由於末那識的我執和物執，一切物都無自性。

「萬物皆無自性，黃爐大海爝火飄風，則心之蔭影也。……而儒者言性有五家：無善無不善是告子也，善是孟子也，惡是荀卿也，善惡混是揚子也，善惡以人異殊上中下，是漆雕開、世碩、公孫尼、王充也。五家皆有是而身不自明其故，又不明人之故，强相斬伐，調之者又兩可。……人有八識，其宗曰如來藏。以如來藏無所對，奄忽不自知若胡越，則眩有萬物，物各有分，識是之謂阿羅耶。阿羅耶(第八識)者，藏萬有，既分，即以起末那。那末(第七識)此言意根。意根常執阿羅耶以為我，二者若束蘆相依以立。我愛我慢，由之起意根之動，謂之意識。物至而知接，謂之眼耳鼻舌身識。彼六識者，或施或受，復歸於阿羅耶藏萬有者，謂之初種，六種之所歸者，謂之受薰之種。諸言性者，或以阿羅耶當之，或以受薰之種當之，或以意根當之。(五四)」

這種解釋，完全是唯識論的解釋，以境(對象)爲阿賴耶識所藏種子所造，由末那識執著而得存在。對象之物既爲阿賴耶識種子所造，當然沒有自性。佛教以自性不能變，萬物都有生有滅有壞，常在變中，便不能有自性。物的自性，乃是眞如。

章炳麟的本體論，接納佛教唯識論和大乘起信論的思想，並沒有達到天臺宗和華嚴宗的止觀。

丙、融會佛道儒

章炳麟的哲學思想爲佛教的思想，然而他並不安於自稱佛教學者，他又自稱爲傳統的樸學者。傳統的樸學者，本是儒家學者，也可以是道家的學者，章炳麟心喜老莊的玄學，也喜荀子的名學，更喜歡以佛教的思想解釋道家和儒家的思想，在佛學裏融會儒家和道家。最顯明的例子，爲他的齊物論釋，以佛學的唯識論解釋莊子，自認爲發前人所未發，較比郭註和王註都好。他以莊子的「齊物」卽佛教的無相：

「齊物者，一往平等之談，評其實義，非獨等視有情，無所優劣，蓋離言說相，離名字相，離心緣相，畢竟平等，乃合齊物之義。次卽般若所云字平等性、語平等性也。其文皆破名家之執，而亦兼空見相。如是乃得蕩然無閡。若其情存彼此，智有是非，雖復汎愛兼利，人我畢足，封畛已分，乃奚齊之有哉！然則兼愛為大迂之談，偃兵則造兵之本，豈虛言邪！夫託上神以為禰，順帝則以游心，愛且蹔兼，兵亦苟偃；然其繩墨所出，斠然有量，工宰之用，依乎巫師。苟人各有心，拂其條教，雖踐屍蹀血，猶曰秉之天罰也。夫然兼愛酷於仁義，仁義憯於法律，較然明矣。齊其不齊，下士之鄙；執不齊而齊，上哲之玄談，自非滌除名相，其孰能與此？(55)」

這一段是齊物論釋的引言，說明莊子的齊物論，只有滌除名相，依照佛教唯識論的思想，才可以解釋。因此整篇的解釋，無一不是法相宗唯識的論調。他在齊物論釋的最後結語說：「莊生所著三十三篇，自昔未曾科判，輇材之士，見其一隅，黨伐之言，依以彈射。今者尋繹微旨，阡陌始通，寶藏無極，以貽後生也。」僧宗仰作後序說：「以爲齊物者，一往平等之談，然非博愛大同所能比傅。名相雙遣，則分別自除，淨染都忘。故一眞不立，任其不齊，齊之至也。若夫釋老互通，其術舊矣。(56)」但是釋老互相通釋，在魏晉南北朝時，固然有人作過，然都不像章炳麟將莊子的全部思想，解爲佛教法相宗的思想。

章炳麟頗喜易經，以易卦紀述古代歷史事蹟。他說：「易者，藏往知來之學，開物成務之書。所敍古今事變，不專爲周氏一家，則康成有未及也。近欲有所論者，煩憂未果。惟條記數事，亦足以明易道矣，上經以乾坤爲首，而序卦偏說屯蒙，屯者草昧，蒙者幼稚，此歷史以前事狀也。屯稱亦鹿無虞，斯非狩獵之世乎。……需飲食宴樂，始有酒食，乃入農耕之世。現說神道設教。……觀之所受曰噬嗑，先王以明罰勑法。……受噬嗑爲賁，賁者文飾，今所謂文明也。……文明之世，婚禮大定。……足稱開物成務，其大體在玆矣。㊲」

對於序卦排列卦的次序，以生命的發展，作爲六十四卦排列次序的理由。章炳麟由歷史的經歷，解釋六十四卦的次序。然沒有全部說明，所舉例也頗牽強。然而他對易經的思想，則引佛學以作解釋。

「羲皇時八卦成列，其方位起震終艮，蓋聲聞辟支佛之說。故不以乾之阿賴耶造端，而託首于震。震之一動，是卽生因也。經于艮，止則不動。何以止之？卽艮卦所謂不獲其身不見其人也。㊳」

「文王尚不足道，何有于人我也。周易皆說阿賴耶識與意根，而用九艮卦獨捨是，此文王所以為聖也。……所謂離見則無境界也。㊴」

「乾以資始而行健，坤以得主而有常，乾卽阿賴耶識，乃萬法緣起，故曰資始；恒轉，故曰行健，坤卽意根，執阿賴耶識為我，故曰得主；恒審思量，故曰有常，按維摩詰經，無位則無本。乾元雖曰資始，其實曷嘗有始？坤之有常，承天而時行耳，亦非真常也。是故能用九六，則證得依轉，乾坤於是息矣。……用九稱見羣龍無首，所謂覺心初起，心無初相。用六稱別永貞，所謂心卽常住；覺心無初相而乾元盡，心常住而後爲眞常。用九象曰：天德不可爲首也；用六象曰：以大終也。所謂無明無始而有終，二用實一事，特於乾言因，坤言果耳，斯乃佛道究竟之地，則如來乘義也。艮卦辭稱艮其背不獲其身，不見其人，此卽斷人我見者，則聲聞乘義也。觀爻辭數稱觀我生觀其生，此則辟支佛由觀緣生而悟者，其人不說法，但以神變示化，故觀象言聖人以神道設教而天下服矣，則辟支佛乘義。如是，易中微言，具備三乘，故是以冒天下之道。㈥」

易爲卜筮的書，卦辭和爻辭都是象徵式的話，可以有多種解釋，以便卜筮的人所用。至於易經的哲學思想，由孔子所作繫辭，乃有說明。故易經的哲理，係用傳統的儒家思想去解釋。章炳麟以佛教法相宗的唯識論解釋易經，明明不是易經的思想，至於能夠「自圓其說」，並不足以建立易經的佛學，或佛學的易經。易經的哲學是宇宙變易的哲學，如形上本體論的思想，由本體論轉入倫理道德論；章炳麟由唯識的認識論去解釋，層次不合，內容有差。若從佛教方面說，既不承認物有本體，一切唯識所造，則祇能用認識論去解釋易經的本體論。這是使易經就合佛學，而不是以佛學去說明易經。

「繫辭：一陰一陽之謂道，依真如起無明，覺與不覺、宛轉對峙，是之謂道，非常道也。繼之者善也，繼，謂相續不斷。善者，釋名云演也，演盡物理也。此謂一切種子如瀑流者也。成之者，性也。荀子云：生之所以然者謂之性，由意根執前者為我，于是有生也。㈥」

這一段繫辭的話，在易經中佔重要的位置，宋明清的理學者都有解釋，大都以陰陽爲宇宙變易的兩種因素，陰陽繼續變易，化生萬物。章炳麟又以法相宗的唯識論去解釋，以萬物由阿賴耶識的種子所生，每一物的性相由末那識的執着所成。易經的生生，使宇宙成爲生命的洪流，竟變爲「萬法唯識」的薰染；兩者相差實在太遠。

章炳麟的哲學思想，就在於以佛學融會儒家道家，使佛學成爲中國的正統哲學。

3. 無神論

中國歷代的無神論，例如王充的無神論，都以否認鬼神爲目標，而不否認上天尊神。章炳麟的無神論，則是否認尊神的存在，和西洋的無神論相同。

章炳麟雖崇尚佛學，然他並不相信佛教，所以他祇採納法相宗的唯識論。同時，他卻聲明反對設立孔教，又反對西方的天主教和基督教。反對孔教，因爲倡設立孔教的人是康有爲，康有爲崇尙今文經學，高擧公羊傳以崇奉孔子。章炳麟極力攻擊康氏，予以駁斥。反對西洋宗教，因淸末西方列強，屢次假藉教難，欺凌中國，章炳麟提倡革命，反對淸朝，反對列強，遂也反對西洋宗教。但他主張無神，不僅因爲政治和經學的理由，也有他的哲學思想。

首先，他認爲中華民族素來不崇奉一種宗教，以爲國教，若設立孔教以爲國教，實爲違反民族之常情。再則說明孔子受中國人的尊敬，是因爲他整修歷史，以布衣而振學風。然後，則攻擊宗教爲異端。

「近世有倡孔教會者，余竊訾其怪妄。宗教至鄙，有大古愚民行之，而後終已不廢者，徒以拂俗難行，非故葆愛嚴重之也。中土素無國教矣。舜敷五教，周布十有二教，皆掌之司徒。其事不在庠序，不與講誦，是乃有司教令，亦禖與今世社事敎育同類，非宗教之科。易稱聖人以神道設教，斯卽盥而不薦禘之說也。禘之說，孔子不知，號曰設教，其實不教也。周禮神仕之職，皆王官之一守，不以布於民常。……盡漢一代，其政事皆兼循神道。夫仲舒之託於孔子，猶宮崇張道陵之託於老聃。今之倡孔教者，又規摹仲舒而為之矣。……蓋孔子所以為中國斗柄者，在制歷史、布文籍、振學術、平階級而已。故以德化，則非孔子所專，以宗教，則為孔子所棄。今亡其所以當尊，而以不當尊者奉之，適足以玷闕里之堂，汚泰山之迹耳……。㈣」

他反對建立孔教，第一，因爲他反對宗教；第二，因爲他不尊奉孔子。他不尊奉孔子，在前面已經講過，他反對宗教，在章氏叢書「別錄」裏有兩篇文章，表明他的思想，一篇是無神論，一篇是建立宗教論。

「基督教之立耶和瓦也，以為無始無終，全知全能，絕對無二，無所不備，故為衆生之父。就彼所說，其矛盾自陷者多，略舉其義如左。

無始無終者，超絕時間之謂也。既已超絕時間，則創造之七日，以何時為第一日？若果有第一日，則不得云無始矣，若云創造以前，因是無始，惟創造則以第一日為始，夫耶和瓦既無始矣，用不離體，則創造亦當無始。假令本無創造，而忽於一日間有此創造，……耶和瓦之心何其起滅無常也。其心既起滅無常，則此耶和瓦者亦必起滅無常，而何無始之云？既已超絕時間，則所謂末日審判者，以何時為末日，果有末日，亦不得云無終矣。若云，此末日者，惟是世界之終，而非耶和瓦之終，則耶和瓦之成此世界，壞此世界，又何其起滅無常也？其心既起滅無常，則此耶和瓦者亦必起滅無常，而何無終之云？是故無始無終之說，即彼教所以自破者也。(六三)」

耶和瓦即基督教之耶和華，為上帝。上帝為無始無終，乃基督教與天主教的共同信仰，亦為士林哲學所主張。因為天主或上帝為絕對自有實體，乃一絕對存有，必是超越時間，耶和華創造宇宙和宇宙有窮盡時，在耶和華方面，為一超越時間的決定，在無始已就決定，決定的實現，也是超越時間。而世界的有始有終的時日，這種時日，是世界自身在時間中的計算，而不牽涉耶和華。

章炳麟的第二難題，在於世界的惡。他認為耶和瓦既全能，則能造一完善的世界，為何造有魔鬼，以誘惑人。若說魔鬼乃為偵探人心，然耶和瓦既為全知，又何必偵探？「是故全知全能之說，又彼教所以自破者也。(六四)」

但是，惡的問題，為中外哲學的大難題；而且哲學沒有答覆，若歸到宗教信仰去解決。

耶和瓦造世界而出現惡的人，出現惡的事，是耶和瓦尊重人的自由。

第三難題，章炳麟以爲耶和瓦創造宇宙，所用質料，或在耶和瓦以內，或在以外，若質料先在耶和瓦內，則不是創造，而是莊子所說的「流出」。若質料在耶和瓦以外，則質料和耶和瓦對立。「是故絕對無二之說，又彼教所以自破也。(六五)」耶和瓦創造世界，因既是全能，不能用質料，若用質料已不是創造，那祇如同人把質料改造。

第四難題，章炳麟以基督教和天主教相信耶和瓦無所不備，乃不合理，因爲耶和瓦創造宇宙人類，必是有所需要，不然，何必造呢？既有需要，則不能說無所不備。「是故無所不備之說，又彼教所自破者也。(六六)」

但是他不懂哲學上的一項原則，即『善，常是散播自己的。』(Bonum est diffusivus Sui) 善之所以爲善，就是願意播散自己的善，使人分享。佛教相信眞如爲絕對本體，爲什麼眞如起生滅而有宇宙？也要用這項原則去解釋，否則說眞如自起無明而有生滅門，則講不通。

章炳麟又譏刺基督教和天主教稱耶和瓦爲父，因爲父子關係，由於父母生子，子又相同於父母。若耶和華爲人類之父，豈不是說人由耶和瓦所生，若耶和瓦生人類，則必有配偶。

這些可以說是不倫不類，而是兒戲。『此則無異父天母地之說，存爲戲論固無不可也。㊄』然而章炳麟不知道在宗教裏多有象徵性的名詞和禮儀，以天主或上帝爲父，主是象徵天主對人的愛，有如父母之愛，也因人的生命也來自上帝的創造。

他認爲這樣已經駁倒了基督和天主教的信仰，乃過去討論印度教的梵天，他以爲三等梵天，都起於無明，俱屬離名相，不能說爲實有。而斯比諾莎的汎神論，「亦近華嚴無盡緣起之義。㊅」最後，他批評康德：

「夫有神之說，其無根據如此，而精如康德，猶曰：神之有無，超越認識範圍之外，故不得執神為有，亦不得撥神為無，可謂千慮一失矣。物者，五官所感覺，我者自內所證知，此其根底堅牢，因難驟破。而神者，非由見量，亦非自證，直有比量而知，若物若我，皆俱生執，而神則為分別執，既以分別而成，則亦以分別而破。㊆」

將康德的思想，用佛教唯識論去解釋，乃兩不相干。故不能破康德所講。康德所講不合理，要從康德的理性認知去辯駁。

章炳麟對於建立孔教，極力反對，對中國古代的宗教信仰，他也有不同的解釋。例如封禪，爲古代皇帝封大山，禪粱父，一種極隆重的宗教典禮，他卻解釋爲封疆的武事。「是故封禪爲武事，非爲文事。彼夷俗事上帝，故文之以祭天以肅其志，文之以祀后以順其禮，文之以秩羣神以揚其職，是其示威也，則猶偃伯靈台者也。(卆)」他以爲淮夷徐戎，爲周朝王教達不到的地方，依着夷人的風俗，假借禮祀，以顯武威。因此，他的無神論，不祇否認鬼神，也否認尊神上天，然他不僅主張無神，且主張五無；無政府、無聚落、無人類、無衆生、無世界。以佛教的空無，觀宇宙萬物，萬物都成了空和假。

章炳麟在學術上的成就，以小學和聲韻學爲最高，在政治思想上也有特色，在哲學上則祇有佛學的思想，而他運用佛學思想以融會儒家和道家，則和中國歷代學者都不同，他的門生也沒有人繼承他的主張。

註

(一) 太炎先生自定年譜。頁一一。沈雲龍主編史料彙刊，文海出版社。關於章炳麟的生平，有不同的記載。

郭湛波的近五十年中國思想史（龍門出版社，公元一九六六年）記他生於公元一八六九年，按陽曆算。黃公偉的中國近代學術思想變遷史（幼獅文化事業公司，公元一九七六年）記他生於公元一八六七年（同治六年）不確。李澤厚的中國近代思想史論，不記生卒年。侯外廬的近代中國思想學說史，記他生於同治七年（公元一八六八）按陰曆算。侯外廬和七學人所編的中國近代哲學史記他生於公元一八六七年，不確。

(二) 自定年譜，頁一二。

(三) 自定年譜，頁一四。

(四) 自定年譜，頁一六。

(五) 自定年譜，頁二四。

(六) 自定年譜，頁二八。

(七) 葑漢微言　章氏叢書，下冊，頁九六〇。世界書局，民四十七年。

(八) 文始　章氏叢書上冊，頁五一。

(九) 太炎先生自述學術次第。太炎先生自定年譜附錄二，頁七二〇。

(十) 文始　卷一。頁一四。（叢書總頁六二）

(十一) 文始　文始敘例。頁一。（叢書總頁五一）

(十二) 梁啓超　清代學術概論，啓業書局。頁五三。

(十三) 原經　國故論衡中，頁六八。章氏叢書，頁四五〇。

(十四) 侯外廬　近代中國思想學說史，下冊，頁七八五。

(十五) 說林下　文錄一。頁一一七—一一八。章氏本書下冊，頁七〇三。

(十六) 春秋左傳讀敍錄　章氏叢書上冊，頁一。

(十七) 同上　頁一八。

(十八) 明解故下　國故論衡中　章氏叢書上册，頁四六一。

(十九) 原經　國故論衡中　章氏叢書上册，頁四五六。

(二十) 同上。

(二一) 諸子不出於王官論　胡適文存，第一集，卷二。

(二二) 原學　國故論衡下　章氏叢書上册，頁四七七。

(二三) 原經　國故論衡中　章氏叢書上册，頁四五三。

(二四) 太炎先生自述學術次第　太炎先生自訂年譜，附錄二。頁五四。

(二五) 孔子作易駁議　文錄　章氏叢書，下册，頁六四九。

(二六) 孔子制禮駁議　文錄　章氏叢書，下册，頁六五〇。

(二七) 徵信論下　文錄　章氏叢書，下册，頁六六八。

(二八) 梁啓超　清代學術概論　頁一二。啓業書局。

(二九) 原經　國故論衡中　章氏叢書上册，頁四五五。

(三十) 同上　頁四五四。

(三一) 訂孔上　檢論卷三　章氏叢書上册，頁五三八。

(三二) 同上。

(三三) 太炎先生自述學術次第　太炎先生自訂年譜，附錄二，頁五四。

(三四) 訂孔上　頁五三八。

(三五) 道本　檢論卷三　章氏叢書，上册，頁五四一。

(三六) 五無論　別錄三　章氏叢書下册，頁八九一。

(37) 同上，頁八八八。

(38) 同上，頁八九一。

(39) 訂孔下　檢論卷三　章氏叢書，頁五三九。

(40) 胡適　中國哲學史大綱，卷上。頁一八〇。

(41) 太炎自述學術次第　太炎先生自定年譜，附錄二，頁五三—五四。

(42) 語言緣起說　國故論衡上。章氏叢書上册，頁四三九。

(43) 原名　國故論衡下。章氏叢書上册，頁四八六。

(44) 齊物論釋　章氏叢書，上册，頁三四九。

(45) 同上，頁三五一。

(46) 菿漢微言　章氏叢書，上册，頁九二五。

(47) 建立宗教論　太炎文錄，初編別錄卷三。章氏叢書下册，頁八七五。

(48) 齊物論釋　章氏叢書，上册，頁三七五。

(49) 同上，頁三七五。

(50) 齊物論釋序　章氏叢書，上册，頁三四七。

(51) 菿漢微言　章氏叢書下册，頁九二六。

(52) 同上，頁九二五。

(53) 同上。

(54) 辨性上　國故論衡下。章氏叢書上册，頁四九四。

(55) 齊物論釋　章氏叢書上册，頁三四七。

(56) 齊物論釋後序　章氏叢書上册，頁四一六。

(五七) 太炎先生自述學術次第 太炎先生自定年譜，頁五五。

(五八) 菿漢昌言 章氏叢書，頁一一〇六。

(五九) 同上 頁一一〇八。

(六〇) 菿漢昌言一 章氏叢書下冊，頁一一〇五。

(六一) 同上。

(六二) 駁建立孔教議 文錄二 章氏叢書下冊，頁七四五。

(六三) 無神論 別錄三 章氏叢書下冊，頁八六五。

(六四) 同上。

(六五) 同上。

(六六) 同上。頁八六六。

(六七) 同上。

(六八) 同上。頁八六七。

(六九) 同上。頁八六八。

(七〇) 封禪第二十二 訄書，頁六九。世界書局，民六十年。

附註

關於章炳麟的著作，可參考沈雲龍教授主編：紀念中華民國建國六十週年史料彙刊。文海出版社，章太炎先生自定年譜。附錄三，太炎先生著述目錄初編、後編、補遺。

第三章　熊十力的哲學思想

一、傳略

熊十力，湖北黃岡人，字子眞，晚年別號漆園老人。生於清光緒（公元一八八五年）十一年，兄弟七人，十力行第三。家貧，父爲塾師，十力就讀塾中。光緒二十三年，父親去世。父親臨危時，囑咐他習裁縫業，十力則誓言繼承父親的學業，自己在鄉耕田，借書勤讀，讀了王夫之和顧亭林的著作。年十八歲，赴武昌，投入革命軍。光緒三十年（公元一九〇四年）在彰德行刺鐵良，不中，改入另一革命組織，事爲張彪所知，遂逃回鄉，家中兄弟貧困不支，時南昌到九江的鐵路動工修築，鐵路兩旁的土田可加開墾，十力同兄弟試往農耕。公元一九一一年，武昌起義，黃岡爲革命軍奪取，十力任革命軍參謀。次年，袁世凱當選臨時總統，十力遂往江西德安耕讀。袁氏去世後，十力往廣東參加軍政府。但是，在這時候他的長兄和兩弟相繼因著窮困而死，十力轉而學佛，在南京，入歐陽竟无的內學院，研習佛學。民國十一年，到北京大學任教，講新唯識論。民十九年大病，到杭州養息。民二十四年再回北大。抗日戰起，十力於民二十七年入川，任教於北碚的「勉仁書院」，書院爲梁漱溟所辦。勝利後，十力隨友人馬一浮的「復性書院」往杭州，任教於浙江大學。民三十八年回湖北，次年，共黨政權聘他任教北京大學。民四十三年退休。民五十七年，在上海去世，年八十三㈠。

熊十力研究哲學，從佛學的法相宗唯識論入手，終生都留在唯識論的架構內；但是他又不讚成佛教的空論，乃轉入易經的宇宙論，以易經的變易作爲他的思想之中心。再又採取老子的道，作爲「本體」，然以本體爲變動，不稱爲道。遂創一變動的本體，變動爲易經的翕闢。這樣，本體是動，動卽是用，體用不分。體用的實現，都在人心，心和境又不分。熊十力的著作，就在講述他自己的思想，民二十一年，出版新唯識論上卷。民三十年，中卷脫稿，付印。民三十二年，下卷成，次年，合上中下三卷爲一部，卽今的新唯識論。這部書可以看作他的思想代表作品。對於佛學的講解，有佛家名相通釋。講解易經，有乾坤衍。對於本體，有體用篇和明心篇。他最後的一部著作，爲原儒，則在共黨政權之下，講論孔子儒學。

二、佛學

1. 佛教哲理

熊十力從歐陽竟无研習佛學，專習法相宗，對於唯識宗則加批評，而建立本人的新唯識論。民二十五年，再次在北大任教時，作佛家名相通釋，在卷端他略說佛教哲學的綱要。

「佛教哲學，以今哲學上術語言之，不妨說為心理主義。所謂心理主義者，非謂是心理學，乃謂其哲學從心理學出發故。今案其說，在宇宙方面，則攝物歸心，萬法唯識是也。然心物互為緣生，剎那剎那，新新頓起，都不暫住，都無定實。在人生論方面，則於染淨，察識分明，而以此心捨染得淨，轉識成智，離苦得樂，為人生最高蘄向。在本體論方面，則卽心是涅槃。在認識論方面，則由解析而歸趣證會，初假尋思，而終於心行路絕。其所以然者，則由於心起執相貌，由慧解析，知其無實，漸入觀行，冥契真理，卽超過尋思與知解境地，所謂證會是已。㈡」

熊十力以萬法唯心，解釋佛教，一切萬有，由識造境，由心執著而成爲有。信佛得看智慧，破除心中無明，自證自心本體，冥契眞理，乃入涅槃。這種佛教哲理爲大乘終教的教理，然還沒有進入大乘圓教的天台宗和大乘別教的華嚴宗。熊十力自己說：

「佛教宗派雖多，總其大別，不外空有兩輪。諸小宗談空者紛然矣，至龍樹提婆談空究竟，是為大乘空宗。諸小宗談有者紛然矣，至無著世親談有善巧，是為大乘有宗。若嚴核之，法相是無著學，唯識是世親學。疏釋名相，何故取此二師學耶，二師成立大有，資於小有，鑒於小空，又對大空，而成大有，破人法二我故，不同小有，遮惡取空故，即救大空末流之弊。故唯識法相，淵源廣遠，資藉博厚，而其為書也，又條件分明，統系嚴整，佛學哲學方面名詞，蓋亦大備於唯識法相諸要典。撮要而釋之，則可以讀其書而通其學。大有之學既通，而諸小有、小空，爰及大空，一切經論，無不可讀。㈢」

雖爲通釋佛學名詞，祇取法相和唯識兩宗；然實際對於佛教，熊十力也祇看重這兩宗，認爲佛教哲學的代表。但按佛教天台宗和華嚴宗的判教，這兩宗屬於大乘始教，留在小乘和大乘之間，祇在大乘的邊緣。龍樹的大般若經釋文大智度論則進入大乘，可稱爲大乘終教。然而在上面還有大乘頓教的涅槃經，大乘圓教的法華經，大乘別教的華嚴經。他以法相和唯識爲大乘有宗，然唯識和法相都以萬法唯識或萬法唯心；大乘有宗應該是天台宗和華嚴宗，這兩宗講眞如實相。熊十力的新唯識論就採天台和華嚴的眞如本體，對於認識，則採法相宗和唯識論。使如他以五蘊論爲法相宗的門徑，百法論爲唯識宗的門徑。

2. 法相宗

熊十力分佛教爲有空兩大部份。談有，爲小乘；談空，爲大乘。但在小乘談有中，也有人談空，然這種空還執著有，龍樹和提婆談空，才眞正建立空論。

「小乘談空者，頗有多部，詳異部宗輪論。略舉一二，如一說部，計一切諸法，但有假名，而無實體，說出世部，則說世間之法可破壞，皆非實有，是皆遮撥現象界也。及龍樹菩薩出，神悟天縱，智周萬物，以實相之難知，恒緣於情見之封執，於是妙用遮詮，種種破斥，掃盡一切執相。……末流沉空，甚乖其恉，龍樹弟子提婆造有百論，堪宏師說。……，空宗義蘊，深廣微妙，難可究宣，撮言其要，則諸法無自性義。(四)」

空宗的流弊，在於執著空，心又偏於執著，成無量過。乃生大乘的有宗。熊十力以大乘有宗，為法相宗。

「法相宗，有宗之異名也。相者，相狀或形相，有宗解析諸法形相或緣生相，其旨在於析相以見性。註說：析諸法相，而知其無自性，則卽諸法而見為實性之顯現也。無著本旨，如此。世親唯識便失此意，此新唯識論所由作也。(五)」

熊十力指出法相宗和唯識論的不同點，法相析相以見性，性為實有，法相宗乃為大乘有論。唯識則停於第八識的種子，且以末那識執著現量，阻礙了明心見性，不能談到實體。兩者另一種不同處，在於講心，法相與唯識都講心和心所。心，在認識和感受方面，常為主體，然心並沒有自性，在破除心以後，纔能見到本性。唯識論卻以種子為實。

「佛家談心心所法，只是將世俗所計為實物有之心，而施以解析，使成為衆多的分子，於是立一心以為之主，名曰心王。以多種心所與心相應，而同趣一境。故心所亦名心數，亦名助伴。據此，則所謂心心所法，在性質上，根本無有差別，只就關係言，便有主伴之分而已。後來，唯識家，始建立種子，因說一切心及心所，各有各自種；然亦不過將原來解析為衆多分子的辦法，弄成固定。使那些分子，各各有其固定的因素，益成死煞。㈥」

談唯識論的佛教人士，不會同意熊十力的這種批評，唯識論祇講認識論，不講本體論，但不能以唯識論爲死呆的種子論。

熊十力講法相的本體，以本體爲心，本體的心乃是眞心，眞心寂靜，顯見本體。

「至以心為本有，卽本體之流行，此於佛家大旨，本相吻合。試卽本體論而言之，佛家說真如，卽是本體之異名，而涅槃又是真如之異名。涅槃者，寂靜義，卽斥指本心而名之也。卽此寂靜的本心是真如，卽此寂靜的本心是實體顯現。須知佛家不同西洋哲學，以本體為外在的物事，用理智去推求，而其詣極，在卽心見體。不獨涅槃如此，一切經論，不外此旨。(七)」

如：

熊十力因此說他的新唯識論所講本體，『與佛家相傳意思，未始有異。(八)』他解釋眞如：

「眞如無為者，普光云：法性，本來常自寂滅，不遷動義，名為真如。基云：理非倒妄，故名真如。真簡於妄，如簡於倒。又曰：真如者，顯實常義，真卽是如，如卽無為，曇曠云：何故無為名為真如？由彼自性，無變異故，真卽是如。(九)」

這一段爲眞如名詞的解釋，在實義上，眞如卽是萬物的唯一實體，不能爲人所識，祇能稱爲「如如」，「這樣，這樣」。

3. 唯識論

唯識論由法相宗而來，法相爲無著所立，唯識爲世親所立。無著爲兄，世親爲弟。法相談性相，唯識談識，熊十力不滿於唯識論故常加批評。

「唯識宗，有宗之別派也。此宗雖導源無著，而實成立於世親。無著作攝論，授世親、世親由此捨小入大。未幾創明唯識，作唯識二十論，成心外無境義。作百法明門論，成一切不離識義。最後作唯識三十頌，理論益完密，而意計穿鑿之病，亦不可掩云。』自作註說：『拙製新論，及破破論，學者倘虛懷玩之，則世親學之得失，不難見也。』(十)」

唯識宗以萬法唯識，心外無境。境爲感官的對象，卽是事物。境爲第八識種子所造，境不是實有，熊十力卻認爲唯識宗以行爲實有，能造業造種子。

「唯識家因為把諸行看作實物，所以又進而尋找諸行之來由，因此，成立了他的種子說。新論不把諸行執實，所以假說翕闢，以施設色心萬象，用不著種子了。(十一)」

在後面將談熊十力的『翕闢』；但是，若談唯識而不談種子，則已不成為唯識論了。唯識論講八識，第八識藏有種子，種子為認識的能力。由種子薰習而造境，因境而有行，由行又造種子，週流不斷，乃有輪迴的業。

熊十力以唯識論的根源，在於百法論。百法論：『卽心法八，心所法五十有一，色法十一，不相應法二十有四，無為法六，合得百法之數。㈢』唯識家以百法不離識，都和識相連，「一切法中，識用殊勝，推識為心，故首心法。二者心所法是心助伴，故不離識：三者色法，識所變故，故不離識。四者心不相應行法，是色心分位故，皆不離識。五者無為法，是識實性故，亦不離識。㈢」

法相宗以識和萬法，平列而談；唯識家則以識攝萬法，識為萬法的主。

第七識末那識，執著我和法，雖說無我無法，我空法空；然常破我執和法執，反而持著空，又執著「眞如」。熊十力批評說：

「問曰：諸行無實自性，名空無我，是可無疑。豈謂眞如亦無自性耶？答言：眞如自性，離心言故，大用昭顯，不可言空。本性自寂，離諸妄執，不可言不空。旣空與不空，兩不可擬。云胡計着眞如，而謂有如情見所執之我？……百法成立唯識，首明無我，是所宗故。但世親持論，是否不墮法執，吾讀識論，竊有疑焉。新論之作，知我罪我，其在於斯。(十四)」

熊十力說明他作新唯識論，是反對唯識論墮於法執，卽執眞如爲有，「如情見所執之我」，他在新唯識論裏斥破唯識論的兩種謬誤：第一執離心有實外境的見解，第二執取境的實爲實有。

「般若明無我，涅槃成立常樂我淨之我，此不相違。情見所執之我，如實是無，而世妄計為有，故應遮撥。內在主宰，不隨境轉之我，是徧為萬法實體，詎可無言？涅槃般若，立說雖殊，而意自相貫。新論融會般若諸法無自性義，及涅槃主宰義，學者宜知。(十五)」

般若和涅槃所說的我，不是同一我。般若的我是假我，卽世人所執的自我，非是實有。涅槃的我爲眞我，卽眞如。熊十力將兩我視爲同一義，佛學人不會同意，也就不讚成新唯識論。

唯識論以法執我執，成於第七末那識。末那識以第八阿賴耶識爲依據，因爲第八識藏有種子。

「小乘只說六識，不立第七第八。大乘始立第八藏識，同時亦成第七末那識。識論云：由有末那，恒起我執。其成立第七之義據，在此。唯由末那起我執故，今前六識，皆我染污。(十六)」

「三執藏（第八識）末那緣此識為自內我，堅持不捨故。(十七)」

唯識論的焦點，在於第八識的種子，種子爲認識能力，原始爲先天有，以後則由現行所薰成。對於種子的來由，熊十力說：

「三釋由來，攝論始立功能，而未詳所由。世親以後，十師迭起，遂以此為興諍之事，略舉其概。一護月唯本，援附古典，以諸功能（種子），法爾本有，不從薰生。二難陀唯新，謂由無始現行，薰習故我。三護法師，並取本有新薰。三師樹義，各引經論證成。識論則以護法為歸，基師所以宗護法者，推其意，蓋謂現行强盛勢用，雖刹那乍見，而勢不休歇，即有所生，還成第八中種。故新薰義，堅立不搖。又此無始能薰之現，必有本有功能，為其親因。若本有不立，成無因過。由此本新並建，極為應理。(六)」

熊十力排擠功能種子，在新唯識論裏不立種子。他以眞如本體，因翕闢的動，產生萬物。

「唯識諸師，因計有現界，更進而求現界之本質或原因，所以建立功能。新論(新唯識論)則不執定有實現界，用不著虛構一本質界為原因。所以舊師的功能義，在新論中便不成立。然新論仍假彼功能之名，而改正其義，即以之目一真法界。蓋新論依翕闢，假立心物，即以方便施設現界。而所謂翕闢，即是本體之流行。離流行亦不可得離，故乃即用顯體，而以功能名體，庶幾無體用截成二片之失，亦即於萬象而見為真如，西洋哲學談體用與現象，總不得融圓為一。世親唯識論者，亦爾。新論則無此病。(十九)」

熊十力的新唯識論，實則採納大乘起信論的眞如二門說，已經不是唯識論。眞如二門有一大難題，卽生滅門爲何由眞如門而生？章炳麟對此問題曾作答，熊十力則說由眞生妄，也並不是不可。

「或謂，說真如本體名功能，終覺未妥。不知經說其如真如徧為萬法實體者，以有用故故假其無用，何得名體。新論別字真如以功能從用彰名故。如經說真如亦知衆生界，瑜伽論記釋云，經意依真起妄，立衆生界，故說真如名衆生界，此亦可云未妥乎！(三)」

熊十力以本有和薰習兩種種子，終嫌不能一貫，故不採用。但是「依眞起妄」，更難解釋。因此，佛學中人攻擊新論。

三、新唯識論

熊十力不滿意世親的唯識論，理由雖多，但最重要的，在於唯識論沒有建立一套宇宙論，祇是講萬法唯識；然而識由何來？識由種子而生，種子在人心內，人心由何而來？人心在我內，我爲假我，人心便懸在虛空裏，整個宇宙的萬物被緊縮在認識論裏，失掉了本體。就像西洋現代哲學，洛克、休謨、康德、羅素把全部哲學縮成了認識論，語言邏輯學派更把全部哲學縮成了語言學。熊十力乃回到易經，假借易經太極和乾坤的觀念，建立一個本體論，再用佛教的思想方法去講本體，構成一種「新唯識論」。

新唯識論爲熊十力於民國十二年在北京大學講授，民國三十一年刊印，後來多次修改，民國三十三年在重慶印行全書定稿。在「新唯識論全部印行記」裏，他說明全書的中心思想。

「夫新之云者，明異於舊義也。異舊義者，冥探其極，而參驗之此土儒宗，及諸鉅子，抉擇得失，辨異觀同，所謂觀會通而握玄珠者也。破門戶之私執，契玄同而無礙，此所以異舊義而立新名也。識者，心之異名。唯者，顯其特殊，即萬化之原，而名以本心，是最特殊。言其致用，則宰物而不為物役，亦足徵特殊。新論，究萬殊而歸一本，要在反之此心，是故以唯識彰名。㈢」

1. 本體——心

哲學以本體論爲中心，也爲特點。認識論乃爲認識本體的途徑。若哲學祇講認識論而不講本體，則已不成爲哲學。

「更有否認本體，而專講知識論者。這種主張，可謂脫離了哲學的立場。因為哲學所以站脚得住者，只以本體論是科學所奪不去的。我們正以未得證體，才研究知識論。今乃立意不承認有本體，而只在知識論上鑽來鑽去，終無結果。……此其謬誤，實由不務反識本心。易言之，即不了萬物本原，與吾人真性，本非有二。㈢」

熊十力便建立本體論。他說建立本體論的經過，是對於法相宗的性空相空，不能接納。「然則龍樹雖云空不礙有，而彼所謂有者，乃如幻而不實。余不知幻有與空，二詞含義，有幾許區別也。余以爲宇宙萬化，萬變、萬物、萬事，眞眞實實，活活躍躍，宏富無竭。人道盡心之能，用物之富，盛顯其位天地，育萬物之鴻業。聖人所以讚大有，而不以有爲幻也。幻有之論，悖自然之理，廢斯人之能，不得不就正於吾儒。㈢」「詳玩大空之學，難免性相都空之過。……大空深遠，而近於性相皆空，余更難印可。㈣」

熊十力主張宇宙有一實體，實體卽萬物之本體。他自認來自易經的『太極』。他說：

「太極，卽宇宙本體之名。(二五)」

但是熊十力認爲本體不能爲人所知，也不能爲人所說明，祇能說本體是心。本體不能從人心以外去求，也不能脫離人心而存在。所以本體就是心。

「或有問言，新論，本以恒轉之動而闢，說明為心。此所謂心，卽是本心，非習心也。然心旣只是恒轉之動，應不卽是恒轉。易言之，心不卽是本體，而新論却又說心卽本體，其義云何？答曰：言心卽本體者，卽用而顯其體也。夫曰恒轉之動而闢者，此動，卽是擧體成用，非體不用外也。(二六)」

體用問題，在下面再談。現在祇談本體是心。熊十力以宇宙本體不是絕對，不是單純，而是含攝各種相對的和複雜的特性。

「從來哲人談本體，大都犯一種錯誤，皆以為本體是絕對的，故曰一元。……夫窮理至宇宙本體，自是絕對，豈有兩體對立？自是一元，何可妄分二元多元，余何故責其錯誤？玆中二義：第一義，絶對卽是相對，相對卽是絶對，斷乎無有超脫於相對而獨在之絶對也，一爲無量，無量爲一，斷乎未有超脫於無量世界而獨在之一也。識得此義，方是於絶對無誤解。第二義，本體的性質是單純，抑是複雜，此一大疑問，不可不解答。……余敢斷言，本體，是具有生命、物質、種種複雜性，不可任意想，而輕斷定其爲單純性。萬化萬變之大源，倘是單純性，則其內部本無分化的可能，云何成變化，云何有發展？大易以乾坤二卦，闡明乾元實體，有兩方面的複雜性，洞徹萬化底蘊，至矣盡矣。(二七)」

以相對爲絶對，絶對爲相對，乃佛教的哲理，太極含有乾坤二元的複雜性，則是易經的思想，兩者本不相同，熊十力將兩者的思想合而爲一。

「余談至此，當將體用大義，酌爲提示，作一總結。

一、實體是具有物質，生命心靈等複雜性，非單純性。

二、實體不是靜止的，而是變動不居的。

三、功用者，卽依實體的變動不居，現作萬行，而名之為功用。(元)」

熊十力講宇宙萬物本體，本體爲萬物的實體，萬物由實體變動而生。然而他主張實體不是獨立在外面，而是在於人心。人由心而見實體，心卽是實體。這所謂心，不是普通所講的心，普通的心是習心，就是佛教所說的妄心；他所講的心，是本心，也就是佛教所說如來藏，卽是佛性。但他又不停在佛教的本心，卻又轉到易經的乾元，把佛教的佛性或眞如，變爲易經的太極，太極則又不是易經的獨立太極，而是成爲人的本心。人的本心，不是可見的，神妙莫能測，祇由用而顯。他極力主張體用合一。

2. 體用合一

體用合一，可以看爲熊十力哲學思想的特點。他主張體不能顯，由用而顯。

「本論，不盡沿用實體和現象，或法性和法相等詞，而特標體和用，這裏卻有深意。我以為，實體和現象，或形上和形下，或法相和法性，斷不可截成二片的。(元)」

「余與真常意義，體究數十年。若道本體不是真常的，則虛妄法，何得為萬化根源？何以名為本體？若道本體的自體，是真常的，却又當深究。須知，一言乎本體，他便不是空無的，故有其自體可說。但此真常之云，旣以不生不滅，不變不動為義，則此本體，便是兀然堅凝的物事，他與生滅變化的宇宙，互相對立，如何可說為宇宙本體？吾於此，苦究數十年，直至年將半百，而後敢毅然宣佈新論。以體用不二立言者，蓋深深見到、信到，不能把本體的自體，看做是箇恒常的物事。而恒常者，言其德也。(三十)」

「有問：本體具何等義？

答曰：略說四義：一、本體是萬理之原，萬德之端，萬化之始。二、本體卽無對卽有對，卽有對卽無對。三、本體是無始無終。四、本體顯為無窮無盡之大用，應說是變易的。然大用流行，畢竟不曾改易其本體固有生生、健動，乃生種種德性，應說是不變易的。……如果說，由能變造所變，必將以能變超脫乎所變之上而獨在。不惟同於宗教擬人之神，更有能所對峙不得圓融之大過。須知，實體是完完全全的變成萬有不齊的大用，卽大用流行之外，無有實體。譬如大海水全成為衆漚，卽衆漚外無大海水，體用不二亦猶是。(三一)」

熊十力注意在實體化成萬物，實體爲萬物的本體。既然注意這一點，他便主張實體和萬物同一，萬物爲實體之用。用和體相合爲一，體用不分，實體和萬物爲一，一切圓融。這是佛教華嚴宗和天台宗所主張的「事理相融」，事爲萬物，理爲眞如；眞如和事物爲一，事物和眞如爲一，卽「一卽一切，一切卽一，一入一切，一切入一。」我們不說這是泛神論，因爲佛教和熊十力都不信有尊神，然而既以絕對是相對，相對是絕對，內容和泛神論沒有差別。熊十力在他的各種著作裏，都極力強調這一點。

熊十力承認「體用」的意義來自易經，但是儒家沒有人專門研究，老子講論「道」，則近於「體用」。但是他說：『老言混成，歸本虛無，大謬一也。老莊皆以爲道，是超越乎萬有之上，倘眞知體用不二，則道卽是萬物之自有，何至有太一，其宰，在萬有之上乎，此其大謬二也。道家偏向虛靜中去領會道，此與大易，從剛健與功用上指點，令人於此悟實體者，便極端相反。故老氏以柔弱爲用，雖忿嫉統治階級，而不敢爲天下先，不肯革命，此其大謬三也。㊂』道家當然不會接納熊十力的批評，我們也不會接納他的體用不分說。若說在實際上體和用不能分別，有這種事例，還可以說，尤其是實體不能爲人所知，祇有牠的用爲人所知，人們便以用代表實體。但是在理論上，以體就是用，用就是體，用外沒有體，則實體已經不是實體。照熊十力所說，祇是「本心」。「本心」究竟是什麼？他在明心篇並沒有講明。

3. 行——翕闢

熊十力以本體由用而顯，本體的用，是變動，變動是易經所說的生生，即大化流行。大化流行，由翕闢兩種變動而成。他稱這種變動爲「行」。

「從前印度佛家，他們把一切心的現象，都稱名曰行。行字的涵義有二：一遷流義，二相狀義。他們以為心和物的現象，是時時刻刻在變遷着、流行着，不是凝然堅住的東西，所以說遷流義。然而心和物，雖都是遷流不住的，但亦有相狀詐現，好似電光，在他那一閃一閃的過程中，非不詐現其相，所以說相狀義。物的相狀是可感知的，心的相狀不可感知，而是可以內自覺察的。因為心和物，具有上述的兩義，故都名為行，這個命名，是很對的，我們亦採用此名。㊂」

佛家常講「行」，「行」指着一切事，也可以指一切事。既然「萬法唯心」，萬法(事)

由心所造，萬法都是行。佛教乃講「諸行無常」。熊十力也講「諸行無常」，然自己聲明所講的和佛教所講不相同，「舊師於一切行而說無常，隱存呵毀。本書，卻絕無這種意思。因爲我們純從宇宙論的觀點來看，便見得一切行，都無自體。實際上這一切行，只是在那極生動的、極活潑的、不斷的變化的過程中，這種不斷的變化，我們說爲大用流行。㉔」

行，是大用，沒有自體，實際就是自體；因爲他主張用就是體。

行是變化，變化怎麼成立呢？有變化的法則，即是相反相成，也就是易經的進退或剛柔或乾坤。但是相反相成雖是相對待，卻又不自相矛盾，存在於圓周以內，圓周卻又不是易經的循環。熊十力稱這相反相成的動爲翕闢。

「我們要知道，所謂變化，從一方面說，他是一翕一闢的。這一語中，所下的兩一字，只是顯動勢的殊異。闢，只是一種動勢；翕，也只是一種動勢，不可說翕闢各有自體。亦不可以說先之以翕，而後之以闢也。又從另一方面說，變化是方生方變的。換句話說，此所謂翕和闢，都是才起卽滅，絕沒有舊用勢用保存着，時時都是故滅新生的。㉕」

熊十力主張變動由兩種變勢而成，一是翕，一是闢，翕可以說是緊縮，闢可以說是開張。兩種變勢沒有先後，互相融洽，又是乍現乍滅，刹那成，刹那毀，這又是佛教的主張。本體或實體，稱爲恒轉，相當於易經的變易。恒轉的每一動，含有凝聚的力，成爲物質的極細微者，建立物質宇宙，這就是翕。同時，有另一種動勢，反歸於自己，這種動稱爲闢。

「動的勢用起時，卽有一種攝聚。這個攝聚的勢用，是積極的收凝。因此，不期然而然的，成為無量的形向。形向者，物質之初凝而至微細者也，以其本非有形質的東西，但有成為形質的傾向而已，故以形向名之。物質宇宙，由此建立。……易言之，卽由翕而形成一一實物了。……然而當翕的勢用起時，却別有一種勢用俱起，他是依據恒轉而起的。……這種勢用，是能健以自勝，而不肯化於翕的。申言之，卽此勢用，是能運於翕之中，而自為主宰，於以顯其至健，而使翕隨己轉的。……恒轉是一。恒轉之現為翕，而幾乎不守自性。此翕便是二，所謂一生二是也。然恒轉畢竟常如其性，決不會物化的；所以當其翕時，卽有闢的勢用俱起。這一闢，就名為三，所謂二生三是也。……此中所謂一、二、三，只是表示變動的符號，並不是有一二三的片段可分，更不是由一至二，由二至三的先後次第可分。(三六)」

在這裏，有易經的大化流行，乾元和坤元的思想；有佛教的乍生乍滅的思想，也有黑格爾正反合的思想；然而和三者的思想都不相同，很不容易捉摸。

一個恒轉的本體，又不是本體，祇是轉變。轉變一動，卽有凝聚的傾向以成物；同時堅守自性，不自散失。然轉變的動，是乍生乍滅，不留成跡，則所成凝聚的傾向一生就滅，怎可凝聚成物？而且本體是自心，心外無物，凝聚所成之物何在？

熊十力卻說翕爲物，闢爲心，翕成外物，闢守自性。翕爲坤，闢乃爲乾。

「泰初有翕，泰初卽有闢。我們把這個闢，說名宇宙的心。偉大的自然，或物質宇宙的發展，雖不是別有個造物主來創作，可是，自然或一切物，並非眞個是拘礙的東西，他們內部確有一種向上而不物化的勢力所謂闢存着。不過，這種勢用，要顯發他自己，是要經過相當的困難。當有機物如動物和人類尚未出現以前，這種勢用，好似潛伏在萬仭的深淵裏，是隱而未現的，好像沒有他的，及到有機物發展的階段，這種勢用便感顯起來，才見他是主宰物的。㊲」

朱熹曾以萬物同有一生理，祇是因萬物所稟的氣有清濁，生理的顯露便不同，人才顯露全部的生理。熊十力的「翕闢」，有些相似朱熹的生理，在萬物中顯露不同。

萬物因何而不同呢？朱熹曾說原因在於氣的清濁，熊十力解釋一和多的問題，以一爲本體，卽恒轉，恒轉有多種功能。每一功能具有翕闢，成一動圈，卽爲每個物的開始。熊十力在新唯識論的卷下第七章成物，重覆說明這種思想。他說翕動而凝聚以成物，又怕成物卽有形相，翕則是無形相的，便不敢說翕成物，只說有成物的傾向。每一功能的翕闢成一單位，卽成一種物，卻又怕說凝聚成一小顆粒。有形相，祇勉強說是一個動圈。這種佛教非空非不空，非有非不有的方式，充分表現在熊十力的思想裏。

「夫凝者，本於無。無者，虛也。虛，至一也。虛而之凝，遂以成多。故一立而數起，虛以含萬有，而數乃無不賅。知虛凝本一致，一多互相卽者，造化之奧昭然矣。㊳」

佛教天台宗和華嚴宗常講，一和多相卽相入，一爲眞如，多爲萬物，相卽相入，互相圓融。然熊十力以有生於無，佛教以一爲眞如實體，不說爲無，無是萬物。有生於無，爲道家思想：然熊十力批評「老言混成，歸本虛無，大謬一也。」卻又自己講有生於無，雖說無，以爲無相無染。然老子的無，也是無形無名。

熊十力常講海水海漚（波）的譬喻，以本體爲海水，萬物爲海漚，或者以海水爲本體，以海漚爲用。『喻如大海水，全成爲衆漚。㊴』萬物都祇是刹那的表現，沒有自性，沒有同類相續。

「曾航海者，皆只見無量衆漚，無別大海水可得。所以然者，衆漚皆攬大海水為體故。不可說某一漚，從其前前至於後後，刹那生滅相續，或自類延持不絕也。……然諸小一，亦非如空華無體，其體卽是真如妙性故。㊵」

熊十力回到了眞如，萬物的本體爲眞如，所以恒轉便是眞如，翕闢便是眞如的勢用。然而爲解釋眞如，又要回到『心』，本體眞如卽是心。

「問曰：大一凝以成多，是謂小一。其凝也，有意耶？答曰：造化有心而無意，吾已言之矣。健而不可撓，名心。神而不可測，名心。純而不可染，名心。生生而不容己，名心。勇悍而不可墜墮，名心。意者，謂如人作動意欲，起籌度故，不任運故。我們可以說用之本體名為心。非有意造作也。㊃」

大一，是本體；小一，是每個翕闢的動圈，動圈雖尚沒有成物，然已有成形之勢。在小一中有相親比者，成爲一系；有相乖違者，另有一系。這樣乃有多種的萬物。

「復次，世間現見有萬物，此何由成？當知，萬物唯依一切小一，而假施設。若離小一，實無萬物可說。無量小一，相摩盪故，有迹象數著，命曰萬物。所以者何？小一雖未成形，然每一小一，是剎那頓起而極凝的勢用。此等勢用，既多至無量，則彼此之間，有以時與位之相值適當，而互相親比者，乃成為一系。亦自有不當其值，而相乖違者，此所以不混成一系，而各得以其相親比者，互別，而成衆多系。凡摩盪之情，祇生於彼此相值之當否，不必臆其相摩之由於愛，相盪之出於憎，造化本無作意故。㊃」

熊十力講解萬物多種的原由，由於翕闢動圈所造成的小一，因相摩盪而分系，系卽物類。此種講解抹殺了本體論的基本原理，以物的類性，僅由在時與位之相值，或適當而相親比，或不相值而相乖。說這不是情感的愛憎，而是時位的適當或不適當。這種理由過於淺薄，祇是地位的不同，最多也祇是量的變。不過，他旣以萬物沒有自性，祇好似海波的形相，物種的區別便沒有本體上的意義，祇是現相的不同，地位的差別，便也可以造成種類的多。

「物無定性，聖人與般若家皆見到。然聖人以物無定性，而見夫生動活躍，一切真實。此體用不二之義，所以早發大易也。般若家以物無定性，便謂如幻如化，此性相皆空之論，所以獨倡於般若也。般若家承釋迦之出世思想，遂抗拒大生廣生之洪流，而於萬法性相，作幻化觀。此乃思想界之變態發展，中庸所謂智者過之，難以為訓。大哉易也，斯其至矣。[四二]」

熊十力由佛而回到儒，以易經作爲他思想的根據；但是他引用易經解釋他的思想，他思想的根本乃是佛教。乾元坤元，成爲實又成爲虛。易經的生化洪流，化生眞實的萬物；熊十力以恒轉變動，以翕闢而成物，物像海波，波有自性，成爲漂流無自性，易經則說：『一陰一陽之謂道，繼之者善也，成之者性也。』（繫辭上 第五章）

四、儒學

熊十力研究佛學，不滿意於佛學的性空相空，乃轉回到易經，接納易經的「生生」思想，同時又發揮孔子的仁道，進而修身愛民，作原儒一書，講內聖外王的儒道；但是對於理論的解釋，他保持著「相反相成」、「體用不二」的原則。

1. 解釋易經

熊十力非常看重易經，在原儒再印記卽再版序裏說：「大易之道，通內聖外王而一貫，廣大如天地，無不覆載。變通如四時，遷運無窮。大哉易乎，斯爲義海。」易經的主要思想在於講解宇宙的變易。以陰陽乾坤兩動力，變易不停，乃生化萬物。再在繫辭和象辭，以宇宙變化的原則，應用於人事，建立儒家內聖外王的大道。這種大道，在中庸、大學、禮記、春秋裏，多加發揮。後代儒家，繼續遵守。熊十力在原儒裏作「原學統」一篇，講述孔子的道統。

「上考孔子之學，其大變，蓋有早晚二期。而六經作於晚年，是其定論。早年思想，脩明古聖王遺教，而光大之，所謂小康禮教是也。晚年思想，則自五十歲，讀伏羲氏之易，神解煥發。其思想界，起根本變化。於是作周易、春秋二經，立內聖外王之弘規。內聖者，深窮宇宙人生根本問題，求得正確解決。篤實履踐，健以成己，是為內聖學。外王者，王，猶往也。孔子倡明大道，以天下為公，立開物成務之本。以天下為一家，謀人類生活之安。此皆依於天道，而起作為。乃至裁成天地，輔相萬物，人道之隆，可謂極矣。(四)」

熊十力推崇孔子，可以說是推崇到非常的高，可是他對孔子思想的解釋，則完全按照他自己的主張。

甲、孔子的天

熊十力以爲孔子作易，把以往的天字，從皇天上帝的意義改爲宇宙實體的意義，掃除了上帝的信仰。

「孔子未作易以前，伏羲八卦，猶為卜筮之書。孔子作易，發明內聖外王之大道，八卦始為有識者所崇尚，太古先民，覩萬有而莫明其原，於是起迷情，妄指太空穹窿之形，為天帝之形體。孔子之內聖學，便掃除天帝，而將天字之義，改易為宇宙實體之稱，亦名為萬有之原。但元不在萬有以外，而是萬有之實體。㊺」

這種解釋完全是熊十力的穿鑿附會。論語和中庸裏，孔子明明表示對上天的信仰。而且實體的觀念，乃是佛教的觀念，不可貼到孔子的頭上。他自己解釋：「論語云：五十知天命。按命者流行之謂。易經無妄卦，以動而健，釋天命。㊻」然而孔子所說知天命，明明是知上天之命。他卻堅持「孔子作易，廢除天帝，於流行而洞徹其元，於萬有而識其體。㊼」又說：「惟所謂實體，即是現實世界的實體。現實世界以外，沒有獨存的實體。老氏求返虛無，佛氏趣歸寂滅，皆是錯用其心，違人道也。大易主張裁成天地，輔相萬物，是外王學之弘綱。㊽」

可是宇宙實體是什麼呢？熊十力主張實體是心，心外無物，萬物究竟是實是虛？

乙、體用不二

體用不二，乃是熊十力所堅持的主張。他既解釋天為宇宙實體，就主張實體和萬物不二。

「是故卽萬有卽實體，卽流行卽真元。一言以蔽之，曰體用不二。體必成用，譬如大海水必變成衆漚；用必有體，譬如衆漚必有大海水為其自身。故體用有分、而實不二，偉哉宇宙，淵奥難窮，知抵乎此而已矣。體用不二之義明，則皈依天帝之迷，不待攻而自破。(四九)」

但是易經講上帝的卦，並不少，我在中國哲學思想史先秦編講易經，曾舉出六個卦，在象辭或象辭裏說到上帝。例如豫卦，象曰：「雷出地奮，豫，先王以作樂崇德，殷薦上帝，以配祖考。(五十)」熊十力則認為：

「哲學家將上帝這一想頭，稍變一下，來談本體。良由未晤體用不二，故有夾雜宗教迷情之過。孔子體用不二之論，確是正視現實世界，明其不是從空無而起，故說他有實體。㈢」

以孔子講體用不二，乃熊十力自己的假設，在孔子思想裏沒有根據。若說他自己願意這樣解釋易經，如同章炳麟以佛學解釋莊子，問題則在於他是否能自圓其說。

丙、乾　坤

熊十力以宇宙的實體爲一，實體的本性不能是單純的，而是複雜的；含有乾坤二元。

「乾之彖曰：大哉乾元，萬物資始。坤之彖曰：至哉坤元，萬物資生。此二彖之主旨，亦聖經之弘綱也。始萬物者，德莫高於乾元，故稱大。承乾生物者，德莫厚於坤，故稱至。元者，原也，宇宙實體之稱。乾，為生命和心靈諸現象；坤，為質和能諸現象。

乾元一詞，當釋以三義。一、乾不即是元。二、乾必有元，不可說乾是從空無中幻現故。三、元者，乾之所由成。元成為乾，即為乾之實體，不可說乾以外，有超然獨存于外界之元。
坤元一詞，亦具三義。一、坤不卽是元。二、坤必有元，不可說坤是從空無中幻現故。三、元者，坤之所由成。元成為坤，卽坤之實體，不可說坤以外，有超然獨存于外界之元。
乾元、坤元，唯是一元，不可誤作二元。(三五)」

乾元、坤元，乃是一元。一元不是乾坤，乃是乾元坤元的實體。乾坤和實體爲一。「實則元，一而已，豈可曰乾坤各有本原乎？」從本體論去看，儒家沒有這種思想，這種思想來自佛教。熊十力又主張實體不是萬物之因，萬物不由實體而來，而是萬物的內在根源，萬物「資取」實體而成。

「不說實體為萬物之第一因，却應說萬物都將實體完全資取得來，成其自己。易言之，實體，是萬物各各所本有的內在根源。(三六)」

乾坤爲萬物的內在根本，乾坤究竟是什麼？熊十力以乾爲心靈，坤爲物質。

「乾陽心靈，斡旋乎坤陰物質；坤陰物質，含載乎乾陽心靈。心物本來非兩體，譬猶百骸五臟之為一身耳。萬物資取于乾道以為性命，資取于坤道以成形骸。應知，宇宙太初，萬物未形，而乾坤本有。……總之，宇宙是從無始到今，以趨於無盡的未來，而為發展不已的全體，決不可剖成分段。若乃物質與生命心靈之出現有先後，自當以條件之易於具備與否，闡明其故。(卄四)」

宇宙爲一實體，繼續變動。實體內含有心靈生命，含有物質，動向卽陽陰相合。然而在動以前，陽陰已在實體內，動則陽陰和實體爲一。陽陰成物，又在萬物以內，實體也就在萬物以內。若以實體爲元氣，元氣含有陰陽，陰陽成物而在物內，作爲物的成素，元氣也就在物內。則熊十力的思想可以和易經相似。但是熊十力不接受這種思想。

「余在前文，曾以僞經、繫辭傳，所說易有太極，是生兩儀云云，是小儒採入古術數家之說。格以孔子之易，其為邪說，無疑也。小儒此段文，開始便提出太極生兩儀云云。據此，首以主氣之神，生陰生陽，是立一大神，以統陰陽或萬物，明明是古代宗教之說。孔子作周易，創明體用不二之論，不許立一元，以超脫于萬物之上而獨在，以主統萬物，正是攻破宗教。小儒太極生兩儀之辭，恰與教典符合。其對孔子乾坤兩彖傳之辭例，則完全違反。(五五)』

孔子絕對沒有創明體用不二之說，小儒也沒有立太極爲大神，這些都是熊十力自己所設想。但是他講陰陽乾坤的思想，則不是易經的思想。

2. 內聖外王

熊十力對於漢朝的經學，批評爲陰陽術數之學，亂改六經，亂作注解，誤解了孔子的思想，他以孔子的思想在於易經和春秋，這兩經的思想爲「內聖外王」的思想。他加以發揮。

「孔子外王學之真相，究是如何？自呂秦劉漢以來，將近三千年，從來無有提出此問題者。呂秦以焚阬毀學，漢人竄亂六經，假借孔子以護帝制。孔子之外王學，根本毀絕，誰復問其真相？……

孔子外王學之真相，究為何種類型？其為擁護君主統治階級與私有制，而取法三代之英，彌縫之以禮義，使下安其分以事上，而上亦務抑其狂逞之欲，有以綏下，將以保小康之治歟？抑為同情天下勞苦小民，獨持天下為公之大道，蕩平階級，實行民主，以臻天下一家，中國一人之盛歟？自漢以來，朝廷之宣揚，與社會上師儒之疏釋或推演，皆以六經外王之學，屬於前一類型。余由禮記中之禮運篇，而詳覈之，……而可判定六經外王之學，屬於後一類學。(三六)」

熊十力批評康有爲、章炳麟都沒有得知孔子內聖外王的眞義，對於康有爲主張孔子改制和章炳麟主張孔子爲史家，都譏爲無知之談。對於考據和漢朝經學，他主張漢人竄改六經，製造僞書，新文和古文的經書，都多僞說。即禮運篇也是后倉小戴師弟所削改，只攻擊暴君，不廢棄君主制度。這種考據的主張，不及章炳麟經學的考據精深。熊十力爲講天下爲公的思想，引用易經、春秋、禮運、周官四書。但是他竟主張土地國有，破除階級，「金融機關與萬物之聚散，皆由國營。(三七)」則抄襲了共產主義。

對於內聖之道，熊十力以爲有幾個特點：一、天人不二。二、心物不二。三、渾天以六合爲一大環。四、以自然名天(三八)。推崇王陽明的致良知，而以心物不二作解釋。

「研究孔子內聖學，須從人生論、宇宙論諸方面之觀點去抉擇經義。(三九)」

他便取論語爲政篇孔子所說：「吾十五而志於學……七十而從心所欲。」取孔子所論詩禮樂的篇章，以歸結到「吾人生命眞相，唯於靜中體認得。孟子云，上下與天地同流，此是靜中實證語也，非知解可及此。然學者切忌屏動而求靜。屏動求靜，將趨於出世，而不自悟其非。如莊子獨與天地精神往來，是出世也。佛教大乘菩薩，觀空不證，然已觀空矣，雖云不證，奈已空何！余於佛法，好之，而未敢以爲歸也。孔子之道，在乎動靜合一，而靜以宰動。此人天勝義，無可易也。(六十)」

總結熊十力的哲學思想，他由佛入道，再由道入儒，他的心是儒家，理智則屬於佛教，以佛教思想解釋儒學以成他的體用不二，實體卽萬物。這樣的主張可以自成其說，然而對於研究中國哲學的人，則難說可以確立不搖。而且佛教中人，也不接受他對佛學的意思。

註

㈠ 熊十力的生卒年，黃公偉的中國近代學術思想變遷史（頁一七九）寫爲「五十六年五月，逝世於上海，年八十三。」然在前面開端時寫「公元一八八五年—一九六八年」，但民五十六年應爲公元一九六七。臺北，史地教育出版社印行的原儒，在開端說明爲近人熊十力（公元一八八二年—一九六八年）所著，則生年和一八八五年不同，但英文中華民國名人詞典，則寫爲一八八五年，未寫其去世年，英文詞典校對嚴肅，不會錯，則熊十力生年爲公元一八八五年。

㈠ 佛家名相通釋 卷上，頁六，廣文書局，民六三年。
㈡ 同上，頁一。
㈢ 同上，頁三。
㈣ 同上，頁四。
㈤ 同上，頁四九。
㈥ 同上，頁五一。
㈦ 同上。
㈧ 同上，頁六六。
㈨ 同上，頁四。
㈩ 同上，頁二一。
⑪ 同上，卷下，頁一。
⑫ 同上，頁一。
⑬ 同上，頁四。
⑭ 同上，頁四。
⑮ 同上，頁二四。
⑯ 同上，頁二六。
⑰ 同上，頁四九。
⑱ 同上，頁七一。
⑲ 同上，頁七一。
⑳ 新唯識論 頁一，廣文書局，民六三年。

(22) 同上，頁四。

(23) 體用論 頁二一二。學生書局。民六五年。

(24) 同上，頁二一四。

(25) 同上，頁二一六。

(26) 新唯識論 卷下，頁六六。

(27) 明心篇 頁一五，學生書局，民六五年。

(28) 同上，頁一九。

(29) 新唯識論 卷中，頁五八。

(30) 同上，頁八七。

(31) 體用篇 頁九，學生書局，民六五年。

(32) 同上，頁二。

(33) 新唯識論 卷上，頁四九。

(34) 同上，頁四九—五〇。

(35) 同上，頁五七。

(36) 同上，頁五八。

(37) 同上，頁六五。

(38) 新唯識論 卷下，頁五。

(39) 同上。

(40) 同上，頁十一。

(41) 同上，頁十七。

(四二) 同上，頁十八。
(四三) 體用篇 頁二三八。
(四四) 乾坤衍 頁一—四。
(四五) 同上，頁一六五。
(四六) 同上。
(四七) 同上，頁一六七。
(四八) 同上，頁一六九。
(四九) 同上，頁一六七。
(五十) 羅光 中國哲學思想史、先秦篇，一二六頁，學生書局，民七十一年再版。
(五一) 乾坤衍 頁一六九。
(五二) 同上，頁二六九—二七〇。
(五三) 同上，頁二八一。
(五四) 同上，頁二九七—二九八。
(五五) 同上，頁三四二。
(五六) 原儒 上卷，頁六六，史地敎育出版社，臺北，民六三年。
(五七) 同上，頁一一一。
(五八) 同上，下卷，頁一二〇。
(五九) 同上，頁一六一。
(六十) 同上，頁一七三。

第四章 胡適的哲學思想

一、傳略

胡適一生事跡，可以根據他自己口述而由唐德剛譯註的自傳[一]。他是安徽績谿縣人，績谿是安徽省徽州府最北的一個縣。徽州人習於經商，生意遍東南各省。

「我家在一百五十年前，原來是一家小茶商。祖先中的一支，曾在上海附近一個叫做川沙的小鎮，經營一家小茶葉店。……同時為防止別人在本埠競爭，他們居然在川沙鎮上，又開了一家支店。

後來他們又從川沙本店撥款，在上海華界又開了另一個支店。……這兩個鋪子的收入便是我們一家四房，老幼二十餘口衣食的來源。……世居績谿城內的胡家，與我家並非同宗（更正蔡元培所說）。我家世代鄉居，故宅在績谿城北約五十華里。歷代都是靠小本經營爲生的。㈡」

胡適生於光緒十七年十一月十七日（公元一八九一年十二月十七日），出生地是上海大東門外，他的父親那時在上海任「淞滬厘卡總巡」。他的父親名胡傳（公元一八四一年—一八九五年），字鐵花，號鈍夫。原名守珊，故一字守三。同治四年（公元一八六五年）進學爲秀才。胡適出生的次年，父親胡傳被派往臺灣，任職四年。胡適在臺灣也住了一年多。因著甲午戰爭，他隨母親回安徽績谿，他父親於光緒二十一年（公元一八九五年）在厦門去世。胡適時三歲多，由寡母撫養。他的母親馮順弟，少他父親三十一歲，結婚時才十七歲，婚居六年，二十三歲開始守寡。胡適先在鄉裏私塾念書，念了九年。

「我在我母親的教訓之下住了九年，受了她的極大極深的影響。我十四歲就離開她了，在這廣漠的人海裏獨自混了二十多年，沒有一個人管束過我。如果我學得了一絲一毫的好脾氣，如果我學得了一點點待人接物的和氣，如果我能寬恕人、體諒人——我都得感謝我的慈母。㈢」

光緒甲辰年(公元一九〇四年)的春天，胡適「名為十四歲，其實只有十二歲有零」(同上)離家到上海讀書，換了四個學堂（海溪學堂、澄衷學堂、中國公學、中國新公學），一共住了六年，開始用白話文學撰稿(競業旬報)，作古詩。後來中國公學學生鬧風潮，改成中國新公學，胡適在學校教英文圖生。宣統庚戌年(公元一九一〇年)胡適到北京考留美庚子賠款官費留學試，考了第五十五名，一共取了七十名，還備取了七十名。考取的七十名被送往美國，備取的留在北京，收在剛成立的清華學校讀書。胡適到了美國，在綺色佳地區的康乃爾（Cornell university）大學受教。「我在一九一〇年進康乃爾大學時，原是學農科的。但是在康大附設的紐約州立農學院學了三個學期之後，我作了重大犧牲，決定轉入該校的文理學院，改習文科。(四)」原因是他自己不喜歡農學，對於哲學和史學卻很有興趣。

「康乃爾文學院當時的規定，每個學生必須完成至少一個「學科程序」才能畢業。可是當我畢業時，我已完成了三個「程序」：哲學和心理學、英國文學、政治和經濟學。三個程序在三個不同的學術範圍內。所以那時我實在不能說，哪一門才是我的主科。……我既然在大學結業時修畢在三個不同部門裏的三個不同的「程序」，這一事實也說明我在以後歲月裏所發展出來的文化生命。有時我自稱為歷史家，有時又自稱為思想史家。但我從未自稱我是哲學家，或其他各行的什麼專家。㈤」

公元一九一四年在康乃爾大學畢業，再留校一年讀研究所，然後轉入哥倫比亞大學研究所，從杜威（John Dewey）受學，一九一七年考得哲學博士，離美回國。秋季，入北京大學教授哲學。

胡適在哥倫比亞大學研究所時，已經開始和朋友們討論用白話文的問題。在公元一九一六年的十一月，他寫了一篇文章，題目爲「文學改良芻議」，主張作文須有內容，不模仿古人。這篇文章於公元一九一七年一月在「新青年」刊出，引起了極大的反應。在公元一九一八年春季，再寫了「建設的文學革命論」，提倡用白話文作文章，這種白話文運動，當時稱爲「文學革命運動」。次年，「五四運動」爆發，全國各校學生，出刊小報，全是用白話文。胡適白話文運動，漸見成功。

當時反傳統的趨勢很盛，胡適爲這種趨勢領導者之一。他走在前線，高呼打倒「孔家店」，廢除「禮教」，介紹杜威的實驗主義。但是他雖和陳獨秀、李大釗爲「新青年」和「獨立評論」思想革命的刊物寫稿，始終則反對參加政治。卻又在公元一九二三年，北京大學出刊的「國學季刊」第一期，寫了第一篇文章，提倡整理漢學，以版本學、訓詁學和校勘學，加以新的科學方法，整理中國的古籍，使更接近現代的學術。胡適自己也就決定了自己日後的研究方向，走向考據一面。在北大任教時，出版了中國哲學史大綱上册，以後則始終沒有出版中册和下册，卻出版了一些研究漢代和淮南子、戴東原、神會和尚及中古思想史的研究專書。

胡適從民國六年（公元一九一七年）到民國十五年（公元一九二六年）在北大任教。民國十五年遊歐洲，回國後任上海光華大學教授。民國十七年任中國公學校長，任職三年。民國二十年，返回北京大學，任文學院院長。次年，創「獨立評論」。民國二十六年七七事變，胡適赴歐及美國訪問。次年（民二十七年，公元一九三八年）到民國三十一年（公元一九四二年）出任中國駐美大使，在職六年，有所建樹，也多有失意處。民國三十四年（公元一九四五年）胡適繼蔣夢麟任北京大學校長，十一月當選國大代表。民國三十七年（公元一九四八年）共軍包圍北平，胡適飛往南京，轉上海，赴美國。民國四十六年當選中央研究院院長，次年回臺北就職。民國五十一年（公元一九六二年）二月二十四日主持中央研究院院士會議，在傍晚酒會中，心臟病猝發，逝世。葬於南港中央研究院「胡適墓園」。出版書籍有：中國哲學史大綱上册、白話文學史上卷、戴東原的哲學、淮南王書、中國中古思想史長編、中國中古思想小史、神會和尚遺集、胡適文存。

二、實驗主義

「杜威教授當然更是對我有終身影響的學者之一。在我進哥倫比亞以前，我已讀過約翰·杜威、查理·皮爾士(Charles Pierce)和威廉·詹姆士(Williams James)（實驗主義大師）的著作。我轉學哥大的原因之一便是因康乃爾哲學系基本上被「新唯心主義」(New Idealism)學派所佔據了的緣故。……

在這些實驗主義的宗師和領袖們之中，詹姆士死於一九一〇年，也就是我初到美國的那一年；皮爾士死於一九一四年，是年我自康乃爾結業。所以一九一四年以後，杜威是實驗大師中的碩果僅存者；他的著作也是我所傾慕的。在哥大我選了他兩門課：『倫理學之宗派』和『社會政治哲學』。我非常喜歡『倫理學之宗派』那一課。那門課也決定我的博士論文的題目：『中國古代哲學方法之進化史。(六)』」

在胡適留學日記中有三處關於杜威的記載：第一處，在卷十三，民國五年六月十六日追記：「杜威為今日美洲第一哲學家，其學說之影響及於全國之教育心理美術諸方面者甚大，今爲科崙比亞大學哲學部長，胡(天璿)陶(知行)二君及余皆受學焉。(七)」第二處在卷十六，民國六年四月，載一篇杜威英文小傳，「此小傳見於三月二十七日『獨立週報』」，作者爲 Edwin E. Slosson。(八)」第三處在卷十六，民國六年五月三十日，辭別杜威先生。「昨往見杜威先生辭行。先生言其關心於國際政局之問題乃過於他事。囑適有關於遠東時局之言論，若寄彼處，當代爲覓善地發表之。此言至可感念，故記之。(九)」

杜威的思想，胡適稱爲實驗主義。但在普通哲學史上則稱爲 Pragmatism，即實用主義。杜威不喜歡這個名字，「乃另造 Instrumentalism(機具主義)及 Experimentalism(實驗主義)。杜氏主張觀念必須在實驗中鍛鍊；只有經過實驗證明，在實驗上能解決實際問題的觀念，才是『有價值的觀念』；也就是『知識必須自實踐出發』，它不是『只論目的，不擇手段』。相反的它是爲達成解決實際問題，於實踐中選擇正當而有效的手段。這就是杜威的實驗主義。(十)」

上面所引的幾段話，是爲述說胡適與杜威的關係。他景仰杜威，從康乃爾大學轉入哥倫比亞大學，就是爲聽杜威的課。後來杜威在公元一九二〇年到中國講學，一住兩年，胡適替他當翻譯人。當時胡適已是北大教授，因著白話文運動，在北京已有名氣。但是他仍舊尊重自己的老師，願意替他服務，也寫了文章介紹杜威的實驗主義。

1. 研究學術的方法

杜威的思想，爲一種邏輯學，講論研究學術的方法。胡適介紹杜威的思維術一書。

「杜威認為有系統的思想通常要通過五個階段：

第一階段是思想之前奏（Antecedent）。是一個困惑、疑慮的階段。這一階段導致思想者認真去思考。

第二階段是決定這疑慮和困惑究在何處。

第三階段（爲解決這些困惑和疑慮），思想者自己會去尋找一個『解決問題』的假設；或面臨一些『現成的』假設的解決方法任憑選擇。

第四階段，在此階段中，思想者只有在這些假設中，選擇其一作為對他的困惑和疑慮的可能解決的辦法。

第五也是最後階段，思想的人在這一階段要求證，把他「大膽」選擇的假設，「小心地」證明出來那是他對他的疑慮和困惑最滿意的解決。

杜威所有系統思想的分析幫助了我對一般科學研究的基本步驟的了解。他也幫助了我對我國近千年來——尤其是近三百年來——古典學術和史學家治學的方法，諸如『考據學』、『考證學』等等。(十一)」

胡適曾爲介紹實驗主義，在民國八年春間作了七篇演講，現在收入胡適文存第一集卷二，在引論裏他把皮耳士的 Pragmatism 譯爲「實驗主義」、Instrumentalism 譯爲「工具主義」或「應用主義」或「器具主義」、Experimentalism 譯爲「實驗主義」。

實踐主義的意義，爲一種研究學術的方法。首先對於所研究的對象，發生疑問，使成爲問題，隨後提出解決問題的假設，然後乃尋求理論和事實，以證明所提出的假設。杜威哲學的根本觀念，『總括起來，是（1）經驗就是生活，生活就是對付人類周圍的環境；（2）在這種應付環境的行爲之中，思想的作用最爲重要；一切有意識的行爲都含有思想的作用；思想乃是應付環境的工具；（3）眞正的哲學必須拋棄從前玩意兒的「哲學家的問題」，必須變成解決『人生問題』的方法。(十二)』這種方法，就是上面所說的五種階段。胡適在「實驗主義之六・杜威的思想」，詳細加以解釋，最後他作結論說：

「杜威一系的哲學家論思想的作用，最注意『假設』。……活的學問知識的最大來源在於人生有意識的活動。使活動事業所得來的經驗，是真實可靠的學問知識。不但能增加我們假設意思的來源，還可訓練我們時時刻刻拿當前的問題來限制假設的範圍，不致於上天下地的胡思亂想。還有一層，人生實際的事業，處處是實用的，處處用效果來證實理論，可以養成我們用效果來評判假設的能力，可以養成我們的實驗態度。㈢」

胡適接納了這種研究學術的方法，第一：用來寫他的博士論文。論文的題目爲：「中國古代哲學方法之進化史」，內容則就是他在北大敎哲學時所出版的「中國哲學史大綱」卷上。在發表上述「實驗主義」七篇文章後，就發表了三篇「問題與主義」文章。在第一篇他標出『多研究些問題，少談些主義』。在最後一篇，他講了「論輸入學理的方法」。

在第一篇討論「討論問題與主義」的結尾時，他說：

「凡是有價值的思想，都是從這個那個具體的問題下手的。先研究了問題的種種方面的種種事實，看看究竟病在何處？這是思想的第一步工夫。然後根據於一生經驗學問，提出種種解決的方法，提出種種醫病的丹方：這是思想的第二步工夫。然後用一生的經驗學問，加上想像的能力，推想每種假定的解決方法，該有甚麼樣的效果，揀定一種假定的解決，認為我的主張，這是思想的第三步工夫。凡是有價值的主張，都是經過這三步的工夫來的。不如此，不算輿論家，只可算是抄書手。(十四)」

這三步工夫，就是杜威所講的思想五階段的前三段，完全是根據杜威的方法。

在胡適文存所收的論實驗主義七篇文章裏，有兩篇是附錄：第一篇附錄爲「藍志先先生問題與主義」，第二篇附錄爲「李大釗先生再論問題與主義」。這兩篇評論胡適的問題與主義，都集中注意力在「問題」和「主義」兩點上。藍志先批評胡適把問題偏於具體性問題，忽略了抽象性問題。而主義又是一種理想，本身並沒有什麼危險性。李大釗則以問題和主義，不能相分離。胡適自己答覆了他們，即是胡適文存的第四篇文章「三論問題與主義」，說明自己沒有放棄「抽象」，更沒有放棄「理想」。

胡適一生研究學術，常遵循這種方法，在考據方面，先假設，後求證。民初顧頡剛等一些青年學者斷然地疑古，作出許多假設，然也不能證明，就否定古代的歷史事蹟。杜威的問題和經驗，涵義很廣。他以人的智識和哲學，都爲研究並解決人生活上的問題；所謂拿經驗來證明，包括一個人在生活上與各方面所有關係的歷程。我們對生活的各方面關係，應加以分析。人事方面的關係，由人的自由意志來決定。關於人事方面問題的解決，是要提出假設，作為計劃，計劃對不對，是要看效果若何。若是關於於自然界的問題，則有客觀的自然規律和事實。研究自然科學的人，由各種實驗，得有一種結論，稱為自然科學的規律或事實。然因科學家不能用盡一切的實驗，以知事實的眞相，因此，這些自然科學的規律或事實也就稱為假設。這種種的假設，不是人所提出的，也不是人所選擇的，而是由客觀的實驗而得的。所以和胡適所說的大膽作假設不同。至於研究學術，例如考據學，應先由種種的研究，得出一種結論，作為假設；而不是先作了假想，然後去尋證明。那就犯了先有成見，先有自己的主張，然後想法證明，這不合於研究學術的方法。例如人家可以責備我，因已經信仰上帝天主，再去找理由證明上帝天主的存在。同樣，你相信無神，便找理由證明無神。假設應該是研究所得的結論，而不是還沒有證明的前提。

胡適用這種方法研究學問。例如他的中國哲學史大綱卷上，對於易經假設祇有三個基本觀念：易、象、辭(五)。對於孔子的思想則假設為「正名主義」(六)，作了假設再結易經和論語的話去證明。關於他的中國中古思想史長編，毛子水敎授在跋裏說：「凡以史為名的文章，體裁上都應該是客觀的。但文章是人寫的，是寫的人用他的心去選擇材料而作論斷的。所以我們可以從文章裏看出寫作人的心情和性格。「賢者識其大者，不賢者識其小者。」從這七章中古思想史長編，我們固然可以看見從戰國中期到西漢中期中國哲人思想的流變，但亦可以得到很可喜悅的詮釋使我們增加對於胡先生的認識。㈦」對於佛教禪宗史，胡適作了一個假設：「今日所存的禪宗材料，至少有百分之八九十是北宋和尚道原贊寧契嵩以後的材料，往往經過了種種妄改和僞造的手續，故不可深信。我們若要作一部禪宗的信史，必須搜求唐朝的原料，必不可輕信五代以後改造過的材料。……我假定的計劃居然有這樣大的靈驗，已超過我出國之前的最大奢望了。㈧」胡適對於「禪」也有一個假設：「祇有把禪宗放在歷史的確當地位中，才能確當了解，這像其他哲學思想宗派是一樣的。㈨」因而和日本講禪學的鈴木大拙互相辯論。

關於紅樓夢的考證，許多考證者用了先假設，後作證的方法。胡適曾舉出幾派：第一派假設全爲清世祖與董鄂妃而作，以王夢阮爲代表；第二派假設是清康熙朝的政治小說，以蔡元培爲代表；第三派假設是記納蘭成德的事，以俞樾爲代表。胡適自己的考證，則假設「我們若想眞正了解紅樓夢，必須先打破這種種牽強附會的紅樓夢謎學。……我們只須根據可靠的版本與可靠的材料，考定這書的著者究竟是誰，著者的事蹟家世，著書的年代，這書曾有何種不同的本子，這些本子的來歷如何，這些問題乃是紅樓夢考證的正當範圍。㈩」在這篇文章的結束裏，胡適說：「我在這篇文裏裏，處處想撇開一切先入的成見；處處存一個搜尋證據的目的；處處尊重證據，讓證據做嚮導，引我到相當的結論上去。㈡」這種方法本是考證學的正當方法，不可先有假設，然後來證明。可是他在講治學的方法和材料時，仍舊說：「科學的方法，說來其實很簡單，只不過『尊重事實，尊重證據』。在運用上，科學的方法只不過『大膽的假設，小心的求證。㈢』」

2. 實驗主義的哲學思想

杜威的實驗主義，不僅是一種研究學術的方法或哲學方法論，而是一種哲學思想，有它的形上基礎。胡適在介紹實驗主義時也說過：

「這種新哲學完全是近代科學發達的結果。……這些科學基本觀念之中，有兩個重大的變遷，都和實驗主義有絕大的關係。第一，是科學家對於科學律例的態度的變遷。近幾十年來漸漸變更了。……知道科學上許多發明都是運用假設的效果；因此他們漸漸的覺悟，知道現在所有的科學律例不過是一些適用的假設，不過是現在公認為解釋自然現象最方便的假設。……此外，十九世紀還有第二種大變遷，也是和實驗主義有極重要的關係的。這就是達爾文的進化論。……不但種類變化，真理也變化。種類的化是適應環境的結果，真理不過是對付環境的一種工具；環境變了，真理也隨時改變。……(二三)」

「杜威在哲學史上是一個大革命家，為什麼呢？因為他把歐洲近世哲學從休謨和康德以來的哲學基本問題一齊抹殺，一齊認為沒有討論的價值。一切理性派與經驗派的爭論，一切唯心論和唯物論的爭論，一切從康德以來的知識論，在杜威眼裏，都是不成問題的爭論。……杜威說近代哲學的根本大錯誤就是不曾懂得『經驗』究竟是個什麼東西。……以上所說是杜威的哲學的根本觀念，總括起來，是（1）經驗就是生活，生活就是對付人類周圍的環境；（2）在這種應付環境的行為之中，思想的作用最為重要；一切有意識的行為都含有思想的作用；思想乃是應付環境的工具；（3）真正的哲學必須拋棄從前種種玩意兒的「哲學家的問題」，必須變成解決「人的問題」的方法。(二四)」

從上面所引的話，可以看出杜威的實驗主義是一種哲學思想，以「經驗」為哲學的研究對象，經驗則包括一個人生活的一切經歷，或是對於自然環境或是對於社會環境所起的一切交涉。外面的客體，因着和人生活的接觸，走進了人類的知識而起變遷，結成人的經驗。所以經驗不是過去，而是伸向將來，且引起人的思索推論。經驗爲人生活的變遷結果，常隨環境而變，眞理也就隨經驗而變，天地間沒有一成不變的眞理。

西方哲學從希臘哲學到中世紀以後的士林哲學（Philosophia Scholastica）所研究的對象爲『存有』（Being）「存有」的具體存在爲『實體』(Substantia)。英國洛克和休謨的經驗論或實徵論祇承認感覺的知識，以『實體』爲不可知，康德乃倡唯心論，以心（實則是理智 Mind），作爲哲學研究的對象。現代哲學由懷德海和杜威主張以生活的『實際事物』或「經驗」作爲研究對象，改變了西方哲學的形上學。杜威的「經驗」作爲形上的對象，含有性質（Quality）、關係（Relation）、延續（Continuity）等特性，由特性而表現本體。㉕」

杜威的哲學有上面所說的形上學一面，有行爲哲學的重功利重實效的一面，又有先假設後證明的方法論的一面。胡適祇注意他的方法論和他的重功利傾向，攝取了他的相對進化論，以其理爲相對的，以倫理爲相對的。

例如胡適在討論「貞操」時，以「貞操」爲男女雙方對待的一種態度，作爲「貞操」的意義，相對的態度可以隨人隨時地而改變㉖。又如他在我的兒子文章裏講孝道，也是以「我自己承認對兒子無恩，至於兒子將來對我作何感想，那是他自己的事，我不管了。㉗」爲父親的竟不管兒子有沒有孝道，教育的責任在那裏！

胡適在一篇介紹「實驗主義」的演講，分析了杜威哲學思想爲方法論、眞理論、實在論。關於眞理，他說：「此處所要說明的，就是『眞理都是工具』一句話。……既然如此，所以眞理是常常改變的，……因爲我們發現了一種事物的變化，不能用舊時的眞理去解釋，就不得不另創新的眞理去解釋。(元)」關於實在論，他說：「實在論就是宇宙論也就是世界觀。那是哲學的問題。照實際主義說世界是人造的。所以各人的眼光中的世界是大不相同的。……現在我把實驗主義的要點說起來作一總束。我們人類當從事實上求眞確的知識。訓練自己去利用環境的事務。養成創造的能力，去做眞理的主人。(元)」

這種思想對我們中國社會的影響呢？胡適自己曾述說過：

「杜威先生今天（民國十年，七月十一日）離開北京，起程歸國了，杜威先生於民國八年五月一日——「五四」的前三天到上海，在中國共住了兩年零兩月。中國的地方他到過並演講過的，有奉天、直隸、山西、山東、江蘇、江西、湖北、湖南、浙江、福建、廣東等十一省。他在北京的五種長期講演錄已經過第十版了。其餘各種小講演錄——幾乎數也數不清楚了！我們可以說，自從中國與西洋文化接觸以來，沒有一個外國學者在中國思想界的影響有杜威先生這樣大的。……第一，杜威先生最注重的是教育的革新。……第二，杜威先生不曾給我們一些關於特別問題的特別主義，——如共產主義、無政府主義、自由戀愛之類，——他只給了我們一個哲學的方法，使我們用這個哲學的方法去解決我們的特別問題。他的哲學的方法總名叫做『實驗主義』。分開來可作兩步說：（1）歷史的方法，……（2）實驗的方法。(三十)」

胡適本是以學生的身份，發起邀請杜威來華講學的人。杜威在中國講學時，「我是他在北京、天津、濟南、太原等地講演的主任翻譯。他在其他地方講演，我因爲北大教課的關係不能隨往。(三)」胡適的哲學思想，都是接受杜威的思想。

三、對中國哲學思想的批評

1. 新的方法

胡適關於中國哲學的著作，有中國哲學史大綱卷上、中國中古思想史長編、戴東原的哲學。

民國八年二月，他出版了中國哲學史大綱上卷，實際就是他在哥倫比亞大學的博士論文，加以擴充。這册書在當時是最新穎的，爲第一本新式中國哲學史。它的長處是在研究和講論的方法。蔡元培在這書的序文裏說：「我們今日要編中國古代哲學史，有兩層難處。第一是材料問題：周秦的書，眞的同僞的混在一起。……第二是形式問題：中國古代學術從沒有編成系統的記載。……我們要編成系統，古人的著作沒有可依傍的，不能不依傍西洋人的哲學史，所以非研究過西洋哲學的人不能構成適當的形式。……我曾細細讀了一遍，看出其中幾處的特長。第一是證明的方法。……第二是扼要的手段。……第三是平等的眼光。……第四是系統的研究。……㈢」蔡元培看出了胡適的中國哲學史大綱的特點是在他的方法上，是用西洋研究哲學的方法來整理中國古代的哲學思想。這種方法的長處是分析和系統，先將一位哲學家的思想予以分析，各有類別，又綜合貫通，加以系統化，對於思想的源流和演變，予以說明。胡適在這書的導言裏說：「哲學史有三個目的：（一）明變……（二）求因……（三）評判。㈢」這種方法，明變和求因當然是研究史學的方法，至於評判，則很難平正；若能分析明白，讓讀者自己去作評判，也是寫哲學史的良法。胡適的哲學史大綱，分析清楚，然而卻忽略了哲學思想的重要點，如寫老子的思想，竟沒有提出「道」；雖然講了

「無」、「無爲」、「無名」，然而這些乃是「道」的特性。又如講孔子的思想，祇講正名，卻不講「仁」，又將「忠恕」歸到正名。研究哲學的人，不能運用方法而傷害了內容。

胡適的第二種方法，是採用歷史考證法研究哲學史，對於哲學家和著作，先予以詳細的考訂，這種手法是正確的。但是哲學思想的解釋，則不能完全以歷史法去解釋。因爲哲學家發展一種思想，很可能有歷史的背景，但哲學思想的內容，由哲學家的理想去構造，具有內在的聯繫。因此，禪宗的思想不能純由歷史環境去解釋，老子的「道」和孔子的「仁」，也不能視爲純粹歷史的產物。歷史環境應該作爲思想發起和變遷的原因之一，然不能成爲思想內容的連貫之道。胡適自己也說：「從老子孔子到荀卿韓非，從前六世紀到前三世紀，是中國古代思想的分化時期。這時期裏的思想家都敢於創造，勇於立異；他們雖然稱道堯舜，稱述先王，終究遮不住他們的創造性，壓不住他們的個性。㈤」創造性和個性不全由歷史環境而造成。所以不是他所說的「老子親見那種時勢，又受了那些思潮的影響，故他的思想，完全是那個時代的產兒，完全是那個時代的反動。㈥」

2. 實驗主義的思想

胡適接受了杜威的思想，實驗主義支配了他思想的全部，對於中國哲學常根據這種思想去評判。「實際論就是宇宙論也就是世界觀。照實際主義說世界是人所造的。」胡適便不承認有超於實際生活的境界，對於形上學也不承認。他論中國哲學說：

> 「在中國的一方面，最初的哲學思想，全是當時社會政治的現狀所喚起的反動，社會的階級秩序已破壞混亂了，政治的組織不但不能救補維持，並且呈現同樣的腐敗混亂。當時有心的人，目覩這種現狀，要想尋一個補救的方法，於是有老子的政治思想。但是老子若單有一種革命的政治學說，也還算不得根本上的解決，也還算不得哲學。老子觀察政治的社會狀態，從根本上着想，要求一個根本的解決，遂為中國哲學的始祖，他的政治上的主張，也只是他的根本觀念的應用。如今說他的根本觀念是什麼：老子的天道。(三六)」

老子廢除了人格的天，假設了一個「道」。又以「道」太抽象，於是從具體方面想到了一個「無」。以後講無名、無為，完全從實際問題方面去講：「這是說最高的道是那無名朴。後來制有名字，智識遂漸漸發達，民智日多，作偽行惡的本領也更大了。大亂的根源即在於此。(三七)」道、無、無名，根本上是形上學的問題，不祇是實際生活的問題。胡適卻不談形而上的「道」，祇就在實際生活的功能去講論，充份表現他的實際主義的思想。又如胡適講易經，以易經主張先有象而後有物，和老子所講的「象生而後有物」相同。「象是原本的模型，物是仿效這模型而成的。㊹」這個問題是形上學的問題，胡適卻以爲孔子主張「人類歷史上種種文物制度的起源都由於象，都起於仿效種種法象。這些法象，大約可分兩種：一種是天然界的種種現象，一種是物象所引起的意象，又名觀念。㊺」

再一點，因爲以人造的世界爲宇宙，對於超於人世的宇宙，一概不接受，都批評爲迷信。因此，胡適很看重王充，因爲他認爲王充很受了實驗方法的影響，是一個實驗主義者，他說：

「從董仲舒以下，百餘年中，陰陽災異的儒教造成了一種黑暗的恐怖迷信空氣。但同時也有逐漸積聚起來的科學知識，在那太平的時期中繼續發達。其中最有成績的是醫藥與天文。這兩種學問都是實證的知識，都得注重證驗。……王充生在那個爭論曆法的時代，似乎很受了這種實證方法的影響。所以他每立一說，必須問『何以驗之？』『何以效之？』王充著書的動機，只是『疾虛妄』三個字。㊻」

王充提倡無神論，反對當時信鬼的迷信和「天人感應說」。胡適稱讚他「不但恢復道家的自然主義，並且把古代的自然主義詳細說明，建立一種唯物的、自然的宇宙論。儒者說『天地故生人』，『故』卽有意。王充用一個『偶』字來代『故』字。……這是用『偶然論』來代替宗教家的『目的論』。從老子以來，自然主義的宇宙論到王充纔得着最明白的敍述。㈣」胡適評述王充的方法，是重效驗的方法。「這種重效驗的方法，依我看來，大概是當時的科學家的影響，但是科學家的方法固然注重證驗，不過我們要知道證驗是科學方法的最後一步。科學方法的第一步是要能疑問。第二步是要能提出假設的解決。第三步方纔是搜求證據來證明這種假設。王充的批評哲學的最大貢獻就是提倡這三種態度——疑問、假設、證驗。㈣」這完全是重述杜威的實驗主義。不過，我對於王充的研究，結論是「王充在漢朝總算是一個獨出的學者，對於古書所記事實予以懷疑，事事尋求實徵。胡適之稱讚這是科學的精神。祇因他並沒有科學的智識和方法，所舉的證據，全憑自己的感覺，和自己的推想，證據都不能自立。㈣」我並不是贊成兩漢的鬼神迷信和天人感應說，我祇是說王充並不代表眞正的科學方法論。

對於淮南子的思想，胡適說是集道家的大成。淮南子書的中心思想則是「道家哲學假定『萬物各異理，而道盡稽萬物之理』；理是成物之文，而道是萬物之所以成；故說：『道，理之者也，』這就是說，道卽是一切理之理。這是一個極大的假設。……淮南王書作者便這樣默認了那『道』的假設，作者基本思想。……老子和後來道家的大貢獻在此，他們的大錯也在此。他們的大貢獻在於超出天地萬物之外，別假設一個『獨立而不改，周行而不殆』的道，使中國思想從此可以脫離鬼神主宰的迷信思想。然而他們忘了這『道』的觀念不過是一個假設，他們把自己的假設認作有眞實的存在，遂以爲已尋得了宇宙萬物的最後原理。……便可以不必尋求那各個的理了。故道的觀念在哲學史上有破除迷信的功用，而其結果也可以阻礙科學的發達。……這是最大的害處。㊃」這完全否認了形上學，把老子形上學的「道」，作成了發展科學的工具，錯認了道家的基本哲學。

3. 輕視儒家思想的價値

胡適在民國初年，留學美國，後來在北京大學任敎。那時是中國追求革新的時代。受了歐洲列強和日本的欺侮，年青一班人都認爲禍根在於中國古代的傳統，傳統封閉了中國的社會和政治。中國傳統則是儒家的哲學，儒家以孔子爲先師。如要革新中國的社會和政治，必要推翻古代的傳統；要推翻傳統，必要推翻孔子和儒家思想。胡適生活在這種環境裏，又因提倡文學革命，受全國青年所信服，就自視爲社會革新的領導人，因此，大聲呼喊打倒孔子，推翻儒家。把社會的罪惡推給儒家的思想，把儒教的思想縮爲「禮教」和「名教」。

在「新思潮的意義」一篇文章裏，胡適引用陳獨秀的話：『要擁護那德（莫克拉西）先生，便不得不反對孔教、禮法、貞節、舊倫理、舊政治。要擁護那賽（因斯）先生，便不得不反對舊藝術、舊宗教。要擁護德先生，又要擁護賽先生，便不得不反對國粹和舊文學。』胡適表示贊成陳氏的話(四五)。

「我們所有的，歐洲也都有；我們所沒有的，人家所獨有的，人家都比我們強。試舉一個例子：歐洲有三個一千年的大學，有許多個五百年以上的大學，至今繼續存在，繼續發展；我們有沒有？至於我們所獨有的寶貝，駢文、律詩、八股、小脚、太監、姨太太、五世同居的大家庭、貞節牌坊、地獄活現的監獄、廷杖、板子夾棍的法庭……雖然『豐富』，雖然『在這世界無不足以單獨成一系統』，究竟都是使我們抬不起頭來的文物制度。卽如壽生先生指出的『那更光輝萬丈』的宋、明理學，說起來也真可憐！講了七八百年的理學，沒有一個理學聖賢起來指出裹小脚是不人道的野蠻行爲，只見大家崇信『餓死事小，失節事大』的吃人禮教。請問那萬丈光輝究竟照耀到那裏去了(四六)」

「吃人禮教」，用詞太凶，胡適很佩服清朝的經學；請問清朝經學家也沒有一個人說了一句反對小腳的話，經學還有沒有價值呢？理學是哲學，小腳是社會的習慣風俗，既不是因理學而興起，爲什麼理學家不反對小腳，理學就沒有價值呢？胡適是相信哲學一定要解決社會的實際問題；可是社會實際問題較比小腳更重要的還很多呢？

不過，胡適對於儒家的儒，作了一番考據，結論是「儒爲殷民族的敎士；他們的衣服是殷服，他們的宗敎是殷禮，他們的人生觀是亡國遺民的柔遜的人生觀。論儒的生活：他們的治喪相禮的職業。殷商民族亡國後有一個『五百年必有王者興』的預言；孔子在當時被人認爲應運而生的聖者。孔子的大貢獻：（1）把殷商民族的部落人的儒擴大到『仁以爲己任』的儒；（2）把柔儒的儒改變到剛毅進取的儒。論孔子與老子的關係；老子爲正宗的儒。(四七)」胡適以老子主張柔，便以老子爲正宗的儒，孔子的儒則是孔子自己所改造的，所可注意的，他主張孔子「認清了那六百年殷、周民族雜居，文化逐漸混合的趨勢，他知道那個富有部落時的殷遺民的『儒』，是無法能拒絕那六百年來統治中國的周文化的了，所以他大膽的衝破那民族的界限，大膽地宣言『吾從周！(四八)』」結論是孔子改造傳統的儒，使成爲『仁以爲己任』的新儒「這眞是『振衰而起儒』的大事業。(四九)」胡適素性喜好考據，也習用考據方法；但是「說儒」一篇的考據，都祇是假設，所引證據，不着邊際。但是他對於孔子的人格則相當佩服，「知其不可而爲之」七個字寫出一個孳孳懇懇終身不倦的志士。(五十)」對於春秋，從歷史哲學方面去看，胡適稱讚孔子的春秋書法，「這種褒貶的評判，如果眞能始終一致，本來也很有價値。……中國的歷史學幾千年來，很受了春秋的影響。……春秋那部書，只可當作孔門正名主義的參考書，卻不可當作一部模範的史書看。……因爲歷史的宗旨在於『說眞話，記實事。』春秋的宗旨，不在記事實，只在寫個人心中對於實事的評判。(五一)」史事評判屬於歷史哲學，歷史哲學應以事實爲根據，並不能純粹出自個人的心，不能像胡適所說：「後來的史學，崇拜春秋太過了，所以他們作史，不去討論史料的眞僞，只顧講那『書法』和『正統』種種謬說。春秋的餘毒就使中國只有主觀的歷史，沒有客觀的歷史。(五二)」

在修身上，大學中庸乃是儒家的基本典籍，胡適很予以重視，以「大學的『中』」，就是中庸的『正』。但是中庸的「和」，卻是進一層了。若如大學所說，心要無忿懥、無恐懼、無好樂、無憂患，豈不成了木石了。所以中庸只要喜怒哀樂發得『中節』，便算是和。喜怒哀樂本是人情，不能沒有。只是平常的人往往太過了，或是太缺乏了，便不是了。(五三)」

胡適看重人的感情，便欣賞戴震的哲學，因爲戴震反對宋明理學家的「理欲二元論」。「這樣絕對的二元論的結果便是極端的排斥人欲。他們以爲『去人欲』卽是『存天理』的唯一方法。這種排斥人欲的哲學在七八百年中逐漸造成了一個不近人情、冷酷殘忍的禮敎。戴震是反抗這種排斥人欲的禮教的第一人。㊴」實際上，程顥在宋朝早已說過情欲也來自人性，不宜講惡屬於情慾。程顥說：「天下善惡皆天理，謂之惡者本非惡，但或過或不及便如此，如楊墨之類。㊵」天理卽是人性，若以情欲歸於氣，氣也是人所稟的性，也就是天理，不能說本來是惡，所以情慾本來便不是惡，祇是因過或不及才是惡。這不是和戴震所說的相同嗎？戴震便不是七八百年中第一人。

胡適批評宋明理學，爲不合科學方法，戴震則開始一種合於科學方法的新理學。他說：

「其實戴學最近於程伊川與朱子，同屬於致知窮理的學派。但程朱在當時都是從中古的宗教裏打了一個滾出來，所以不能完全脫離宗教的影響。既說：『卽物而窮其理』了。又不肯拋棄那籠統的理，終要妄想『那一旦豁然貫通』的大覺悟，這是程朱的根本錯誤。戴震是從朱學裏出來的，他能指出程朱的矛盾，徹底打破那籠統的『得於天而具於心』的理。性中既無謂天理，那傳統的種種附屬見解——如說物欲昏蔽了本來的理性，如理欲之辨等等——也就容易推翻了。……戴學指出性只是血氣心知；既無所謂理性之性，亦不必假定理性為氣質所蔽。知識是累積起來的；靜中求端倪，靜坐居敬，都與致知進學不相干。

無欲之論更不相干了。撇開了這些半玄學、半宗教的把戲，這一派致知窮理的哲學方纔可以放開脚步去做把致知窮理的事業—科學的事業。……焦循、阮元一班學者，……他們只知道戴震攻擊宋儒的理學，有破壞之功，而不知道戴震的大功在於提倡一種新的理學來代替那矛盾的、不徹底的舊理學。(三六)」

在上面所引的這一段文章裏，牽涉的問題很多。胡適反對「理」，不贊成性理之學，也就不贊成形上學，稱形上學爲玄學。玄學的名詞，可以是恭維，實則爲貶責，貶責形上學爲空泛無實之學。第二點，胡適把儒家的致知窮理解釋爲求知識，和現在的求學一樣。儒家的求學是求知爲人之道，以求作君子、作聖人。所以中庸說：『尊德性而道問學。』所以致知格物出自大學的修身方法。既是爲正心誠意，因此，宋明理學乃講靜坐致敬。靜坐是來自佛教。朱熹本人不贊成靜坐，不接納老師李延平的思想。別的宋明理學者有許多人實行靜坐以求中庸之「中」。這種方法和思想是不對，但不能說程朱的理學思想在根本上錯了。所以，第三點，說沒有天理的人性，人性祇是血氣心知，那怎麼去講良知呢？第四點，戴震反對具於心之理，但他以理爲事物之則，理在事物，爲『自然之極則』。他說：「性，言乎本天地之化，分而爲品物者也。限於所分，曰命；成於氣類，曰性；各如其性以有形質，而秀發於心；徵於貌色聲，曰才。㈦」因此，戴震並不是專以血氣心知爲性，而是專心攻擊把理和心分開，以理爲『如有物焉，得於天而具於心。』理就是氣的氣化之則，和氣不分，和心不分。第五點，說戴震提倡一種新理學，不免過於誇大。清朝除王船山以外，祇有講實用和考據的哲學思想，胡適正是崇拜思想的學者，也就很推崇戴震了。

胡適不看重形上學，可以從他參加丁文江和張君勱的人生觀論戰的態度可以看出。他贊成丁文江責罵形上學爲空談的玄學，主張人生觀應爲科學的人生觀。所謂科學的人生觀也就是實驗主義的人生觀，人生觀合於實用，不講不變的原則。他說：

「我們深信人生觀是因知識經驗而變換的。……這種新人生觀是建築在二三百年的科學常識之上的一個大假設，我們也許可以給他加上『科學的人生觀』的尊號。但為避免無謂的爭論起見，我主張叫他做『自然主義的人生觀』。……總而言之，這個自然主義的人生觀裏，未嘗沒有美，未嘗沒有詩意，未嘗沒有道德責任，未嘗沒有充分運用『創造的智慧』的機會。㈧」

他自己在爲自己辯護，自己在自相矛盾。他假設『物變有自然法則的，因果的大法支配着他人——的一切生活。』那還有什麼創造智慧！

不過，胡適並不是純粹的唯物主義者，他所信仰的是杜威的實驗主義。他曾講「少年中國之精神」，少年中國有邏輯的方法，重事實、重假設、重實證。少年中國的人生觀有批評的精神，有冒險進取的精神，有社會協進的觀念。他說：「少年中國的精神並不是別的，就是上文所說的邏輯和人生觀。(三九)」

四、結論

我所寫胡適的哲學思想，看來都在消極方面，在反面說話，這是因爲胡適的主要學術工作並不在哲學，而是在考據和領導社會革新。在哲學思想方面沒有很多成就，並不能減低胡適在中國思想史上的地位。研究哲學的工作，都是胡適早年所作，同時他的興趣則在於考據。他對於紅樓夢、水滸傳、海上花列傳、兒女英雄傳、官現場形記、老殘遊記、左傳、醒世姻緣、四十章經、神會和尚，都作了縝密的考據文章，但這些考據文章還不足以代表胡適在思想史的地位；胡適在中國思想史上的地位，是領導中國社會的革新；成功最大的，爲文學革命的白話運動。在社會生活的其他方面，都發表過革新的主張。他雖然因爲站在倡導革新的先鋒崗位，在言論上常有偏激的主張。另外是「打倒孔家店」、「打倒禮教」、「全盤西化」。其實他自己的生活，待人接物，都是本着儒家的傳統道德。所以先總統　蔣公曾追悼他送一幅輓聯：

『新文化中舊道德的楷模，舊倫理中新文化的師表。』

胡適卽是胡適先生，我曾拜訪兩次。胡先生對我說：『我不信宗教，但不反對別人信教。』不愧爲有道德學問的君子。

附記：有關胡適的著作請參閱胡頌平編胡適年譜長編第一冊。

註

㈠ 胡適口述自傳，唐德剛譯註。傳記文學出版社。民七十年。
㈡ 同上，頁四。
㈢ 胡適 四十自述，遠東圖書公司，民六十九年，頁三五。
㈣ 胡適口述自傳，頁三六。
㈤ 同上，頁三九。
㈥ 同上，頁九一。

(七) 胡適留學日記（四），頁九三五，臺灣商務印書館，民四十八年，

(八) 同上，頁一一一九。

(九) 同上，頁一一四四。

(十) 同上，頁一〇九，註二〇。

(十一) 同上，頁九六。

(十二) 實驗主義，胡適文存，第一集卷二，頁三二〇。遠東圖書公司，民四十二年。

(十三) 同上，頁三二八。

(十四) 同上，頁三四五。

(十五) 胡適　中國哲學史大綱卷上，頁七八，商務印書館。

(十六) 同上，頁九二。

(十七) 中國中古思想史長編手稿本跋，毛子水，見手稿本，美亞出版公司，民六二年。

(十八) 胡適校，神會和尚遺集，自序　美亞出版公司，民五九年。

(十九) 胡適　中國禪宗，其歷史與方法，見鈴木大拙。禪學隨筆、孟祥森譯，頁一五〇，志文出版社，民六十一年。

(二十) 胡適　紅樓夢考證。胡適文存第一集卷三。頁五八五。

(二一) 同上，頁六一八。

(二二) 胡適　治學的方法與材料。胡適文存第三集，頁一〇九。

(二三) 實驗主義，胡適文存，第一集，卷二，頁二九二—二九四。

(二四) 同上，頁三一八—三二〇。

(二五) 參考吳森　杜威哲學的重新認識，收集在比較哲學與文化，東大圖書公司，民六七年。

(二六) 胡適　貞操問題，胡適文存第一集卷四。

(廿七) 胡適 的兒子，胡適文存第一集，卷四，頁六九二。

(廿八) 胡適 實驗主義介紹，胡適選集（演說），頁一二，傳記文學社。

(廿九) 同上，頁一三—一四。

(卅) 杜威與中國，胡適文存。第一集卷二，頁三八〇。

(卅一) 胡適口述自傳，頁九八。

(卅二) 中國哲學史大綱卷上，蔡序。

(卅三) 同上，頁三。

(卅四) 胡適 中國中古思想史長編，頁一。

(卅五) 中國哲學史大綱卷上，頁五〇。

(卅六) 同上，頁五四。

(卅七) 同上，頁六二。

(卅八) 同上，頁八一。

(卅九) 同上，頁八二。

(四十) 胡適 中國中古思想小史，頁五三。美亞出版公司，民五八年。

(四一) 同上，頁五九。

(四二) 胡適 王充的哲學。胡適選集（述學），頁一六三。

(四三) 羅光 中國哲學思想史（兩漢、南北朝篇），頁二九八。學生書局，民六七年。

(四四) 胡適 中國中古思想史長編。頁三二〇—三三二。

(四五) 胡適文存，第一集卷四，頁七二七。

(四六) 信心與反省，胡適文存，第四集，卷四，頁四六二。

㈣⑦ 同上，第四集，卷一，說儒。

㊽ 同上，頁五二。

(四九) 同上，頁六六。

(五十) 中國哲學史大綱卷上，頁七一。

(五一) 同上，頁一〇三—一〇四。

(五二) 同上，頁一〇五。

(五三) 同上，頁二八八。

(五四) 胡適　戴東原的哲學，頁六九。臺灣商務印書館，民五二年。

(五五) 二程全書一，遺書二上，二程語錄上，頁一。

(五六) 戴東原的哲學　頁一九一—一九三。

(五七) 戴震　原善上，見於胡適、戴東原的哲學附錄。第一節。

(五八) 科學與人生觀序，科學與人生觀(一)，頁二三—二七—二九。

(五九) 少年中國之精神，胡適選集，頁一九。傳記文學社印。

第五章　蔣中正的哲學思想

一、傳　略

民國成立以來，全國追求革新。領導思想革新，作爲思想的導師的，乃是胡適；在全國的社會各方面，實行生活革新的，則是蔣中正總統。

蔣中正總統，「譜名周泰，學名志清，字瑞元，號介石，後蒙國父中山先生贈名中正。(一)」浙江奉化溪口人，生於光緒十三年陰曆九月十五日（公元一八八七年十月三十一日），父親肇聰，字肅庵；母親王夫人，名采玉，嵊縣王有則之女。父親肇聰於光緒二十一年去世，年五十四。母親采玉時年虛歲三十二，撫養兒子周泰，女兒瑞蓮，和丈夫先妻所生兒子錫侯。王夫人爲丈夫第二次續弦所娶，先有徐氏和孫氏。

蔣中正總統於六歲開蒙，十七歲到奉化進鳳麓學堂，先後在自家，在嵊縣外婆家，在榆林陳家，在畸山之皇甫家，在巖溪毛思誠家，從私塾先生受教，讀四書經史。進了鳳麓學堂，開始受新式教育。兩年後，升到寧波的箭金學堂。次年，入奉化縣城龍陳中學堂，讀了四個月，卽赴日本，學習軍事。時光緒三十二年（公元一九〇六年），年十九歲，虛歲二十。

到了日本，因爲沒有清朝政府的保送，不能進入軍校，便改入東京清華學校。這一年冬天，清朝政府辦理陸軍速成學堂招生，遂返國，考入保定陸軍速成軍官學校。次年，由保定軍校經過嚴格考試保送日本軍校，便在光緒三十四年春天再度赴日本，進入日本士官預備學校的振武學校。在校求學時，因陳其美的介紹，加入了中國革命同盟會。時年二十歲。

從振武學校畢業，進入了新瀉縣上越市高田野砲兵第十三聯隊作士官學校候補生。宣統二年由陳其美介紹與 國父中山先生見面，宣統三年武漢起義後，號召了一百二十二人，乘船回上海，轉往浙江，率兵攻進在杭州的浙江巡撫衙門。由浙江再回上海，任陳其美都督的滬軍第五團團長。民國元年，袁世凱就臨時大總統職後，乃辭團長職，第三度赴日本，學習德語，預備往德國留學。民國二年回上海，奉 國父命，留上海，從事討袁工作。民國三年，第四度赴日本。正逢 國父在日本組織了中國革命黨，遂入黨，民國四年回上海，策劃肇和軍艦叛變，失敗，改往支援江陰，困守江陰砲臺，幸能脫險。民國五年，陳其美被刺，冒險收屍，然後，赴山東，幫助居正整理中華革命軍東北軍。袁世凱於六月六日病逝後，東北軍停止活動，乃回上海。

民國二年的國會，根據臨時約法於八月一日在北京集會。次年段祺瑞因國會反對參加歐洲大戰，便使黎元洪於六月十三日解散國會。黎元洪因張勳復辟事辭職。由馮國璋繼任。被解散的國會議員一百二十多人，集齊廣州，組織維護約法的軍政府，推出　國父中山先生爲大元帥。

第一支護法軍隊爲陳烱明統率進攻福建的軍隊，　蔣公先任總司令部作戰科主任，後代行第二軍軍長職權。按照計劃兩次進攻，陳烱明忽下令停戰。軍政府改組，　國父去上海，蔣公赴上海追隨　國父。　國父令再往福建，終於民國九年十月到汕頭，代許崇智軍長職。廣州恢復後，又離粵回上海。　國父回廣州，又恢復了廣西，置大本營於桂林，後遷往韶關，　蔣公奉　國父召，以大本營參謀長兼第二軍參謀長身份隨侍，收回梧州。陳烱明辭職，蔣公因　國父不採用處理陳烱明軍隊的建議，乃離開廣東到上海，回寧波故鄉。

民國十一年，陳烱明叛變，　蔣公奉　國父召，急乘輪抵香港，再轉黃埔島，登永豐軍艦，謁見　國父，於八月九日隨同　國父離開永豐艦，搭乘英國軍船往香港，然後搭輪船往上海，再回寧波。十月，到上海，接受　國父命，往福州，任東路討賊軍總司令許崇智的參謀長，然一個月後去職回滬。十二月再因　國父命，回福州。民國十二年討賊軍收復廣州，陳烱明下野。　蔣公於次年四月抵達廣州，任大本營參謀長。然於七月十二日辭職，　國父命他往蘇聯考察軍事，於八月六日上船到大連，換西伯利亞火車，到莫斯科。留俄三月，於十一月二十九日離開莫斯科，十二月十五日，回到上海，轉回寧波。

民國十三年一月到達廣州，國父命爲陸軍官校籌備委員會委員長，忽於二月二十一日離粵回寧波。因國父和黨內要員的催促，於四月二十一日回到廣州，五月三日受命任黃埔軍校校長。六月十六日，舉行開學典禮。十月十六日，平定了廣州商團的團軍，十二月，成立教導團。

國父於民國十三年十一月十三日離開廣州，十二月卅一日由天津進入北京。蔣公於民國十四年二月開始東征，攻打來奪廣州的陳烱明部隊，在棉湖一戰大勝，然於三月二十一日得國父逝世噩耗，乃停止戰鬬。然後回兵進入廣州，安定了後方，再於十四年九月第二次東征，十一月結束，於十五年正月克復潮州、汕頭。

中國共產黨在民國九年五月成立於上海，共推陳獨秀爲「臨時中央」的書記。次年七月舉行第一次全國大會，代表共十三人。民國十一年七月舉行第二次全國大會，以張國燾爲首，接受蘇聯代表馬林（G. Maring）代轉第三國際的指示，決定加入中國國民黨，奪取國民黨的實權。由汪兆銘爲首的二全大會於民國十五年元旦，在廣州舉行二全大會，排除國民黨的忠貞黨員，且陰謀在中山艦綁架蔣公。蔣公乃在三月二十日，派兵佔領中山艦，逮捕主謀的李之龍，驅逐俄籍顧問，與鮑羅廷訂立黨務整理辦法。

民國十五年六月，開始北伐。六月五日，國民政府任命 蔣公爲北伐軍總司令。七月七日，在廣州誓師，國民政府主席譚延闓授印，中央監委吳敬恆授旗。七月十一日革命軍下長沙，十月攻下武漢，轉戰江西，十一月平定。再進軍閩、浙、京、滬。十二月入福州。民國十六年三月十八日，入杭州，三月二十五日，進據南京，三月二十一日，已進入上海。在九個月內，統一了長江以南的中國。

民國十五年十一月，俄人鮑羅廷以中央黨部與國民政府遷設武漢。民國十六年三月，三中全會在武漢開會，把國民黨列入第三國際下面的一個黨，共產黨的周恩來又在上海組織上海市特別市委員會，殘殺革命軍人，共黨又在南京製造與外僑衝突事件，引起英艦砲轟下關。四月二日， 蔣公在上海清黨，四月九日，進入南京，四月十八日，國民政府在南京成立，推胡漢民爲主席，革命軍繼續北伐，然在徐州失利。共黨葉挺和賀龍在南昌發起暴動。爲求武漢與南京和解，汪兆銘要求 蔣公和他同時下野， 蔣公於八月十二日宣佈辭去本兼各職，離開南京，回溪口故鄉。八月二十八日，赴日本考察，向宋太夫人商談婚事。十二月一日，與宋美齡女士在上海結婚。民國十七年一月四日，回南京復職，任北伐軍總司令，準備北伐。二月，被四中全會推爲軍事委員會主席，到徐州與開封，和馮玉祥共商北伐大計。四月七日，開始總攻。不到一月，兵入濟南，五月三日，日本軍隊製造濟南慘案。蔣公退出濟南，繞道繼續向北進軍，六月三日，張作霖撤軍回關內，在皇姑屯車站，被日本人炸死。六月八日革命軍入北京，六月二十日，中央政治會議決議改北京爲北平。七月三日，蔣公入北平。十月中國民黨中央常務委員會決議改組政府，推 蔣公爲國民政府主席，開始訓政期工作。十二月廿九日，東北張學良通令東北三省歸順國民政府，全國統一，北伐成功。

民國十八年三月，國民黨第三次全國大會開會，中日簽訂濟南慘案條約，改中央黨務學校爲中央政治學校，蔣公自任校長。十一月，馮玉祥叛變，大會討伐收復洛陽，十二月唐生智，以何應欽討唐，擊潰叛軍。

民國十九年，馮玉祥、閻錫山、李宗仁、汪兆銘於七月十三日在北平舉行所謂「中央執監委員擴大會議」，於九月九日成立僞國民政府，以武力叛變，發動「中原大戰」，九月十八日，張學良以武裝調停方式，領兵入關，佔領平津，通電擁護中央，「中原大戰」乃得結束。十月二十三日，蔣公在上海正式接受基督敎洗禮。十一月，國民黨第三屆中央執行委員會第四次會議，決議推 蔣公爲行政院長。次年民國二十年六月中央執委第五次會議，推蔣公爲國民政府主席兼行政院長，這一年五月，胡漢民和汪兆銘在廣州成立僞軍政府，中共軍隊在江西作亂。九月十八日，日本在東北造成瀋陽事變。中央在九月二十日電請在廣州的委員共赴國難，雙方談商，胡漢民往香港，蔣公辭國民政府主席和行政院長之職，離京回鄉。林森被選爲國民政府主席。

民國二十一年一月二十一日應中央的邀請，回京。一月二十八日爆發上海戰事。二月六日，蔣公任軍事委員會委員長。三月一日，上海戰事因英美法三國領事的調停，雙方停戰撤兵。五月五日，簽訂松滬停戰協定。

三月八日，日本在東北成立滿州國，以溥儀爲執政。六月，蔣公赴漢口督軍剿伐共軍，由漢赴贛，督令追剿。

民國二十二年，三月，長城戰起，蔣公進駐保定督戰，予日本以重創，以何應欽代張學良兼軍委會北平分會委員長。五月，成立行政院駐平政務整理委員會，以黃郛爲委員長，在南昌成立軍事委員會南昌行營。

在民國二十三年和二十四年間，加緊圍剿共軍。二十四年十二月，國民黨第五屆中央執行委員會第一次會議，決議以蔣公兼行政院長，提出對日基本政策：「和平未到絕望時期，決不放棄和平；犧牲未到最後關頭，絕不輕言犧牲。」

民國二十五年五月，頒布憲法草案。十二月十二日，在西安蒙難，於二十五日脫險回京。於二十六年一月，返鄉休假，發表西安半月記，蔣夫人也發表西安事變回憶錄，二月還京。四月回鄉，安葬兄長錫侯，公子經國由蘇俄回國。公子曾留俄十二年，備嘗辛苦，對蘇俄也瞭解深切。五月，英王加冕，派孔祥熙爲特使致賀，胡漢民於五月十二日逝世。七月七日，盧溝橋事變，中日戰爭爆發，蔣公在廬山，決定對日抗戰到底。九月，上海戰事爆發，十二月，政府遷都重慶。

民國二十七年一月，蔣公辭行政院長職，一心對日抗戰，孔祥熙繼任院長。公子蔣經國就職江西保安處副處長。七月，國民參政會第一次大會。八月，部署武漢守衞戰。十一月，長沙大火，親臨辦理善後。十二月，汪兆銘離渝出走，由河內轉赴上海，於民國二十八年九月在南京籌組僞組織，十一月，蔣公再兼行政院長。民國二十九年三月，汪兆銘在南京成立僞組織，向日本乞和。十一月，次公子緯國自德經美返國。民國三十年十二月八日，日軍偸襲珍珠港，美國對日本宣戰。我國對日本、德國、義大利宣戰。日軍佔據香港澳門。民國三十一年，蔣公就任同盟軍中國戰區最高統帥。三月，史廸威就任中國戰區統帥部聯軍參謀長。

民國三十二年，一月，中美、中英訂立平等條約。八月林森主席逝世，蔣公被中央常會選任代理主席職務。十月十日，宣誓就任國民政府主席。十一月十八日偕夫人，在開羅，與美羅斯福總統，英邱吉爾首相舉行會議，民國三十三年，汪兆銘在日本名古屋病斃。民國三十四年五月，宋子文任行政院長。八月六日，美國在日本廣島投第一枚原子彈，八日，再在長崎投第二枚原子彈，八月十四日，日本正式宣佈無條件投降。九月九日，陸軍總司令何應欽代表最高統帥在南京主持中國戰區日本投降簽字典禮。共黨開始叛亂。十一月美國國務院在杜魯門總統的指揮下，發表聲明，倘若中國政府不用美國武器進行內戰，而努力與中共達成協議，則將繼續予以支持。美國大使赫爾利在十一月二十七日辭職。杜魯門總統派參謀總長馬歇爾爲特使，來華斡旋。民國三十五年一月十日，在重慶召開政治協商會議，中央派代表參加。三月十一日，馬歇爾離華，四月十八日，中共違反停戰命令，竊佔長春。五月九日，馬歇爾再度來華，是年五月五日， 蔣公在南京主持凱旋還都大典，恭謁 國父陵寢。九月，偕夫人來臺灣巡視，於臺灣光復節向全省同胞演說。十二月國民大會通過憲法，於二十五日閉幕。民國三十六年一月，馬歇爾回美。馬歇爾在華，以中立者的姿態作調停，使叛變的共軍處於與政府軍同等的地位。又不懂中共的陰謀，全面抑制國軍的行動，並促國民政府遣派最精銳的軍隊往東北。民國三十七年二月遼寧省的遼陽爲共黨軍所佔，三月廿九日，第一屆國民大會開幕。四月十九日， 蔣公以百分之九十票數當選爲總統。五月二十日在國民大會堂宣誓就職。十一月二日，瀋陽失陷，共匪傾八十萬的兵力攻打徐州，開始「徐蚌會戰」。十二月，共匪逼近北平， 蔣公派專機接運留平學人胡適、李濟、陳寅恪、勞幹等來南京。白崇禧首先通電言和，李宗仁副總統宣佈主張和平，促　蔣公下野，由他代理總統職務。民國三十八年一月二十一日，　蔣公宣佈引退，由京飛杭，長公子經國陪行，臺灣省主席陳誠由臺飛杭。二十二日，　蔣公抵溪口。三月二十日，共軍渡長江，和談破裂。二十日，　蔣公飛杭州，與李宗仁、何應欽、張羣、王世杰、吳忠信等會商，決與共黨堅持到底。政府已遷往廣州，李宗仁則飛往桂林。三月二十五日，　蔣公到上海督戰，五月，飛抵澎湖馬公，二十五日，飛抵高雄。次日，接見閻錫山、于右任、陳立夫、吳鐵城、朱家驊等五人，代表李宗仁請復職視事。六月二十四日，來臺北，居陽明山。七月十日，飛菲律賓，訪問菲總統季里諾。十二日，返回臺南，二十三日往廣州，二十四日，到重慶，九月二十二日，飛雲南，經廣州，返臺，十月二十六日，金門大捷。十一月十四日，　蔣公復由臺飛重慶，李宗仁飛往香港。二十九日，重慶失陷，　蔣公飛成都。十二月十日，　蔣公返臺。民國三十九年，一月二日，國民大會、立法院、監察院、國民黨中央常委等，都以李宗仁於上年十一月赴美，責他失職，羣請　蔣公復職。三月一日，　蔣公復行總統職。

蔣公在臺北復職以後，勵精圖治，建設復國基地。民國三十九年，美總統杜魯門於六月二十七日下令第七艦隊協防臺灣。民國四十年二月，中美成立聯防互助協定。民國四十一年三月，中日雙邊和約簽字。民國四十三年，三月二十二日，由國民大會選舉爲第二任總統，五月二十日宣誓就職。十二月，正式簽訂中美共同防禦條約。民國四十七年八月二十三日，共軍礮擊金門，我軍還擊，開始金門砲戰。民國四十九年，三月二十一日，由國民大會選舉爲第三任總統，五月二十日就職。民國五十五年三月二十日，被選爲第四任總統，於五月二十日就職。民國六十年十月廿五日，聯合國大會通過「排我納匪案」，中華民國退出聯合國。蔣公發表告全國同胞書。民國六十一年，二月，外交部就尼克森總統之「上海聯合公報」，發表聲明，三月，國民大會選舉　蔣公爲第五任總統，於五月二十日就職。七月，染疾，八月六日，入榮民總醫院療養。民國六十四年，正月九日，脈搏一度轉慢，用藥即癒。四月五日，以心臟病突發，在士林官邸，於午夜十一時五十分崩逝，享壽八十九歲，曾於三月二十九日，立定遺囑。

二、發揮　國父孫中山先生的哲學思想

蔣公在遺囑上說：「自余束髮以來，即追隨　總理革命，無時不以耶穌基督與　總理信徒自居。」一生的工作和事業，在完成　國父的革命，一生的思想，在發揮　國父的思想，這不是說　蔣公沒有自己的事業，沒有自己的思想，他是在　國父的事業和思想上，繼續往前進，較比　國父所作所想，更大更深。我們研究　蔣公的哲學思想，便以　國父的哲學思

想爲出發點。國父的哲學思想有三點，一點是物體進化的生元論；一點是民生歷史觀；一點是行易知難學說。

1. 生元進化論

孫中山先生在十九世紀時，受達爾文進化論的影響，宇宙由物質變化逐漸形成：

「人類奮鬪，可分作幾個時期，第一個時期，是太古洪荒沒有歷史以前的時期，那個時期的長短，現在雖然不知道，但是近來地質學家由石層研究起來，考察有人類遺跡憑據的石頭，不過是兩百萬年……普通人都說沒有結成石頭以前，是一種流質，更在流質以前，是一種氣體。所以照進化哲學的道理講，地球本來是氣體，和太陽本是一體的，始初太陽和氣體都在空中，成一團星氣，到太陽收縮的時候，分開許多氣體，日久凝結成液體，再由液體結成石頭……。地質學家考研得人類初生在二百萬年以內。人類初生到距今二十萬年，才發生文化。二十萬年以前，人和禽獸沒有什麼分別。所以哲學家說人是由動物進化而成，不是偶然造成的。㈡」

這種思想不是哲學的思想，而是自然科學的思想，現在屬於人類考古學。中山先生由自然科學的進化論進入哲學的進化論。假定宇宙開始的物質為『以太』，『以太』乃當時自然科學的名詞。中山先生稱牠為『太極』。

「元始之時，太極（此用以譯西名伊太也）動而生電子。電子凝而成元素，元素合而成物質，物質聚而成地球，此世界進化之第一時期也。……吾人之地球，其進化幾何年代而始成，不可得而知也。地球成後以至於今，按科學家據地層之變動而推算，已有二千多萬年矣。由生元之始生而至於成人，則為第二期之進化。物種由微而顯，由簡而繁，本物競天擇之原則，經幾許優勝劣敗，生存淘汰，新陳代謝，千百萬年，而人類乃成。人類初生之時，亦與禽獸無異。再經許萬年之進化，而始長成人性。而人類之進化，於是乎起源。此期之進化原則，則與物種之進化原則不同，物種以競爭為原則，人類則以互助為原則。國家社會者，互助之體也。道德仁義者，互助之用也。人類順此原則則昌，不順此原則則亡。㈢」

中山先生又說：「人類進化之目的爲何？卽孔子所謂：『大道之行也，天下爲公。』耶穌所謂：『爾旨得成，在地若天。』此人類之希望，化現世之痛苦世界，而爲極樂之天堂者是也。㈣」

達爾文進化論爲自然科學的學說，須有事實的證明。人由動物進化而來，現在還沒有遺跡的證據，所以還是假設。這種假設由幾種自然界的現象而作爲普遍的原則，則已進入哲學的範圍，從哲學觀點去研究，問題非常複雜，生命怎麼能從礦物質物體發生呢？生物的種性怎麼可以變呢？中山先生講生命的來源，假定有「生元」。「生元」在物體內，隨時進化而發生生命。生命進化，乃有種種生物，人是生物進化中的最高階段。

若按宋朝朱熹的思想說，宇宙只有一個生命之理，生命之理和氣相結合而成爲物體。氣有清濁的各種等級，清濁的等級造成了生命的等級。因爲同一生命之理，在物體中之表現，由氣的清濁而定，氣最濁者，生命之理被埋蓋不能顯，卽是礦物，普遍稱爲無生物；氣濁較輕者，生命之理可以顯露幾分，便有最低級之生物。隨著氣的濁性較減而氣較清，生命之理顯露較多，生物的等級漸高。人的氣最清，生命之理全部顯出，人在生物界爲最高，朱熹說：「人得理之全，物得理之偏」。朱熹不是講進化論，實則爲一種進化論的哲學。中山先生述說了自然界進化的現象，也引用了自然科學變化的原則；物體由元素凝聚而成，生物由生元進化而生，進化由物競天擇而動，文明則由互助而有。若就這些自然界變動的原則，進而研究所以然的理由，則就成爲哲學的宇宙論。 國父孫中山先生沒有進入哲學的討論，因爲他的目的不是研究宇宙論，而是以自然界現象知識證明「知難行易」的學說。

總統蔣公對於 國父遺教，曾在民國二十四年九月發表國父遺教概要。概要中所講的。都是實際的問題，沒有進化孫文學說的哲學思想。但是在其他的著述中，論到進化論的思想，有深入的哲學觀點。

什麼是物質？

「一般唯物論者，所謂物質，已被否認為全部實體的真象。依現代科學的研究，原子可分解為質正子、電子與中子，進一步再分解成為波動的方式。一個物質不過是一種能力發放的中心。所謂物質不但不如常識上的認為實體而存在，而且物質分解到最後所呈現的，就是常識上、經驗上也能立刻判斷其為非物質了。這不是唯心論，可也更不是唯物論，這是分解到最精微處，宇宙本體的性質，因而唯物論在現代哲學上自然要趨於沒落了。(五)」

現代物理學上有種主張以「力」爲物質的因素，物質分解到最後僅祇是「能」。中國古代哲學以氣爲物體的因素，氣分陽陰。陽陰的氣很可以解釋兩種能；這兩種能繼續互相結合分離，使宇宙萬物常在變動，由變動而生化。宇宙乃成爲一道生命的洪流。蔣公解釋人的生命，常常肯定生命繼續流傳，曾作一對聯：

「生活的目的，在增進人類全體的生活；生命的意義，在創造宇宙繼起的生命。㈥」

生命不是物質，生命的流傳也不能僅是物質的事態，進化論在這方面不足以解釋宇宙間生命的變化，蔣公說：

「人類是宇宙的一部份。一般動物的生活是被動的，受自然法則的支配；人類的生活一方面受自然法則的支配，一方面又能利用自然法則來克服自然，改變自然環境。一般動物在求生存上發生的事態，提出問題，尋求解決，所以我們既是人，就要從人的立場上觀察宇宙，從人的立場上研究人類自己的問題。

我們中國的哲學家認為天體運行，就是宇宙生生不息的原理。我更認為：『古今來宇宙之間只有一個行字才能創造一切。』這句話，雖然很簡單，但是，却未始不可以看作行的宇宙論的基本理論，……宇宙究竟是個別事物雜然羅列呢？還是有其本體自然不亂呢？宇宙如有一整然不亂的本體，那麼宇宙的本體，當然是有秩序，有規範，周而復始的運行著。換言之，這宇宙本體，決不是僵而不行，死沈沈的龐然大物，而乃是有生命、有活力、有意義，生生不息，日新又新的本體。(七)』

生活的宇宙本體，不是死沉沉的龐然大物，乃是具有精神性的生命力。所謂物種進化即是生命力的運行，繼續創造宇宙繼起的生命。

人類不是物質，也不是神靈，而是心物合一體。心和物，即是精神和物質，兩者不能相分。

「中國心物一體的傳統思想，就很自然地超脫了『唯心』、『唯物』的圈子，而自成一體，嶄然獨立於世界。於是哲學思想界，亦因為中國哲學有了這個特點，中國高尚文化所獨有的精神價值，更為舉世所公認了。（八）」

西洋哲學，尤其是士林哲學，傳統地主張人是心物合一體。因爲士林哲學爲天主教學人的哲學，天主教相信人有靈魂，有肉身，所以是心靈合一體。蔣公誠心信仰基督，因此也主張人是心物合一。國父也相信基督，也就抱有心物合一的主張。既然相信人是心物合一，則宇宙內不能僅祇有物質，也該有心靈、宇宙萬物的進化，有自然法的依據；人的進化，則由人心作主，國父乃有民生史觀，蔣公亦予以發揮。

2. 民生史觀

人類生活的發展，演成人類的歷史。歷史由新的事件積成的；畜類的生活千古皆然，沒有新的變化，所以沒有歷史；祇有人類運用理智，創造新的事件，人類的歷史纔不是植物學或生物學。人類歷史的創造，動因是人的理智，馬克思卻認爲是生產工具，是社會經濟，國父便予以辯駁：

「人類求生存才是社會進化的定律，才是歷史的重心，人類求生存是什麼問題呢？就是民生問題。所以民生問題才可以說是社會進化的原動力。……民生就是政治的中心，就是經濟的重心，和總總歷史活動的中心，好像天空以內的重心一樣。從前的社會主義，錯認物質是歷史的中心，所以有了種種紛亂。(九)」

「馬克斯研究社會問題，是專注重物質的，要講到物質自然不能不先注重生產。沒有過量的生產，自然不會有實業革命，所以生產是近世經濟的頭一件事……。馬克斯認定階級戰爭才是社會進化的原因，這便是倒果為因。(十)」

蔣公繼承 國父民生哲學的思想，以人類生活的推進，在於人有求生的欲望，又更有能思慮的理智：

「人之所以為人者，在其有求生之欲，更在其有能思之心。人與一般動物不同，能以思慮與理性指導其求生之活動。……一般動物不能體認此類法則（自然法與社會法則），換言之，不能體認宇宙間自然之理，以改進其生活。只有人能體認宇宙本然之理，故求生的活動便構成了文化的活動，而有不斷的進步。一切發明與創造都是宇宙間本然之理的實現。中國人崇拜的古代帝王和聖賢，沒有一個不是能够體認宇宙間之理而有發明與創造，以改進人民生活的人。㈩」

蔣公指出社會進化的兩種原因：一種是宇宙間的天理，第二是人的理智。人的理智可以思索，能有發明。然所謂發明乃是體認宇宙的天理，蔣公主張宇宙爲有秩序的本體，宇宙的秩序便是天理。人的生活在宇宙內發展，便要按照宇宙天理以求利用宇宙物體，改進生活方式和工具。

「然而民生無論在民生主義、民生史觀、或民生問題中，都有其一貫之理，就是民生不單是物質，民生也不單是精神，民生是精神與物質配合統一而得到生存的。……故人類求生存是動力，而精神與物質只是條件。……我們因此可以肯定歷史的動力是一元的，歷史的條件是多元的。動力和條件是互相作用而又互相推進的。但條件是寄於動力而存在，物質的生產力，衹是供給人類求生存的需要。因此，物質生產力是條件，人類求生存，纔是社會與歷史的動力。(十二)」

條件和動力不能混而爲一，更不能把條件作爲動力，動力和主體又不能混合爲一，人類求生存的欲望爲動力，人類則是主體，故人類是歷史的主體，又是推進歷史的主人。人因能以理智去發明和創造，乃能建造文明和歷史。 國父和 蔣公的民生史觀，卽是以人類爲歷史的中心和主人。

「歷史觀包含兩個問題：一個是社會為何要進化？一個是社會如何能進化？前一個是歷史的動力論，後一個是歷史的條件論，民生史觀完全解答了歷史觀的這兩個理論。……

所以民生史觀又認為人的生活，就是社會一切活動的本體，亦就是歷史進化的本源。歷史的進化從原始羣進到部落，再進至民族國家，最後進至大同，那都無非是民生進化的階段。民生的進化，正是歷史的必然。(十三)」

歷史是繼續不斷的，個人的生活祇是人類生活的一個片斷。將每個人的生命連續起來，成爲家族和民族的生命。人類的生活在民族生活中前進。

「我們講生命，不好以個人軀殼的存在看作生命，一定要把整個民族歷史的生命，當作自我的真生命。……只有犧牲個人的生命，來充實整個民族的生命，使我們五千年來祖宗遺留下來的民族光榮歷史，得以繼續保持，我們子孫未來的光榮歷史，得以不斷的發展，這才是我們一個人生命的真正意義。㈥」

民生史觀乃成爲民族史觀，中國歷代的歷史，以君王爲主，廿四史的主人爲朝廷。因此歷史觀爲「天命史觀」和「道德史觀」。君王由上天授命，代天行道，行善行惡都有上天的賞罰。國父和蔣公以人民爲歷史主人，人民以民族爲代表，因此歷史乃是民族的歷史，歷史觀便是民生史觀。

3. 知行合一

爲進行革命，激起民衆的信心，國父倡「知難行易」的學說，在「孫文學說」中，詳細說明，歷舉具體事實作證。

「總而論之，有此十證以為『行易知難』之鐵案，則『知之非艱，行之惟艱』之古說，與陽明『知行合一』之格言，皆可從根本上而推翻之矣，或曰：『行易知難之十證，於事功上誠無間言，而於心性上之知行，恐非盡然也。』吾於此請以孟子之說證之，孟子盡心章曰：『行之而不著焉，習矣而不察焉，終身由之而不知其道者，衆也。』此正指心性而言也，由是而知『行易知難』，實為宇宙之真理，施之於事功，施之於心性，莫不皆然也。若夫陽明『知行合一』之說，卽所以勉人為善者也。推其意，彼亦以為『知之非艱，行之惟艱也。(十五)』」

中山先生對於王陽明的「知行合一」之知，沒有加以研究，把陽明之知和他自己之知，混爲一談，乃說明以「行易知難」之說可以推翻陽明的「知行合一」，實則兩說可以並之，並不相衝突；因爲兩個「知」字所含的意義不相同。蔣公便在這方面加以說明。在「總理『知難行易』學說與陽明『知行合一』哲學之綜合研究」一篇演講裏，說出王陽明所講「良知」的知，是良心上的知覺，不待外求，而 國父所講「知難」的知，是指一切學問，知識之知，不易強求。王陽明所說致良知與知行合一的知，是屬於「生而知之」的一面； 國父所說知難行易的知，是屬於「學而知之」或「困而知之」的一面。蔣公乃將陽明「知行合一」的理論與致良知學說合併研究，則和 國父「知難行易」學說的精義完全相同。

「總理所謂『知難行易』的『知』，與王陽明所謂『知行合一』的知，二者的本體是完全不同的。陽明所謂『知』，偏重於人的良知，卽不待學而後能，不待知而後知，是與生俱來的天賦之知，……而總理所謂知難行易之『知』乃是著重於科學上的知識之知，要由學問思辨工夫而得來。其經過的歷程，非常繁複困苦，……中庸論述人的天資，高下不一，其論知與行乃分為上中下三等，卽所謂：『或生而知之，或學而知之，或困而知之。』如果借用這三種天資高下之知，來區別陽明和總理所講的『知』，則陽明所謂致良知與知行合一之『知』，是屬於『生而知之』的一面，總理所謂知難行易之『知』，是屬於『學而知之』或『困而知之』一面，這兩種『知』的本體完全不相同，就很顯著的看出來了。又中庸所謂：『或安而行之，或利而行之，或勉强而行之。』拿這三種『行』來解釋總理『知難行易』之行，更可了解『行易』之行的意義了。這所謂『安而行之』的行，就是『行之而不著焉，習之而不察焉，終身由之而不知其道者。』這卽總理所謂『不知不覺者』，『不知而行』之『行』。至於『利而行之』的行，就是『後知後覺者』，為做推行，亦卽『行而後知』之『行』。至其所謂勉強而行之的『行』，這就須求而得之，乃是『先知先覺者』，為創造發明之所為，卽『知而後行』之『行』。這知而後行之『行』就難了。因此可知總理『行易』之『行』，乃指不知不覺者，『利而行之』之行也。不過我藉此中庸之三知三行，來解釋知難行易的知與行，祇是使學者易於了解而已。卻不可以此遽做中庸本文的解釋，這是大家應該注意的。(十六)」

蔣公所說的應該注意是很重要。中庸所說的「生」「學」「困」，表現「知」的過程，而不是區分「知」的本性，這三種過程的知，是指對事物性理之知，和王陽明的良知不同。「安行」、「利行」、「勉行」，表示行的歷程，爲六種心理狀況，並不表示知和行的關係。 國父中山先生的先知先覺，後知後覺和不知不覺，則是從知和行的關係而言。蔣公用中庸的行和知，講 國父的知和行，祇是一種比喻的講法。但是把陽明的知和 國父的知，所指的本體不同，非常正確，同時也矯正了 國父所說推翻陽明良知之說。蔣公卻又關心到怕人們以爲 國父的學說錯了，乃歸結到「行」，說明王陽明和 國父同是以「行」爲目標，同是推促人們去注重行。

「陽明學說祇在勉人「致良知」；所謂「致」就是「力行」，所以陽明學說的本旨，就是要人去實行。總理在「孫文學說」中反覆闡明「能知必能行」，「不知亦能行」的道理，歸納出來「行易」的結論，其最後目的，就是祇要我們照他所定的革命方略、計畫和命令去實行。……以前我對於總理學說與陽明哲學不能符合之點，求之於安，總有不安。又因總理逝世太早，使我無從質疑。後來費了許多時間，才獲得以下的結論。(七)」

陽明和 國父同樣注重行，但是兩者的行在意義上還是不同。陽明「知行合一」的行，是倫理方面的行，卽行善避惡； 國父中山先生「知難行易」的行，爲一切行事的行。所以蔣公說兩者在精義上，卽是精神意義上，都是要人去實行。

上面的話，是 蔣公在三十九年所講，後來在四十三年， 蔣公講革命教育的基礎，再肯定他的主張：

「我對於革命哲學的基礎，祇認總理『知難行易』的學說，為我們革命不二法門，不過我認為要使總理『知難行易』學說大行，還是需轉以王陽明『知行合一』的哲學，才能更加容易的使『國人無所畏而樂於行』。……總之，總理『知難行易』學說，和陽明『知行合一』學說，『徹上徹下，祇是一貫』。大家認清了這個關鍵，認定了這些哲理，就不必在日光之下，添燃一燈，再去求另外的知；祇要研幾窮理，體仁集義，卽能復其本體，塞其亂源。就是一旦遇到安危、禍福、利害、得失，和成敗生死的關頭，也就能以良知為主，以義理為斷，不至再有胡思亂想，邪心妄念，更不至有絲毫的搖撼和沮喪了。這『知難行易』與『知行合一』的哲學，就是我們革命的哲學基礎，也就是我們革命的精神教育的本源。(六)」

蔣公將陽明的行擴充到修身力行的行，就是陽明所說「如不著實去好善惡惡，如何能爲善去惡」。力行先除私心，常復心的本體。關於中山先生的「知難行易」學說，蔣公盡心加以發揮，又予以補救，使有哲學的意義。

三、行的哲學

蔣公所以能補充 國父的「知難行易」學說，是因爲他一生研究王陽明的思想，又一生服膺王陽明的致良知學說。他自己述說一生研究陽明之學：

「王陽明『知行合一』的哲學，我是從十八歲，從讀顧箬性先生時候起就開始研究的；以後五十年來，更曾經讀了再讀，研究了再研究。他的「傳習錄」與「大學問」這兩個小册子，真是使得我有讀不倦，心嚮神馳，不知其樂之所止。大家知道，王學的主意，是一個致良知的知字。但王學的工夫，還是歸結到一個行字，亦卽是致良知的致字。(九)」

從王陽明的「知行合一」哲學，蔣公建立了自己的「行的哲學」。

1. 本體方面的基礎

一種哲學要能建立，應有本體方面的基礎，否則就是建築在沙漠上，沒有根基，王陽明是一位理學家，他的學說有自己的形上本體論的根據。宋明理學家學說的根據，就建築在「性」上，以「性」爲人的「本體」，「性」卽是天理。人的本體是性、是理，人的形質是氣；由理和氣而結成人。

蔣公關於物的本體，主張本體是能。

「能之凝結者為質，能之放射者為力；而這能、力、質，三者雖各為一個專名，而其發生作用時，仍是要其互相效用，成為一個整體的東西。故質就是力，力就是質，二者根本不能分開。但質並不是本體，本體乃是能。過去哲學界所認為思維、考慮以及各種心意的活動，均為『能』的活動。這個『能』在中國哲學上，就是所謂『性』，亦就是習常所用的『性能』這個名詞。惟性之為物，是不可形容的，既不可形容，為什麼又有『能』？據我研究所得，祇有以『寓理帥氣』四個字來表現其性能。因為氣之為物，乃是無形而流動的。這氣的流動，就是我國哲學上所說的氣之闢闔往來，有一定法則。我以為這法則就是『理』。但是說到最後的結果，這性與理與氣三者，如果要其發生效用，仍只有合一而不能分離的。因為性如無理無氣，就無從表現其能；如理與氣無性，亦將無所依麗。……故中國哲學說：『理之外無氣，氣之外無理』，就是說氣與理是不可分的。我以為性與理的關係，亦可以說性之外無理，理之外無性，這亦就是我認為性寓於理的意思，乃可以說性就是理。所以性與理亦就不可分了。㈩」

蔣公所引「理之外無氣，氣之外無理。」為朱熹的主張。朱熹主張物由理氣而成，理是性，氣成行，理氣不能分離，祇是在理論上，兩者的意義不同，在實際上，理與氣常是合一的。但是宋朝張載則主張理寓於氣，理不與氣對立，是含在氣以內。因此朱熹為理氣二元說，張載為理氣一元說。蔣公常不善二元說，他主張理寓於氣，即氣藏在理中。氣為無形而流動的，氣的流行就是力，氣的凝結為質，氣就是能，就是本體。能、質、力，是蔣公從當代物理學所有學說而取來的，將這些觀念和中國古代的理學所有理和氣和性等觀念，比較研究，乃構成他自己的思想。

物是能是氣，氣中寓有理，為氣流行的理則，即是性。氣按理而流行，便是行，是力；氣凝結乃有質。

「因為我們一貫的本體論，旣不偏於唯心，亦不偏於唯物，而著重於人性論，就是論人的性能。㈢」

人性卽是人的性能。王陽明的心學，以心爲理，主張「心外無理」，承繼陸象山的思想，又以理爲性，因此，心、理、性，三者同是一。心自然光明，理由心而顯，心所顯之理，卽是良知，良知的完成，便是行。

蔣公在「革命教育的基礎」一篇講演裏，講述王陽明的天和心。

「陽明說：『良知卽天也』，亦就是所謂：『天卽在天心中，而並不要在心之外，去別求一個天了。』我認為天的解釋，對一般人說，與其以天理之天來解釋天字，則不如以天命之天來解釋天字，更容易了解。所以我個人對天的解釋，有四句話頭，就是用古人成語：『不睹不聞，莫見莫顯，上帝鑒臨，於穆不已。』就卽是心卽天，心卽上帝。天與上帝都在心中，所以你要時時敬畏。……再講心是什麼？……所以陽明說：『心卽理』，又說：『心在物為理』。

我對心的解釋，亦有四句話頭，就是『無聲無臭，惟虛惟微，至善至中，寓理帥氣。』……我認為理與氣是附麗於心，而變心運用的，心亦惟有運用這理與氣，才能表現其『全體大用』和『聖神功化之極』的效能。故心與理與氣，乃是不可分離，亦如心與性不能有明顯辨別的情形一樣。不過這個問題，必須要專家來研究。……同時陽明還解釋『心卽理』，就是心理為一，決不可把心與理析而為二。㊂』

蔣公以天爲上天，卽是上帝，又照天主教的信仰，以上帝爲人心，王陽明曾以心爲理，理爲天。蔣公便以天爲心爲理，至於氣和心的關係，以理和氣都附麗於心，這一點似乎有點像朱熹的思想，朱熹曾主張心兼性情，性爲理，情爲氣，心便兼理與氣，然而兩者的主張又不相同：心兼理氣，是心由理和氣而成，心兼有理和氣。理和氣附麗於心，則心爲本體，理和氣附在本體上，則不是本體的成素。然則心由什麼原素而成呢？蔣公似乎以心爲能，因爲他主張能是本體。這一點，蔣公沒有講清楚；不過他也說：「不過這個問題，必須要專家來研究。」

2. 行的意義

王陽明的行，爲致良知之行，良知乃人心天理的表現，心天然明顯，乃是「明德」，顯明行爲的善惡，好比一面鏡子，一個人或一件物出現在鏡子面前，鏡子內自然有這人或物的像，可以看出人物形像究竟怎樣。一件事出現在良知前，良知自然顯出事件的善惡。這種善惡的顯現，從本體論說，一定要有這個人或這個物，鏡中才有人物的像，同樣，必定要有一樁事，良知才顯出事件的善惡，否則，祇是一種假想，而不是良知的顯現。因此，良知的善惡的知，必定要和事件同時成立。有善惡的事，才有善惡之知。良知的事就是行，因此，知行合一。從倫理一方面說，良知引導人行善避惡，人心中先假定要做一事，這事便出現在良知前，良知立時判斷事件是善是惡。這種善惡判斷，本性就要先於實行，叫人按照判斷去行，是善就做，是惡就避免，所以良知本性要求以致於行。若是不致於行，是善，不做；是惡，做了；那裏還有良知。因此，沒有行，就沒有良知，知行便要合一，陽明以良知沒有行，則祇一半殘缺之知，不是完全的良知，這種行，是行善之行，而且是良知本性的要求，也就是人性的自然表露，又是心之理的自然表露。

行，從本體論說，是良知成立的要件，從倫理學說，是良知完成或實現的要件，都是人本性的要求。

再者，在西洋哲學士林哲學裏，對於一切變化，都主張是「能」到「行」，即是由潛能到實行。人的一切發展，無論在精神方面或物體方面，也都是從「能」到行。人有讀書之能，實際讀書，讀書之能便成了行，行較比能更高，更有價值。「能」若沒有行，「能」就沒有達到本性的目標。而且「絕對之實理」，本體純粹是行，所以不變，永遠常存。

蔣公由研究王陽明的學說，構成「行的哲學」。

「所謂行，祇是天地間自然之理，是人生本然的天性，也就是我所說的『實行良知』。雖然一般用語上，有所謂『暴行』和『妄行』，但這是指行為的結果而言。這種行為，就因為沒有把握『行』的真正意義，祇是發於人欲的衝動，或邪說的煽動，所以祇能認為是一種『種』，而不是我們所說的『行』。凡是真正的行，他必無是有目的、有軌道、有步調、有系統，而且有『友之於心而安』的自覺。它必然是正軌的、往常的，是周而復始、繼續不輟的。……在人類的全生活中，凡是生存、生長、發展，以及某階段與階段間的銜接，後一段與前一段之間的準備與補充，無不是行，我們經常生活的寢息食作，都可以包括在行的範圍以內。行的意義，是不分動靜的，整個的行程中間工作是行．游息也是行，做事是行，修養也是行。㈢」

「實行良知」是行。

行，是天地間自然之理，是人生本然的天性。

人類全部生活，都是行。

行，不分動靜。

從上面幾點，蔣公所講的行，第一是王陽明致良知之行，即是良知的實行。良知本然要求有實行，也天然地傾於行，祇是因私慾偏情的阻礙，乃不得實行。所以行，是良知的自然之理，是良知的天性。

但是　蔣公所講的行，意義更廣；行，乃是天然能而到實行。人的全部生活，都是人的能繼續到行，越到行，生命越有發展，生理的能、心理的能、心靈的能，都天然地要有實現，天然地要求有行，生活的各種行爲，都是能的實現，都是行，行便不分動靜，實際上，人的靜，也是能的實現，並不是一切能的停止，最少，是人意志願意靜，靜便是意志之行。

「說到這裏，我再將行的本義，以及行與人生的關係說一說。古人說：『性與生俱來。』我以為行是性之表，所以『行』亦與生俱來。……而且我以為人的本性，並不是好逸惡勞的，我們毋寧說勞動與工作乃是人類的天性。㉔」

要以士林哲學的「能與行」去講解蔣公的「行」，才能明瞭「行」的眞義。（有別的西洋哲學派，也講行）行，是能的實現，因此可以說行是人的本性，與生俱來，人的本性就天然傾向生命的發展，生命的發現，爲「能」到「行」，「行」便是人的本性。

「我們要認識『行』的真諦，最好從易經上『天行健，君子以自強不息』一句話上去體驗。……吾人取法於天體的運行，就自然奮發興起，黽勉不輟，明白了人在宇宙間的地位和價值，而行乎其所不得不行，這樣就必然做到至誠專一，態度極自然，而步驟極堅定的地步。一天一天的向前進取，這就是中庸所說的『至誠無息，不息則久』，宇宙人類能永遠生存，能不斷進步，全賴有此。㉕」

「行」，不僅是人本性所有，也是宇宙本性所有，宇宙運行不息，生生不已，都是「行」。宇宙有「行」，才有進步。然而在宇宙的運行和人的生活中，也有動作，普通以動作就是行。蔣公說明「動」不是「行」，兩者有分別。

「因此我們可以明白，『行』與『動』是不同的。『動』並不就是『行』，而『行』則可包括某種『動』在內。行是經常的，動是臨時的；行是必然的，動是偶然的；行是自發的，動則多半是他發的；行是順乎天理應乎人情的；動是激於外力偶然突發的。所以就本體言，行較之於動更自然、更平易。就其結果和價值來說：動有善惡，而行則無不善。……我們所說的『行』和一般所說『動起來』的動，是斷斷乎不可混淆的。㉖」

動，是動作，常由行而發動，常由身體而動。老子以「動」爲「爲」，爲不適於「道」，所以主張「道無爲」；但不說「道無行」，因「道」常變，「道」的自變就是「行」。「道」的變，不用動作，便說「無爲」。易經的太極也常變易，變易是神妙莫測，「無爲而無不爲」，沒有動作而使萬物生生不息，所以「行」不是「動」。「行」既是宇宙自然的運行，又是人本然的發展，便是善，繼續不斷。「動」是人爲的，人爲的便有善有惡。不過，「行」，雖然是人本性的發展，然而人的本性是靈明的，有自由，人的本性發展也要人自己願意去發展，就是中庸所說：「誠者，天之道也，誠之者，人之道也。」（第二十章）人要願意「誠之」，卽願意誠乎自己的本性，願意發展自己的本性，「順乎天理應乎人情。」

再者，人是心物合一的，人的「行」便常有動，有動則須「中節」，中節爲善，不中節便是惡。所以「行」便有善行、有惡行。

3. 行的目的

「行」，是天地的運行，是人性的發展，目的就在於生生不息，整個宇宙因著「行」而能久存，而能萬物生生不息。人因著「行」，每個人能創業立德，人類能進於文明。

「其次要研究行的目的是什麼？這我可簡單總括地答覆一個『仁』字，我們所行的就是在行『仁』。仁是本乎大公，出乎至誠。所以知之出乎誠必智，行之出乎誠必勇，知者之知必知仁，勇者之知必行仁。而且其行必篤，其知必致，其知其行，斷無不成。古人所謂：『誠者，成也』，又謂『不誠無物』，就是此意。」

「因之，我們『行』的出發點，祇要是發乎天性，出乎至誠，是利他而不是利己，是救人而不是害人，那麼所謂『誠者，物之始終』，開始的時候就已擁有最後成功的因素；循此而行，前進不輟，就不見有什麼難行的事，亦決沒有不成功的道理。……所以只有力行，才是『易行』。㊂」

蔣公的「行的哲學」也稱爲「力行哲學」。以哲學的理論充實　國父孫中山先生的「知難行易」的學說。　國父在「孫文學說」裏，祇用日常生活中的事例，去證明自己的學說，實則在日常生活裏，「知易行難」的事例也很多。蔣公從本體論和宇宙論以及倫理去講「行」，以從「能」到「行」的哲理，說明了「行」的意義。「行」爲宇宙天然的運行，爲人本性的發展，「行」便是人的本性，不「行」便不可以稱爲人，又以「行」爲仁，爲誠，「行」便是建立人格、創立事業、復興民族、平治天下、發育萬物的根本，「行」的價值最高，而且是順乎天性的「易行」。　蔣公便以「行的哲學」爲革命的哲學。

蔣公在「自述研究革命哲學經過的階段」中說：

「古今來宇宙之間，只有一個『行』字，纔能創造一切，所以我們的哲學，唯認知難行易為唯一的人生哲學。(二八)」

「王陽明所講的是『知行合一』，總理所講的是『知難行易』，統統是反對從前『知易行難』，祇知靜而不知動的哲學。這兩個哲學，就作用方面說，可說只是一個，因為統是注重在動的方面，而且統是注重在『行的哲學』。」(二九)

蔣公景仰王陽明，所景仰的重點，在於知行合一，知行合一的重點在於行。蔣公行的哲學由陽明的哲學而發，「行」的意義則較陽明的「行」更廣更深，所以 蔣公能在中國哲學思想上有他的地位，是在於「行的哲學」爲一創新的思想。

四 人生哲學

中國歷代的哲學家，常以人生哲學爲思想的中心，儒家雖有易經的形上學，道家雖有「道」的形上學，佛家雖有眞如的形上學，三家則都歸於以形上學爲人生哲學的基礎，三家哲學的中心，都是人生哲學。蔣公的哲學思想也以人生哲學爲目的。在人生哲學上，蔣公繼承了儒家大學、中庸的思想，加入了基督的信仰，他的人生哲學乃有一種新的氣象。

1. 天

儒家的人生哲學，是以中庸和大學的第一章所說，作爲基礎：中庸說：「天命之謂性，率性之謂道。」大學說：「大學之道，在明明德。」明德卽是性，性爲人生哲學的基礎，性則來自「天命」。「天命」的解釋，對於儒家的人生哲學關係很大。中國學者普通解釋「天命」爲「天然」、爲「自然」，朱熹注解說：「命猶令也，性卽理也。天以陰陽五行，化生萬物，氣以成形，而理亦賦焉，猶命令也。」蔣公解釋說：

「至於『天命之謂性』的意義，古今來許多經生、學者，聚訟紛紜，都說到玄妙而不著邊際。依我看，只是平平實實照字面講，『天命』就是宇宙自然推演無盡生命。論其本體，就是天性、天理，也就是自然運行之理。」(三十)

在另一次演講，講「革命教育的基礎」時，蔣公對於天理、天命，加了解釋：

「我認為對天的解釋，對一般人說，與其以天理之天來解釋天字，則不如以天命之天來解釋天字，更易了解。所以我個人對天的解釋，有四句話頭，就是用古人成語：『不睹不聞，莫見莫顯，上帝臨鑒，於穆不已。』就卽是心卽天，心卽上帝。天與上帝都在心中，所以要時時敬畏。㊂」

又在另一次演講裏說：

「我們中國『天人合一』的哲學思想，乃是承認了『天』的存在，就是承認了『神』的存在。故『天曰神』，又曰：『神者，天地之本，而為萬物之始也。』這個觀念自然和共產匪徒無神論者唯物主義的觀點，是水火不相容的，然則天與神究竟是什麼？其與人的關係又是如何？中庸說：『天命之謂性，率性之謂道』。又曰：『上天（神）之載，無聲無臭至矣』。詩經大雅說：『無聲無臭，昭事上帝（神）臨汝，無貳爾心。』這就是天卽神，天卽心，與『天人合一』的證明。㊂」

蔣公說得很明白，天卽上帝、卽神。「天命」卽上帝之命，「天人合一」卽人與神合一。在儒家的人生哲學裏，天命是基礎、是起點，「天人合一」爲終點、爲至善。蔣公的人生哲學便以「上帝」爲基礎、爲終點。因爲他是一位虔誠的基督信徒。在遺囑裏，他明白地說了這一點。

天命卽上帝之命，因上帝爲宇宙人物的創造者，天地運行之道，人生之道，都來自創造者之命。而人生的最終目的，則在於與上帝相合，使精神生活達到最高境地。

「我們人類的天性受自上帝的靈性，這個靈性，就是仁愛的精神，這個仁愛就是宇宙真理的所在，也就是人類生命意義之所在。㊂」

易經曾說：「天地之大德曰生。」（繫辭下 第一章）朱熹以爲在地曰生，在人曰仁。天地運行，爲使萬物生生不息，宇宙的生命乃能長流。人類的生命由仁愛而得延續。仁在孔子的人生哲學爲全部思想的中心，卽一貫之道，蔣公的人生哲學，也以「仁」綜合各種道德。

2. 仁

蔣公講人生哲學常以大學、中庸作爲根據，因爲 國父在民族主義中，提出大學、中庸爲中國最有系統的政治哲學。蔣公在講大學之道的結論裏說：

「總之，本章之義，以道為首，以德為本，以仁為寶，以義為利，而以財為末。㉞」

在講中庸時，說明爲訓練軍隊的根本要務，在造成無形的紀律，——智、信、仁、勇、嚴；並以『仁』爲中心。

「總理所著軍人精神敎育之『智、仁、勇』以及孫子所說『智、信、仁、勇、嚴』之武德，都是以『仁』為中心。這『仁』更是我所說『三信心』的根源。如果軍人只有智有勇，而缺乏了『仁』這一個中心要素，決不能稱為健全的軍人。㉟」

不單對於軍人敎育，「仁」爲中心要素，就是對於一般的敎育，「仁」也是中心要素。

「我以為現在我們中國一般青年，尤其是學校青年，最大的弊病，就是對於中國做人的道德缺乏研究，特別對於『仁愛』的德性，學校訓育既完全忽略，家庭教育更不知注重。一般教師本身多不認識修身的重要，所以對於修身更不注重，就是有時偶然講授，學生亦不願聽受，甚至說教師講授『仁愛』的道理為陳腐、為落伍。至於我們一般青年幹部與教育負責同志，尤其應該知道我們中華民族幾千年來立國之道，完全在於仁愛的仁字。所以我們今日要恢復我們民族光榮的地位，首先要恢復以『仁』為本的中國固有哲學。如果我們教育負責同志，都知道這『仁』是中國一貫的哲學思想，且能致力實行，來發揮這以仁為本的哲學的光輝，如此，方不愧為實行三民主義的信徒，亦纔不愧為獨立特行的革命鬪士，那我們就可以擔負革命的使命，就可以領導教育一般青年。……其次，現在中國青年對於仁愛的『愛』字，更不了解了。……我們中國哲學所謂『仁民愛物』，所謂『民胞物與』，就是這種愛的哲學最高表現，與其精義之所在。『愛』與『仁』的德性完全是一致的，仁愛兩字，在用語上也常是相連的。所以講到『仁』，就有了『愛』，『仁愛』是我們中國哲學的中心思想所在。(三六)」

蔣公繼承　國父的思想，常講中國傳統的八德：忠、孝、仁、愛、信、義、和、平，又主張以禮義廉恥爲一切學校的共同校訓㈢；但是他常以「仁」爲中華民族傳統道德的中心。而且自己以「仁」爲自己的人生要義，標出一生的座右銘：「以國家興亡爲己任，置個人生死於度外。」　蔣經國先生附識說：「先君在病中曾手書『以國家興亡爲己任，置個人死生於度外』十六字，付經國保存。此爲經國敬謹奉藏　先君遺墨千餘件最後之一件。先君崩逝，舉世同悲，經國五中哀慟，實所難堪！自　先君之逝，每日摩挲恭讀，了知　先君革命一生，實以此日不去心徹始徹終之志事。謹敢以此　先君手墨十六字，敬布於世，誠不知哀涕之何從也。」（蔣公全集第一冊卷首）這十六字表現　蔣公仁愛思想的最高境地，在於爲國爲民謀福利。蔣公曾在革命生活的初時，另撰有一副對聯：「生活的目的在增進人類全體之生活，生命的意義在創造宇宙繼起之生命。」

「所以我對於人生觀，有一對聯語說：『生活的目的，在增進人類全體之生活；生命的意義，在創造宇宙繼起之生命。』這兩句話，也可以說就是我的革命人生觀。㈢」

蔣公當時請　國父給他親筆寫這副對聯，國父不寫，後來寫了「大道之行，天下為公」八個字，並說明中國的人生哲學在於大學、中庸，實際上蔣公的對聯就是中庸所說盡性則可贊天地之化育（中庸　第二十二章），也就是易經所說：「夫大人者與天地合其德。」（乾卦文言）中庸贊美聖人：「大哉聖人之道，洋洋乎發育萬物，峻極于天。」（二十七章）就是以仁道配合天地好生之德，達到「天人合一」的境界。

3. 精神生活

蔣公在寫上面這一對聯時，尚在壯年的時代，開始革命的生活。以後一生常在憂苦的困難中，精神都能天天堅強，越來越向上，他主張精神生活以宗教信仰作為基礎。

「『人生不能無宗教信仰』，這句話，是我去年在耶穌受難節，向美以美會致詞中的第一句話，也就是我近十年來，讀經修道體會心得的警句。但是信仰與迷信是完全不相同的。大家要知道，迷信決不是信仰，而真正有信仰心的人，亦不會誤入世俗迷信之途。我所以常說人生無信仰，則萬事不成，但是人生一有迷信，亦無事可成。……總之，耶穌的精神是積極的、是犧牲的、是聖潔的、是真實的、是和平的、是向前的、是奮發的，而且是無往而非革命的。我們當此困難嚴重之時，適逢耶穌復活節，亦就是『精神不死』的確證，凡我同道，更該感受『重生』的意義，抱定『犧牲』的決心，更要以耶穌為我們人生的目標，要以耶穌的精神為精神，以耶穌的生命為生命，共同一致，向著十字架勇往邁進，以求人類永久之和平，與中華民族之復興。㊴」

基督的精神，是救世的精神；為救世必須犧牲，經由犧牲而達到成功。蔣公追致這種模範，常以救國救民族為生活的目標。

「中國國民，必須要有中國人所固有的品格德性和精神，纔可以算為一個真正的中國人！中國人不僅要以『中國』為他的生命，而且要以『中國』為他的靈魂。㊵」

「人生在世完全是利他的，而不是利己的。求學乃是為濟世而求學，服務是為助他而服務。㊶」

孔子的人生哲學，嚴於義利之分，義是奉公守法，利是肥己自私。孔子堅持『君子義以爲尙。』(論語 陽貨)『君子之於天下也，無適焉，無莫焉，義與之比。』(論語 里仁) 蔣公所立的生活目標爲『義』。

孟子曾說集義乃養成浩然之氣。(孟子 公孫丑上) 浩然之氣使人的胸襟擴張可以包括天下，不被人物所牽制，不受困難所摧殘，蔣公說：

「出死入生，是我們在耶穌復活中所得到的教訓。因之，跟隨耶穌的門徒，也跟隨他蹤跡，繼續他精神，能夠出死入生，成為新生的人生——新人。㊂」

「綜耶穌一生，無日不在蒙難期間，其堅苦卓絕，博愛慈祥的精神，徹始徹終，未嘗稍懈。而余所得之敎訓，要亦以此為最大。㊃」

生活在困難中，抱定救世目標，在仁愛中和基督的仁愛融化；人心便能體驗造化主對宇宙萬物，尤其對人的慈愛，對著宇宙萬物，心神安定，浩然超脫。蔣公曾作自勉四點：

「一、養天自樂箴：澹泊沖漠，本然自得，浩浩淵淵，鳶飛魚躍。優游涵泳，活活潑潑，勿助勿忘，時時體察。

二、畏天自修箴：不睹不聞，慎獨誠意。戰戰兢兢，莫見莫隱。研幾窮理，體仁集義。自反守約，克己復禮。

三、法天自強箴：中和位育，乾陽坤陰。無聲無臭，主宰虛靈。天地合德，日月合明。主敬之極，大中至正。

四、事天自安箴：存心養性，寓理帥氣。盡性知命，物我一體。不憂不懼，樂道順天。至誠不息，於穆不已。(四四)」

以中庸天人合一的贊天地化育之精神，和基督信仰的犧牲一己以救世之精神，結成「仁民愛物」的心懷，乃能樂天安命，處變不驚，心常怡悅。

我研究蔣公的哲學思想，最欽佩「行」的精神，又欽佩看重哲學之心。蔣公在戎馬倥傯之中，在政務繁劇的生活裏，能研究學術，且研究哲學，說明哲學的重要。

「研究哲學，亦就是要求其心之安樂，使我所做的事，都能心安理得，而毫無疑慮不寧的地方。孟子所謂『萬物皆備於我矣，反身而誠，樂莫大焉。』這反身而誠的快樂時間，亦只有在研究哲學中才能得到的。(四五)」

哲學乃是每人的養心之道，擴充自己的胸襟，充實自己的精神。而且對於國家民族，也有存亡的關係。蔣公對於這一點，說得最切實。

「我們要明瞭哲學的重要，首先就要知道中國一般青年不注重哲學，以致缺乏品德訓練與精神涵養所發生的弊病。我以為現在中國一般青年，尤其是學校青年，最大的弊病，就是對於中國做人的道德缺乏講究。

世界上沒有一個獨立國家，不寶愛他們祖先的精神遺產的。這一個道理，祇有我們總理認識最真切。我們今天注重研究哲學，發揚三民主義，我以為對於我國歷代以來的哲學思想，更須設法加以整理。這種整理古籍的工夫，……為著實際的需要，我們必須積極進行。自從民國政府成立以來，迄今已十四年，我們一般教育界與文化界，都沒有認真注意到這步工作，就是教育部及其他機關，如考試院、中央研究院者，對於中國固有哲學與文化應如何整理、發揮與提倡，亦沒有切實的計劃。……現在一般教職員不僅不敢講宋明大儒的哲學，就是四書五經也不敢提了。一提到經學，就說你是復古，是違反時代潮流。但同時很可怪的，如果研究古代希臘的哲學，卻不以為苦。錮蔽而錯誤的意見，普遍到如此地步！……今後我們要發揚固有的哲學，首先就要整理固有的哲學，尤其對於近代王陽明、王船山、黃梨洲與顧亭林等諸家的學說和著作，我們教育部必須盡量獎勵教育界人士，儘速設法，加以整理，要知道，及今圖之，猶易為力，如果長此因循，任其湮沒，幾十年後，將更無人著手，那我們不免要做歷史千古的罪人。㈣」

這一段話，表現　蔣公的卓見。我把它抄出，對於現在政府人士，尤其是教育部和中央研究院，不啻「暮鼓晨鐘，發人深思。」　蔣公的結論說：

「所以說，哲學修養是我們革命者基本的問題。以我在平時觀察人事所得，我認為凡是稍有成就的人，就一定稍有其哲學基礎，和精神修養的工夫。如果一個人真能成功、成德、成業，就更必有其深厚的哲學基礎，那是決非偶然的。反之，凡是對哲學不感興趣，而又毫無精神修養工夫的人，可以斷言其必無成就，縱使他能沽名釣譽，揜惡著善，得來一時的成功，不久亦必徹底失敗，絕無持久的道理。㈣」

蔣公所以成功、成德、成業，就是因爲他有深厚的哲學基礎，和精神修養的工夫。

註

(一) 黎東方　蔣公介石序傳，頁十二。聯經出版，民國十五年。
(二) 民權主義　第一講。
(三) 孫文學說　第四章。
(四) 同上。
(五) 反共抗俄基本論，張其昀編，先總統蔣公全集，第一冊，頁二六七。
(六) 自述研究革命哲學經過的階段，蔣公全集，第一冊，頁六三〇。
(七) 反共抗俄基本論，蔣公全集，第一冊，頁二六五—二六六。
(八) 解決主義思想與方法的根本問題，蔣公全集，第二冊，頁二四三。
(九) 孫中山　民生主義　第一講。
(十) 同上。
(十一) 中國經濟學說，蔣公全集，第一冊，頁一八四。
(十二) 反共抗俄基本論，蔣公全集，第一冊，頁二六八。
(十三) 同上，頁二六九。
(十四) 軍人應確立革命的人生觀，蔣公全集，第一冊，頁九二八—九二九。
(十五) 孫文學說　第五章，知行總論。
(十六) 總理「知難行易」學說與陽明「知行合一」哲學之綜合研究，蔣公全集，第二冊，頁二〇四五。

(七)同上，頁二〇四六。
(八)革命教育的基礎，蔣公全集，第二冊，頁二三七八—二三八三。
(九)同上，頁二三七九。
(十)總理「知難行易」學說與陽明「知行合一」哲學之綜合研究，蔣公全集，第二冊，頁二〇四七。
(二)同上，頁二〇四七。
(三)革命教育的基礎，蔣公全集，卷二，頁二三七六。
(三)行的道理（行的哲學），蔣公全集，卷一，頁一二四四。
(四)同上，頁一二四五。
(五)同上，頁一二四四。
(六)同上，頁一二四四。
(七)同上，頁一二四六。
(八)自述研究革命哲學經過的階段，蔣公全集，第一冊，頁六二九。
(九)革命哲學的重要，蔣公全集，第一冊，頁六三三。
(十)科學的學庸，蔣公全集，第一冊，頁一〇二。
(三)革命教育的基礎，蔣公全集，第二冊，頁二三七七。
(三)解決共產主義思想與方法的根本問題，蔣公全集第二冊，頁二四三四。
(三)民國四十七年耶穌受難節證道詞，蔣公全集，第三冊，頁三四四二。
(四)科學的學庸，蔣公全集，第一冊，頁九八。
(五)科學的學庸，蔣公全集，第一冊，頁九九。
(六)哲學與教育對於青年的關係，蔣公全集，第二冊，頁一五三二。

(三七) 今後教育的基本方針，蔣公全集，第一册，頁一二四一。

(三八) 自述研究革命哲學經過的階段，蔣公全集，第一册，頁六三〇

(三九) 為什麼要信基督，蔣公全集，第三册，頁三一六三—三一六四。

(四〇) 革命的教育，蔣公全集，第一册，頁一一六八。

(四一) 現代青年成功立業之道，蔣公全集，第二册，頁一五四四。

(四二) 民國五十三年耶穌基督復活節證道詞，蔣公全集，第三册，頁三五五五。

(四三) 民國二十六年耶穌受難節證道詞，蔣公全集，第三册，頁三一五八。

(四四) 蔣公全集，第一册，卷首。

(四五) 革命教育的基礎，蔣公全集，第二册，頁二三七五。

(四六) 哲學與教育對於青年的關係，蔣公全集，第二册，頁一五三二—一五三六。

(四七) 革命教育的基礎，蔣公全集，第二册，頁二三八四。

第六章　方東美的哲學思想

一、傳略

方東美名珣，字東美，安徽桐城人，為桐城方苞之後裔，生於民前十三年。幼時，承家傳古文學，誦讀詩詞。十六歲進入南京金陵大學肄業。民國七年參加王光祈所創立的「少年中國學會」，主編「少年中國」和「少年世界」兩刊物。民國十年，出國赴美留學，先入威斯康辛大學就讀，後則轉入俄亥俄州立大學，再後又回到威斯康辛大學，獲哲學博士學位。

民國十三年，方東美回國，在武昌大學任哲學副教授。民國十四年任國立東南大學哲學教授，民國十六年任中央政治學校哲學教授，民國二十五年任南京中央大學哲學教授，民國三十七年任臺灣大學哲學教授，民國六十二年退休，是年到輔仁大學任講座教授，直到民國六十五年病發前夕為止，一生歷任各大學教授共歷五十二年，（民國十三年到民國六十五年），於民國四十五年和民國五十三年兩次得教育部頒贈教學績優的獎章。他也曾到美國講學，民國四十八年到四十九年，在美國南達科大（South Dakota）大學任訪問教授，民國四十九年至五十年任美國米蘇里大學訪問教授，民國五十三年至五十五年任美國密希根州立大學訪問教授，又曾在公元一九六四年參加夏威夷東西哲學會議，他平生常有一原則，不接受講演和寫報稿，只在參加學術會議發表論文。民國六十五年元月，在榮民總醫院發現患有癌疾，二月二日回家，六月三日進入郵政醫院，七月十三日病逝，享壽七十九歲。（這段短文取自黃振華和劉孚坤兩位在方東美先生紀念專號哲學與文化第四卷第八期所發表的資料）

方東美教授的著作有：

堅白精舍詩集

科學哲學與人生

生生之德

方東美先生演講集

中國哲學之精神及其發展上冊（孫智燊中譯）

華嚴宗哲學上下冊

原始儒家道家

新儒家哲學十八講（上課錄音整理）
中國人的人生觀（馮滬祥譯）
The Chinese Views of Life
Chinese Philosophy: its spirit and its development.
Creativity in Man and Nature.

二、哲學的意義

方東美和胡適完全不相同，胡適雖考了哲學系的博士，跟杜威研究哲學，但是胡適本人不是研究哲學的人，而是作考據工作的學者，而且還崇拜自然科學，方東美卻是一生研究哲學的人，對於中西哲學都有深刻的認識，有自己的哲學思想，可以算爲民國期中少有的哲學家。

哲學是什麼？歷代學者所有的解釋非常多，非常不同，但大致說來，都以爲哲學是求「智」，是追求事理的學問，方東美對於這種思想有他的見解。

「情理為哲學名言系統中之原始意象，情緣理有，理依情生，妙如連環，彼是相因，其界繫統會可以直觀，難以詮表。

總攝種種現實與可能境界中之情與理，而窮其源，搜其真，盡其妙，之謂哲學。

哲學意境內有勝境，無情者止於哲學法門之外。哲學意境中含至理，違理者逗於哲學法門之前。兩俱不入。衡情度理，遊於現實及可能境界，妙有深造者謂之哲學家。

情理境界有遠近、有深淺、有精麤、有顯密，出乎其外者末由窺測，入乎其內者，依聞、思、修之程度而定其等差，故哲學家有大小之別。㈠」

這一段在方東美的哲學著作中，要算是最淺顯的；然而含義並不淺而易明。方東美以哲學講情與理，這一點和希臘哲學以及西方哲學都不同，希臘以及西方哲學都主張哲學以理智為主，以追求眞理為研究對象，事事追求最後理由，乃是哲學，方東美把情和理相連，「情緣理有，理依情生。」在事物方面，以客觀的方法去研究，只有理，沒有情。所以自然科學只講理不講情，哲學也是以客觀的方法去研究事物之理，西方科學因此也止講理。

但是哲學和自然科學不同，哲學研究事物之理，有兩點獨特的看法：第一，由事物全體去看；第二，由事物和人生去看。哲學研究事物的對象，第一是宇宙，宇宙爲一整體，各種事物在宇宙內互相聯繫，不可分割，現在的宇宙物理學也在物理規律上見到萬物的體系。哲學看宇宙，不僅看萬物在物理上的系統，而是以宇宙爲一個活的整體，宇宙人物在生命上合而爲一。第二，哲學看事物之理，不是研究物體的物理，乃是研究事物和人生命互相關係的理，人在宇宙事物中生活，宇宙事物也在人的生命中生活，同時要使人的生命超越宇宙的事物，達到一種神性的精神界。

方東美以科學的體系，乃一抽象生硬的體系。

「我們在以上的討論裏，已領略了科學家如何就事實的間架與結構去發見一些縱橫貫通的理路，據以建立系統。等到這些系統完成之後，科學世界之廣大秩序便不難予以確切的說明了。㈡」

然而科學系統脫離事物而成數學的系統，則完全成爲抽象系統，再進而爲數學邏輯。

「準上以言，數學及邏輯之抽象推理系統實爲人類思想之徹底解放，純數學家及邏輯學家不挾帶偏見，甚至連實事實物世界之拘牽束縛亦以掃除，任何觀念，任何假定，只消其本身具有理趣，且可依據嚴密的推理步驟，生發精確理論之結果，便可攝成廣大無窮之系統。㈢」

純數學和數學邏輯的系統，祇是理智的系統，可以稱爲「智」，但不能稱爲「慧」，哲學的追求眞理，應成爲「慧」。

方東美解釋「智」和「慧」：

「人生而有知，知審乎情，合乎理，謂之智，……人生而有欲，欲稱乎情切乎理，謂之慧。㈣」

關於這一點須有解釋，方東美以知「審情合理」爲「智」，以欲「稱情切理」爲「慧」。智和慧的分別，在道家和佛教裏分析清楚，莊子曾分小智和大智，小智爲人類理智之知，對宇宙世物分析清楚，事事知道說明理由。然此種知限於局部事物以內，不能通貫全局，大智則是「氣知」，人之氣與天地之氣相接，深入宇宙萬物的奧妙，貫通一切，小智爲「智」，大智為「慧」，佛教分智和慧，「智」為得道之人，知道萬法皆空，一切無常。「慧」則為佛之慧，得知非有非無，即有即無，宇宙萬法乃眞如的表現，一即一切，一切即一，互相透入圓融，方東美以「知情合理」為智，即是一般人所說的明智，有智的人即明智人，明智人行事說話必合乎情理，這種情理乃事物的常理，為一般人生活的常規，方東美以「稱情切理」為慧，他說人生而有知，能知道事物的情理；人生而有欲，欲為人的感情，感情屬人生的直覺，為生命的活動，這種感情直覺活動不直接來自理智，可以受理智的支配，也可以超乎理智的支配，超乎理智而支配「欲」，使切合生命之理，乃是慧，「慧」為哲學。

哲學不能不講情理之知，然而這種知或者近乎一般人之「常知」，即普遍之知；或者近乎自然科學之知，即事物客體之知，哲學則應超出此等之知，而在人生之道中，貫通宇宙一切。

「智與慧本非二事，情理一貫故，知與欲俱，欲隨知轉，智貫欲而稱情合理，生大智度；欲隨智轉而悅理，怡情起大慧解。生大智度，起大慧解，為哲學家所有事，大智度大慧解為哲學家所託命。(五)」

這些名詞，借用佛學的名詞，意義則是人生爲知與情，了解人生的知與情之道，即是哲學家的事。

「無怪乎偉大之哲學家俱充份代表『先知、詩人、聖賢』之三重複合人格！㈥」

哲學家的任務，就是哲學的任務，先知有先見之明，預報未來的事，詩人有直接體驗人物相連之情，善用象徵的表象，聖賢則與天地相合，貫通宇宙整體的生命。

從貫通宇宙萬物，以與天地相合，使人的生命，昇入精神的「神性」境界，乃是哲學的任務。

「中國哲學上一切思想觀念，無不以此類通貫的整體為其基本核心。㈦」

「談到中國形上學之諸體系，有兩大要點，首當注意：第一，討論世界或宇宙時，不可執着於其自然層面而立論，僅視其為實然狀態，而是不斷地加以超化。對儒家言，超化之，成為道德宇宙；對道家言，超化之，成為藝術天地；對佛教言，超化之，成為宗教境界。自哲學眼光曠觀宇宙，至少就其理想層面而言，世界應當是一個超化的世界。(八)」

方東美對哲學的意義，立義很高，哲學不僅貫通宇宙萬物之理，使和人生相連，而且還要超化人生，使進入一種超越現實宇宙的世界，因此哲學爲論人類超化生命之學。

方東美又借用佛教語詞，講中西佛學的因素，稱爲智慧的種子。

「哲學生於智慧，……以智慧的種子為發端。希臘人之『名理探』，歐洲人之『權能欲』，中國人之『愛悟心』，皆為甚深甚奧之哲學源泉。(九)」

希臘人求眞理，研究宇宙和人生乃產生哲學；歐洲人繼承羅馬人的統治世界的權能欲，研究統治社會和宇宙的理論，也產生了哲學；中國人「仁民愛物」，求贊天地之化育，更產生了哲學。哲學乃是人的智慧，追求生命的奧妙，由低級生命而升到玄妙的神性生命，認識萬物的原本意義。人的智慧便能登天入地，入精入微，面對宇宙的奧妙，而心有欣享的快樂。哲學乃生命的至理。

三、人

哲學所研究的，是人和宇宙的關係。人的生命和宇宙萬物相連，從相連之中，逐漸超昇，達到超乎宇宙萬物的境界。

「假使我們從形而下的境界上面看，我們在建築圖裏面要建築一個物質世界，把這個物質世界當做是人類生活的起點、根據、基礎。把這一層建築起來以後，纔可以把物質點化了變成生命的支柱，去發揚生命的精神；根據物質的條件，去從事生命的活動，發現生命向上有更進一層的前途，在那個地方去追求更高的意義，更高的價值，更善的理想。這樣把建築打好了一個基礎，建築生命的據點，然後在那裏發揚心靈的精神；因此以上迴向的這個方向為憑藉，在這上面去建築藝術世界、道德世界、宗教領域；把生命所存有的基礎，一層一層向上提高，一層一層向上提昇，在宇宙裏面建立種種不同的生命領域，所以，在建築圖裏面是個寶塔型，以物質世界為基礎，以生命世界為上層，以心靈世界為較上層。以這三方面，把人類的軀殼、生命、心理同靈魂都做一個健康的安排。(十)」

方東美曾作一圖，把宇宙分成兩界：自然界、超自然界，自然界分爲三層生命世界：物理生命世界、生理生命世界、心理生命世界，超自然界又分爲三層生命世界：藝術生命世界、道德生命世界、宗教生命世界。按這六層生命世界：分成六種人：工技人(行能的人)、創建人、智慧人、象徵人(符號人)、君子人、宗教人。在這六層生命世界的頂點，有：威儀可敬的人，這種人上通神靈的神性。

「那麼把這三層—行能的人，創造行能的人，知識合理的人，—結合起來，他一方面有健康的身體，又有偉大的生命活動力，再有開明的知識。這樣子合併起來才構成了一種自然人，……他可以以自然人開創一種自然世界出來，而這個自然世界就是今天我們廿世紀的人到處歌頌的世界，這個世界是構成為普遍的科學文化所建立起來的自然界。假使達到這麼一個境界就止了，我們只可以有科學的文化，但是不能夠有哲學的文化。(十一)」

一個人的生命不能僅是自然界的生命，雖然人能以理智創建更有益於人類生活的自然界，但是人的生命被限定在物質世界以內，人心會感到痛苦，人以理智創建更有益於人類生活的自然界，卽是科學所建立的文明世界。

「就這個宇宙生命境界的藍圖，我們把人發展成為完滿的自然人，甚至於達到一種大科學家的地位，還不能夠滿足我們哲學上要求，也不能夠滿足我們文化的要求，所以我們現在在這個建築圖上面，再向上面推，……因此，提到第四種人性，……這一個人的才能，他能夠運用種種符號，創造種種語言，從這種裡面就可以把尋常的自然界，透過種種符號象徵那裏面美的境界，美的秘密，拿藝術家的才能做更高的創造，創造了藝術上面美的世界。……所以這個世界美則美矣，或者醜則醜矣，這個只能夠表現主觀的感受，這個主觀的感受在價值上面不能代表美滿。

所以，再進一步，我們要藝術家的品格向上點化，使他成為更高尚的人，……使他再變成另外一種人，這個另外的一種人，就是高尚其志，純潔的精神人格，所謂道德人格，……這樣子就可以把這個藝術再點化了成為中國文化裏面

> 主要而高度的『道德文化』。……那麼，就是說有最高的智慧，有最高的精神發而為生命，而這一種生命可以旁通一切人類，一切物類的生命，一體俱化，成就最高的精神價值。這又構成了一種道德生活。……而那個全人的生命能力，那個全能，從世界許多文化上面看，我們拿藝術名詞讚美他不够，道德名詞讚美他不够，世界上許多宗教拿宗教的神聖價值讚美他的生命才庶幾乎近之。(十一)」

講哲學的學人，若眞對哲學瞭解哲學的意義，應該都有這種生命的藍圖，哲學對於宇宙的解釋，一定不能被囿禁在自然界的物質以內，我們追求生命的發揚，是要從物理、生理、心理三界的生命，提昇到藝術、道德和宗教三界的精神生命。對於各界生命的意義和情景，方東美解說得很清楚，以中國傳統哲學的優點，表現他的理想。

對於宗教，方東美有他的思想。他雖然主張人的生命須要提昇到超自然界；但是超自然界的意義，他卻不讚成完全超越自然界的宗教生活。

方東美主張形上學的本體論有三種形態：超自然（超他）型態、超越型態、內在型態(十二)，他不讚成超絕型態，「而係有鑒於其所謂『超絕』云云，對自然界與超自然界之和合無間性與賡續連貫性，顯然有損，同時兼對個人生命之完整性，亦有所斲傷。⑭」因此，他接納中國的傳統思想型態，「余嘗藉『超越型態之形上學』一辭以形容典型之中國本體論。⑮」他一方面不贊成萬物間任何一種存在、生命、或價値，成爲絕對超越之對象；另一方面，又不讚成以自然界元素和變成歷程，封閉在自然界以內，不能超拔，趨入理想勝境。同時，他又羡慕中國的內在型態，以西方的宗教精神趨於外在型態，不能深入人的生命。

「在這一點上，我不曉得各位對宗教情緒是採取怎樣的一個立場，遵守那一個教派，但是兄弟採取的旣不是 Deism，也不是 Theism，而是 Pantheism。爲什麼把這個高高在上的 God the most high 拉下來貫注在整個的世界裏？這是什麼樣的動機呢？⑯」

他認爲上帝在絕對超越的地位，在能和人生相通；又認爲一位有人格的上帝，仍舊是高高在上，他乃主張「泛神論」。

「所以要是眞正宗教情緒豐富的，宗教意志堅强的，宗教的理性博大的人，總要設法子把這個宇宙的精神主宰，拿他的精神上面無限的創造力貫注到整個的人間世來，來支配一切，決定一切，影響一切，輔助一切，使這個宇宙萬類、萬有都從平凡的自然界提昇到神聖的境界裏面去，變作神聖世界裏的構成份。(七)」

方東美認爲天主教的天主高高在上，祇是美與善的絕對象徵，和宇宙萬物相隔離，又以天主教把善惡相對立，人生在善惡兩元的衝突中，不能享有和諧的情調，因此，他主張「泛神論」的思想，以「神」在宇宙和人生以內，使人生昇入神聖境界，究其實，天主教的形上學本體論，以自有而使萬有能有的絕對實有，不能和宇宙萬有平行，絕對實有者的「創造力」，貫通宇宙一切，融會宇宙萬有，且基督降凡，進入人性和人類歷史，把神性生活和人性生活相融合，就是方東美所主張的宇宙的精神主宰，進入宇宙，支配一切，使平凡的自然世界，提昇到神聖的境界。方東美對西方宗教生活的體驗，不如他對佛教生活的體驗。

方東美既然心儀宇宙萬物的調諧，他便不讚成人生的疏離。

「人若妄自菲薄或妄自輕侮，也會陷於支離滅裂的慘境。人本與天地萬物之大有道通為一，相隔無碍，現在却由情感的邪惡，理智的扭曲，或心靈的失常而層層墮落，終至完整的人格喪失殆盡。當然，這是極端的情形，處在一般的逆境中，人往往自以為是孤立的個體，只好努力去適應一個他無所喜愛而只有憎恨的世界。㈥」

他相信崇高的宗教精神生活，必定可以發人和神的「內在融通」的關係，又可以發展人和人的「互愛互助」的關係，還能發展人和世界「參贊化育」的關係，只要人能進入熾烈凝鍊感情的深處，便可以臻於密契神明的境界。

但是由於人類智識的日益進展，又由於人類自作的紛爭事故，這種情感的經驗淪爲理性的分析，使宗教的動力泉源，遭遇社會各種體制的劃界，成了止水，變爲種種封閉式的宗教儀式和信條。

哲學的崇高精神，也可以使人貫通萬物，但是中西的哲學途徑不相同，或經由宗教信仰的熱望，或經由科學的理解，或經由人本主義的創生不已的生命，中國古人由人本主義的創生不已的生命，主張健行而和至高上天相埒，進而參贊化育。

「現在我們可以說明人的本質了。從精神方面看來，人是宇宙的中心，他能上體神明旨意而發揮創造的衝動，……人是一種神奇，而不是一種咀咒。人與神明、世界、萬物、他人，甚至自我之間都有疏離。這種觀念，是宗教的墮落，心理學的歪曲，與哲學的誤解所造成許多後果之一。㈨」

人的疏離，乃是當前人類文明的病態。尤其熱情的青年感到孤單，一切都須獨自奮鬥，馬克思主義更在各處宣講階級鬬爭，這都是當代思想歪曲的結果。

「布臘思想是以驚嘆生命之危機為起點，中間經過痛苦的忍受，反而激發了沈雄深厚的奇情，據以點染生命，竟使生命的狂瀾橫空展拓，入於美妙的化境，透露酣暢飽滿的氣息。……我們反觀近代歐洲，自文藝復興以後，迄於現在，其科學之發明，日新月異；其哲學之創獲，層見疊出；其藝術之演變，源遠流長；表面上確是榮光燦爛，閃爍心眼。但一窮其究竟，轉覺世宙寥廓，生命空虛，呈現凌亂蔽虧的局勢。……布臘思想化空無為實有；歐洲思想幻實有入空無。㈩」

但實際上，近代歐洲思想非常牽繫在實事上，不是幻想入空無，而是把實際事物件件孤立，使人心感覺疏離，體驗孤單，不能以宗教的精神，與神相通，與萬物相通，方東美心目中的人，是天人合一，參贊天地化育的人。

四、宇宙

方東美教授心自中的宇宙是一個充滿創新力的宇宙。因創新而生命綿延，萬物相連爲一。他最看重易經，易經的宇宙，便是他的宇宙。

「儒家形上學具有兩大特色：第一、肯定天道之創造力，充塞宇宙，流行變化，萬物由之而出。『易曰：大哉乾元！萬物資始乃統天。』第二，强調人性之內在價值，翕含闢弘，發揚光大，妙與宇宙秩序，合德無間，『易曰：大人者與天地合其德。』此兩大特色構成全部儒家思想體系之骨幹，自上古以迄今日，後先遞承，脈絡緜延，始終一貫。表現這種思想最重要者莫過於易經。……其要義可自四方面言：(1)主張『萬有含生論』之新自然觀，視全自然界為宇宙生命之洪流所瀰漫貫注。自然本身卽是大生機，其蓬勃生氣，盎然充滿，創造前進，生生不已；宇宙萬有，秉性而生，復又參贊化育，適以圓成性體之大全，『易曰：生之謂性』；『生生之謂易』；『易，曲成萬物而不遺』；『成之者，性也。』，⑵提倡『性善論』之人性觀，發揮人性之美善諸秉彝，使善與美俱，相得益彰，以『盡善盡美』為人格發展之極致，唯人為能實現此種最高的理想。⑶形成一套『價值總論』，將流行於全宇宙中之各種相對性的差別價值，使之含章定位，一一統攝於『至善』。最後⑷形成一套『價值中心觀』之本體論，以肯定性體實有之全體大用；『易曰：一陰一陽之謂道，繼之者善也，成之者性也。㈡』」

方東美所生活的宇宙，是一生命激蕩的宇宙，是一個因生命而互相連繫的宇宙，是一個互相連繫而有和諧的宇宙，他由易經以構成生命的宇宙，由道德經和莊子以窺見宇宙的精神，由華嚴經而體驗宇宙萬物的互相融會；因此他的宇宙，乃是一個圓融的宇宙。

「孔子在易經繫辭大傳，以及其門弟在禮記裏（含中庸），將廣被萬物之道，析而言之，分為天之道，地之道，與人之道，三方面而論之：(a)天道者，乾元也，即元始之創造力，謂之『創始原理』，創始萬物，復涵賅萬物，一擧而統攝於健動創化之宇宙秩序中，俾『充其量，盡其類。』『致中和』，完成『繼善成性』、『止於至善』之使命。『易曰：大哉乾元，萬物資始，乃統天（天下萬物）。』(b)地道者，坤元也，乃順承乾元（天道）之創始性而成就之，謂之『順承原理』，使乾元之創始性得以賡續不絕，緜延久大，厚載萬物，而持養之，『易曰：至哉坤元，萬物資生，乃順承天。』『坤厚載物，德合無疆，含弘光大，品物咸亨。』(c)人道者，參元也。夫人居天地之中，兼天地之創造性與順承性，自應深會體貼此種精神，從而於整個宇宙生命，創進不息，生生不已之持續過程中，厥盡參贊化育之天職。㊂」

方東美解釋易經的乾元和坤元，祇以乾元具有創造力，爲宇宙生命的根源，坤元則順承天的創造力，接納天所創生的萬物，厚載它們，養育它們，中國歷代的儒家，常以乾坤代表陽陰，天地生化之德，由陽陰變化而成。王船山更主張乾坤並建，乾坤共爲生化的根源，即太極也就是沒有顯形的陰陽，在這一點上，方東美的思想和儒家傳統思想有點不同，但他以天地爲生生不息的天地，則繼承了儒家的傳統。

「是故，原其始，則見乎天地宇宙無限生命之所自來；而要其終，則知乎萬物具體有限生命之所必歸。『易曰：原始要終以為質也。』一是皆存乎創造變易之歷程中，而生生不已，新新相續，……語乎天道本質及其意向，則純然至善，故能化裁萬物而統之，於以當下顯示其本身生生大德之神妙於所創生之宇宙大千世界也。故原始要終之道生生不停，善善相繼，禪聯一貫，以是見天地之常，昭然若揭矣。㈢」

儒家易經的宇宙，方東美解釋爲『原始要終』以乾元爲本初的宇宙，乾元爲至善，天道即純乎至善，「故能化裁萬物而統之。」

方東美所主張的宇宙，又包含莊子的空靈宇宙，化解一切對立的矛盾，往返順逆互相串通。

「老子哲學系統中之種種疑難困惑，至莊子（紀元前三六九年生），一掃而空。莊子將空靈超化之活動歷程推至重玄（玄之又玄）。故於整個逆推序列之中，不以『無』為究極之始點，同理，也肯定存有界之一切存有可以重複往返，順逆雙運，形成一串雙迴向式之無窮序列，原有之『有無對反』也在理論上很到調和『和之以天倪』。蓋兩者均消弭於玄妙奧變之『重玄』之境，將整個宇宙大全之無限性，化成一『彼是相因』，交攝互融之有機系統。最後莊子點出老子思想之精義：『建之以常無有；主之以大一，……以空虛不毀萬物為實。』同理，變常相反也於焉消弭，『萬物無成與毀，道通為一。㉔』」

莊子的宇宙為逍遙遊的宇宙，時間無限，空間無限，「將『道』投射到無窮之時空範疇，俾其作用發揮淋漓盡致，成為精神生命之極詣。㉕」

華嚴的宇宙又是方東美所嚮往的宇宙，在這宇宙中一切分別和對立都消失，全部融貫在唯一的絕對實有中。

「華嚴要義，首在融合宇宙萬法一切差別境界，人世間一切高尚業力，與過、現、未，三世諸佛一切功德成就之總滙，一舉而統攝之於『一真法界』，視為無上圓滿。意在闡示人人內具聖德，足以自發佛性，頓悟圓成，自在無礙。此一真法界，不離人世間，端賴人人澈悟如何身體力行，依智慧行，參悟本智。

佛性自體可全部滲入人性，以形成其永恒精神，圓滿具足。是所謂法界圓滿，一往平等，成『平等性智』。此精神界之太陽，暉麗萬有，而為一切衆生，有情無情，所普遍攝受，交徹互融，一一獨照異彩，而又彼此相映成趣。……佛放真法，顯真如理，燦爛萬千，為一切有情衆生之所公同參證，使諸差別心法，諸差別境界，一體俱化，顯現為無差別境界之本體真如，圓滿具足，是成菩提正覺，為萬法同具，而交徹互融者。㈥」

華嚴世界爲一萬物和眞如互相融合的世界，萬物歸於眞如，眞如統攝一切，因此，事理無礙，周偏含容。

方東美所嚮望的宇宙，爲一個生生不息，物物互相融會，排除一切對立和矛盾，向未來無窮發展的宇宙，人在宇宙中，爲宇宙中心，創生力在人心內使人的精神和天地宇宙相結合，「與天地合其德。」宇宙乃人心的宇宙，然不是唯心論的宇宙，而是人心創生力和宇宙創生力同化的宇宙。方東美說：

「以上我已鈎玄提要點出中國玄想，心靈及慧觀如何陶醉於宇宙與個人，然兩者俱自戲劇化（即理想化）之觀點而立論，而非僅就自然面之觀點著眼。就自然層面而觀之，宇宙及個人無非呈現為種種相關連之事實，有固定之內容，差別之性相，特殊之條件，明晰之法式，充實之內涵等，凡此一切，皆為科學解釋之特色，於瞭解人類與宇宙，自屬相當重要。然中國哲學家之玄想妙悟方式却百尺竿頭，更進一步。從中國哲學家之眼光看來，現實世界之發展致乎究極本體境界，必須超越一切相對性相差別，其全體大用始充份彰顯。㈦」

這種中國哲學的宇宙，也是方東美的宇宙，他的哲學觀，在於透視宇宙的本體，達到萬物互相融會的理想境界。這種宇宙是理想化的宇宙，實際自然界的宇宙，是事物各自存在的世界，因此方東美主張把現實世界與以點化，使成爲理想型態，達到他所嚮望的宇宙。

五、生命哲學

以易經爲基礎的哲學，一定是生命哲學；因爲易經講宇宙的變易，宇宙的變易就是生化。這種思想自宋朝理學家把理學建立在易經上，便講生命哲學；雖然沒有系統的說明，但是重要的觀念都有，熊十力由佛學回到儒學，專心解釋易經，便構成他的佛學生命論，方東美的哲學是以易經爲中心，生命的思想也就成爲他的哲學之中心思想。

他解釋易經，以易經將宇宙點化，成爲生生不息的創生者。

「上引各節將宇宙點化之，呈現於時間之畫幅上，時間創造化育，生生不已。效法天地大生廣生之德，適足以表現生命之大化流行，澈上澈下，旁通瀰貫。在全幅時間化育之領域中，宇宙生命廣大無限。就代表時際人之儒家心靈眼光看來，宇宙是一個包羅萬象的大生機，無一刻不發育創造，而生生不已，無一地不流動貫通，而亹亹無窮。㈢」

宇宙生生不已，具有一種創造力。他以這種創造力乃是「生之又生，或創造再創造。」(同上) 創生力爲乾元所具有，「謂之創始原理」，創造萬物，復涵賅萬物。他不上溯到太極，祇「肯定乾元之創造力。㈢」

創造力所造者爲生命，生命是什麼？

「生命苞容萬類，緜絡大道；變通化裁，原始要終；敦仁存愛，繼善成性；無方無體，亦剛亦柔；趣時顯用，亦動亦靜。—蓋生命本身盡涵萬物一切存在，貫乎大道，一體相聯。於其化育成性之過程中，原其始，則根乎性體本初，……要其終，則達乎性體後得，經歷化育步驟，地地實現之。(三十)」

關於生命所說的話，易經用之於『易』。方東美以『易』就是生命，生命在物為性。

「普遍生命，卽性，含五義：

育種成性義，……

開物成務義，……

創造不息義，……

變化通幾義，……

綿延長存義，……(三一)」

生命的意義非常玄妙，萬物的生發，種類的繁殖，人間萬事的價值，道德生活的提昇，沒有一件不包含在生命以內。「人類個人所面對者正是一個創造之宇宙，故個人亦得要同樣地富於創造精神，方能德配天地，妙贊化育，否則，處處與之乖違悖謬矣。㉒」

但若我們用分析的方法，去研究這種「生命」，方東美所講的「生命」爲宇宙的生命，即是宇宙的變易。宇宙爲一個有機體，有機體由一種『創造力』繼續變易，這種變易稱爲生命。宇宙的變易，神妙莫測，自然界各種物體的新陳代謝，令人感嘆爲一生命的洪流。可是生命應在一本體內，宇宙萬物的每一件，是否都是生物？方東美沒有討論這一點，他祇看宇宙爲一整體，萬物互相連貫。萬物因著連繫而繼續生化，這種繼續的生化，稱爲生命，所以生命是宇宙的生命，不是每個單體物的生命。

宇宙的生命，以人心爲中心，乾元所具之創造精神，原屬於天；但因天地人爲三才，人心也具有乾元的創造精神，乾元的創造歷程有自然生化的秩序，人心的創造歷程也有自己的秩序；這種秩序即是道德秩序。

「生命之自然秩序與道德秩序旣同資始乾元天道之創造精神，且儒家復謂『人者，天地之心。』居宇宙之中心樞紐位置，故人在創造精神之潛能力自能配天。㉓」

人心之生命爲心靈生命，卽精神生命，也卽是道德生命，宇宙整體的生命便也具有道德價值，朱熹曾以宇宙以生生爲大德，聖人以仁爲大德，仁卽生，仁乃不僅是人之德，而也是天之德，仁便可稱爲天德。

「夫大人者，其出處去就，一一符合高度之價值標準，足為天下式；其動作威儀之則，一一蹈乎大方，而大中至正，無纖毫偏私夾雜其間；其品格剛健精粹，一言而為天下法。修養至最後階段，卽進入聖人或神人境界，夫聖人者，智德圓滿，玄珠在握，任運處世，依道趣時而行，『從心所欲，不逾矩。』故能免於任何咎戾。(三四)」

宇宙生命發展的極點，使人心和天心相合。這種思想本是儒家的思想，自易經到清儒，一貫不絕，方東美很欣賞這種宇宙生命論。

「善能領略在文化生命與精神生命上小我大我一脈融通，合體同流。(三五)」

然而這種小我大我合體同流的生命，就分析哲學法去看，究竟若何？

> 「生為元體，化育乃其行相，元體是一而不局於一，故判為乾坤，一動一靜，相並俱生，盡性而萬象成焉。元體攝相以顯用，故流為陰陽，一翕一闢，相薄交會，成合而萬類出焉。……生之體是一，轉而為元。元之行孳多，散為萬殊。㊱」

從上面兩段話，乾元不是生的體，生乃元的體。然而又說「生之體是一」，生之體究竟是什麼？看來是「元」，「轉而為元」。生和元，看來便有點亂，這是體用不分的結果。熊十力講翕闢時，特別強調『體用不分』。

「元體是一而不局於一，故判為乾坤。……元體攝相以顯用，故流為陰陽。」乾坤由元體所判，陰陽由元體攝相顯用所流，方東美註明陰陽不是陰陽五行的陰陽，祇是翕闢之勢。元體判為乾坤，故有乾元和坤元，乾坤是兩體或是一體之兩用？按理說應是兩體，兩體顯用乃有陰陽，陰陽祇是生命的翕闢兩種形式。從分析方面去分析，方東美對生命的解釋，則嫌籠統。然而這就是方東美所講中國哲學的玄妙，祇能體會，予以神會，而不能加以分析，以免肢體破碎，生命成為僵屍。

方東美解釋生命，特別由時間去解說。

「顯然地，作為『時間人』典型代表之儒學，自不免要將一切事物，——舉凡自然之生命、個人之發展、社會之演變、價值之體現，乃至『踐形』、『盡性』、『參贊化育』……等等，——一律投注於『時間』鑄模之中，以貞定之，而呈現其真實存在。

問題關鍵是：何謂『時間』？蓋時間之為物，語其本質，則在於變易；語其法式，則後先遞承，賡續不絕；語其妙能，則緜緜不盡，垂諸久遠而蘄向無窮，……性體實有，連緜無已，發用顯德，達乎永恒。職是之故，在時間動力學之規範關係中，易經哲學賦予宇宙天地以準衡，使吾人得以據之而領悟瀰貫天地之道及其秩序。㈢」

方東美把時間和變易同位化，時間代表變易，也可以說時間就是變易；因為變易由時間而顯，時間由變易而成，為研究變易，須由時間去研究。由時間然後得知變易的秩序，由秩序得窺變易的性質。方東美既以生命爲『易』，時間的本質爲易，時間的本質便是生命，這又是體用不分的思想。

易經非常看重時間，在六十四卦的「爻辭」和「象曰」中，重複地肯定時間意義的重大；因爲變易在時間內進行，方東美說：「蓋時間之眞性寓諸變，時間之條理會於通，時間之效能存乎久。生化無已，行健不息。……時之化，形於漸而消於傾。其成也毀也，故窮；窮而能革，則屈往以伸來。……時之遯，隱於退而趨於進。其分也成也，故亢；亢而欲得，則藏往通今以通泰，變更往復，退而實進，通而爲一。……時之運，資於亡而繫於存。其喪也得也，故恒；恒而能久，則前者未嘗終，後者已資始，後先相續，至於無極。(三八)」

時間本不是實體，沒有方法可以去解釋，祇有從時間所代表的變易去解釋。但是對時間的解釋，卻是對變易本身的解釋，也就是對生命的解釋。所謂「時之化」因窮而革；「時之遯」由退而爲進；「時之運」以止而繫存；故屈往伸來，變更往復，以趨於恒。這些列出來的時間特性，不就是宇宙生命的特性嗎？生命是變易，神妙莫測，祇能從時間的歷程，以觀察生命的歷程和效率。變易雖也在空間進行，然而空間須涵蓋在時間以內，因爲沒有時間，空間的變化沒有變易的可言。因此，生命可由時間去解釋，然而生命究竟不是時間。

六、中國哲學的通性

在方東美先生演講集收有一篇文章，題爲「中國哲學之通性與特點」，在方氏的著作裏有中國哲學之精神及其發展，（這部書原文為英文，中譯上冊已出版），在這兩種著作裏，方東美詳細討論中國哲學的通性，在其他著作中，幾乎每篇都接觸到這個問題。所以這一點在方東美的哲學思想裏，應該佔一個地位；講他的哲學思想時，加以說明。

所謂中國哲學的通性，是從儒釋道以及墨家各派的哲學思想裏，提出共通的特性，這些特性可以代表中國的哲學思想，和西洋的哲學思想相比較。

在「中國哲學之通性與特點」一篇文章。在開端，方東美寫了幾句很有詩意的導言：

「中國哲人中，儒家意在顯揚聖者氣象，道家陶醉於詩藝化境，佛家則以苦心慧心謀求人類精神之靈明內照。要之，道家放曠於空靈意境之中，逍遙自得，宛似太空人之翱翔太虛，儒家豁達大度，沈潛高明，兼而有之，其於天人之際，古今之變，處處通達，造妙入微，期能踐驗高超理想於現實生活。佛家則蘊發慈悲，悲以疾俗憫人，慈以度人救世，苦心化為大心，慈心於以落實。(三九)」

從這段緒論就可以看出中國哲學最基本的通性，在於以哲學研究人生。第二個通性，由宇宙說明人生，以宇宙人生爲一整體。第三個通性，在講人生都求超越現實宇宙而進入一理想宇宙。第四個通性，這種超越不外乎人性，而在人性之內。

以下就這幾點，加以說明。

1. 研究人生

中西哲學的不相同點，最基本的就是彼此所研究的對象不相同；西洋哲學研究宇宙萬物的眞理，中國哲學則研究人生之道，人生就是生命，且是生命的最高點：

「中國哲學同西方的哲學，尤其近代西方哲學，有一個顯著的差別。西方的思想要從思想的客觀系統中設法子把人的性情品格情操化除掉，於是依據方法學或邏輯把他所要成立的思想，以客觀的論證一層一層地顯現出來。但是在東方的哲學裏面，尤其在中國哲學，如宋儒小程子說：『有有德之言，有造道之言。』換句話說，有德之言是聖人之言，造道之言是賢人之言。在中國哲學不是只把思想與觀念系統表達出來就達到目的；中國哲學的中心是集中在生命，任何思想的系統是生命精神的發洩。㈣」

中國哲學由宇宙看人，人爲宇宙的一部份，人的生命爲宇宙變易的繼續，研究宇宙，必要研究變易，就研究生命；研究生命，必定研究人的生命，因此中國哲學無論儒家、道家、佛教，都以研究人生爲對象，以求人生的提昇。方東美講研究中國哲學的途徑，他說：

「中國哲學不管向那一方面發展，都有共同精神，形成中國哲學的同一性，這不是憑空而來，乃是由哲學家心靈深處激發出來的。假使要問：所有這幾派中國思想，其代表者本人的內在精神是些什麼？簡單說來，這種種不同的精神都集中在一點，就是表現在：向人性深處去了解，然後體會人性本身與其一切努力成就，處處可以看出人格的偉大。㈣」

向人性深處研究，卽是研究人的生命和人的生活。由人性而知人，由人性而知人的生命，由人性而知人生之道。這就是中國哲學的基本通性。

2. 宇宙和人生為一整體

方東美最強調這一點，認爲中國哲學的基本特點，在於以宇宙爲一整體，由整體而透視人生；西洋哲學則是分析，則是疏離。中國哲學的各派，儒釋道都以宇宙和人生互相貫通而又與萬物旁通，成一整體。方東美用孔子的一句話「一以貫之」代表這種特性：

> 「這三類哲學都在不同的形式之下，沒有把宇宙當作一個孤立的系統，也不把它當做抽象的機械系統，也不把它當做貧乏的系統，它要旁通到宇宙各種真象，把宇宙各種真象顯現出來，把人生各方面的意義與價值顯現出來，然後形成一個統一的理論，這是第一個所謂『一以貫之』的精神。㈣」

這個『一以貫之』不僅是一種方法，而是一種相同的內容，即是宇宙爲一個生動的宇宙，萬物互相連繫，人不能疏離，更不能孤離。

「由中國哲學家看來，人常在創造的過程中，隨著宇宙創造的生力渾浩流轉而證驗其程度。㊸」

儒家以天地人三才合成宇宙，整體流動。生命在宇宙中流轉，按照天道地道人道而行，道家以道在萬物，元氣流行，形而爲一，佛家以「事理相融」，萬法爲眞如的表相，表相入於眞如。

方東美說「一貫之道」的共同內容爲「道」。

「在儒家就是道論：講天道、地道、人道：用周易的名詞卽所稱『三極之道』。㊹」

「道家所講的道，是超脫解救之道。㊺」

「佛家的道論，有二條路，可分為兩方面：一方面是束縛道，第二層所講的是解放道。㊻」

儒釋道所講的道，同是使人和宇宙貫通相合爲一，儒家講天人合德，道家講天人合氣，佛家講萬物和眞如一體。三家哲學思想都在求宇宙貫通之道。

「是故中國哲學精神之顯揚，恆以重重統貫之整體為中心，可藉機體主義而闡明之。作為一派形上學理論，機體主義可自兩方面著眼而狀摹之，其特色如次：自其消極面而言之，機體主義：

㈠ 否認可將人物對峙，視為絕對孤立之系統。

㈡ 否認可將大千世界之形形色色化為意蘊貧乏之機械次序，視為純由諸種基本元素所輻湊拼列而成者。

㈢ 否認可將變動不居之宇宙本身壓縮成為一套緊密之封閉系統，視為再無可以發展之餘地，亦無創進不息生生不已之可能。自其積極面而言之，機體主義旨在統攝萬有，包羅萬類，而一以貫之；當其觀照萬物也，無不自其豐富性與充實性之全貌著眼，故能『統之有宗，會之有元』，而不落於抽象與空談。宇宙萬象，賾然紛呈，然剋就吾人體驗所得，發現處處皆有機體統一之跡象可尋。諸如本體之統一，存在之統一，生命之統一，乃至價值之統一等。進而言之，此類紛披雜陳之統一體系，抑人感應交織，重重無盡，如光之相網，如水之浸潤，相與浹而俱化，形成一在本質上彼是相因，交融互攝，旁通統貫而廣大和諧之系統。㊷」

上一段長的引文，很明白的表現方東美的思想，他肯定中國哲學有『統一』的通性。宇宙萬物乃一整體，不可分割。所以不宜於西方哲學的分析研究法，好比一個活人不能解剖；解剖了的人，已不是活人而是僵屍。

3. 超越現實

中國哲學同在講人生；人生在現實世界，現實世界形形色色，都是單體物，雖不都是對立矛盾，然也不是常相貫通。而且形色的物質，造成界限，建立貫通的障礙。爲能互相貫通，須要超越現實，邁進一精神境界。儒家以心靈和天地相接，參加化育萬物的妙工，道家主張隳棄形骸，以進入空靈的世界。佛教教人空觀一切，唯視眞如，明心見性，成佛而入涅槃，這種種精神生活同在求超越的理想生活。

「第三種通性——『人格的超昇』。(四八)」

『關於這一點，我以前提到儒家、道家、佛家、新儒家的思想的時候，我們曾從許多具體的方面觀察，而現在我們只是簡略地提出來：就是人格的發現不是以現實為止境，現實只是一個出發點。只是我們根據人性的才能，把它大而化之。如在儒家，都要把人從常人變作士，從士變作賢，從賢變作聖，從聖變作大聖；這是儒家對於人格向上面超昇的一條路徑，不達到大聖的地位，即認為人的成就沒有發展到理想的階段。同時道家也說：『不離於宗』，就是莊子中的天人、至人、神人、聖人，也是向人格的理想發展這一方面去發展。在佛家中，現實的人是一個顛倒的人，……所以每一個人在知識上面要自我解放，在能力方面也是要求自我解放，提出一個高尚的理想，……一個人是一個凡夫，每一個人都要超凡入聖，聖還有許多品格：初步、深度、高度解放的人，悟入一真法界，做了菩薩、阿羅漢、大菩薩，然後再成佛；如此把人性發揮到一個最高的最光明的精神階段，變成佛性。……像這一種思想在中國哲學上面是第三種通性，叫做人格的超昇。(四八)」

方東美提出儒道佛人格的超昇，簡略地舉出要點，人不能封閉在現實生活裏，必要超出物質以上。在古代物質生活簡單，不足以吸引有志之士，有志之士便理想一種精神生活，在現在物質生活的享受足以吸引所有的人，則超昇的理想似乎看成爲幻覺，或被鄙爲迂闊。

4. 人性的內在價值

方東美常責備西洋宗教講人性的超昇，要使人超出自己的人性而飛向神性的上帝，否認了人性的內在價值。中國哲學的另一種通性，在於肯定人性的內在價值，人性的超昇，是人性在自己內部的超昇，不是使人性離開自己。

「茲據儒家文獻原始資料而觀之，其形上學體系含有兩大基本主要特色：

第一，肯定乾元天道之創造力。

第二，强調人性之內在秉彝，卽價值。(五十)」

不僅儒家是這樣，道佛兩家也同具這種特色。莊子雖主張齊物論，但是他很看重人性的超昇力。佛家本來否認人性的價值，以我爲假我，然而主張明心見性，在自心尋到眞我。

「這主要的固然是中國各家的哲學家，從大體上看，多多少少地帶有人本主義；而一個學術的思想系統離不掉人在生活上面所顯現的精神，假使這一點是正確的話，在中國各派哲學中，後面都有一個活生生的人格在那兒呼之欲出！道家、儒家、佛家、新儒家均如此。……所以在中國思想上面，一字一句都要引歸身心。㈢」

中國哲學既以人和宇宙結合爲一整體，宇宙天地之道爲生生不息，生生不息乃是善，易經說：「一陰一陽之謂道，繼之者善也。」人性卽是人道，人道由天地之道而分流，人性便應該是性。中庸講人生之道在於盡性；盡己性而盡人性，盡人性而盡物性，盡物性而參天地之化育，「與天地合其德」，成爲大人，這都是人性的發展。

「我們尊敬生命的神聖。我們站在整個宇宙精神之前，呼號大家本於人性之至善，共同向最高的文化理想邁進。也就是為了這個原因，傳統的中國思想不受原罪的干擾，而且相信憑著我們的純潔、莊嚴的本性，可以得到精神的昇華。中國人的思想是獨一無二的，絕不會如牛津大學的陶滋(Dodds)教授所說的，像西方人那樣背負著『罪戾的文化』的傳統，而感覺命運的沈重。㊂」

中國古人是樂觀的人，孔子乃是「樂以忘憂，不知老之將至。」莊子常是幻遊天際，傲視人間。惠能禪師認爲本來沒有靈鏡臺，沒有塵埃可拂。因而都沒有罪惡感。但是孔孟都知道人有情慾，力求克慾，佛敎多主張絕慾。中國哲學對於人性善惡問題，爭論了一千多年，從這裏可見中國古人在生活上知道有罪惡，在思想上也知道有罪惡，並不能憑著人性的至善，達到純潔的昇華境界。中國儒釋道對於修養，克慾、避世、入叢林爲僧，常是甘苦備嘗，深感情慾的重擔，就連孔子要到了七十歲纔說『從心所欲不逾矩。』

七、華嚴哲學

方東美的著作，最近出版的，都是他在輔仁大學的講義，由學生們錄聲、筆記、整理。出版時，他已經去世了。已經出版的有華嚴宗哲學上下册、原始儒家與道家、新儒家哲學十八講。在這些講義裏，最能代表他對中國哲學的高深見解的，要推華嚴宗哲學一書。

「佛學之華嚴宗一派，基於『大方廣佛華嚴經』，既為宗教又為哲學。作為一種宗教，它把原始典型的『毘盧遮那佛』(Buddha Vairocana) 視為無限本體，其作用一方面展現於文殊的高超智慧，他方面印證於普賢的偉大願行，兩者一體俱融，因圓果滿，形成新財童子所代表之未來新佛。這種毘盧遮那的璀燦光華，暉麗萬有，普照寰宇，構成佛的『法滿』，融攝於人的內在本性，使他獨昭異彩，自成正覺之核心。

作為一種哲學，華嚴宗體系發為一種理想唯實論 (Ideal realism)。那廣大悉備的『一真法界』將佛之正覺精神具現為心靈之普遍存在，分殊為以下四界：(1)差別的事法界，(2)統貫的理法界，(3)交融互攝的理事無礙法界，(4)密接連鎖的事事無礙法界。宇宙之源，起於『無窮』，含賅無數的事與遍存的理，在事攪理成，理由事顯之相融相卽的歷程中成就宇宙萬法。進而使諸差別境界一體俱化，攝歸於無差別境界之圓滿實相。於是萬般世界的脈絡與一切人生的際遇皆由之取得充實意義，共沐於旁通統貫的諧合之中。(三五)」

這一段話代表方東美對華嚴宗的解釋和評判。他講華嚴宗就從這兩方面去講，處處表現他對華嚴宗的重視、欣賞和崇拜。他雖不相信任何宗教，但對佛教華嚴宗非常欽佩。

他指出華嚴經形成的宗敎精神，在於「行布」和「圓融」。「行布」是精神修養的過程，一步一層地向上升，經過「十地」的階級，最後達到「圓融」，使人的精神發展到最高點，以性融相，一位之中可融具一切位。

「所以在六十卷華嚴經十地品或離世間品裏面，我們看無量數的菩薩聯合無量數的衆生，然後一個一個地在那地方入定，取得精神上的神秘境界，自在圓融無礙，然後一個一個地攝受：大菩薩攝受佛的精神；菩薩攝受大菩薩的精神，衆生攝受菩薩的精神。……在這樣的一種情況下，我們才可以了解無窮的華嚴世界裏面的組織、形像以及結構。然後在這裏面可以安排生命的層次。這些各種不同的生命層次一被安排，之後，其中最具體也最顯著的就是在菩薩十地裏面，因為「十地品」就是在說明所證的地地昇進的現象。(三四)」

因此，華嚴的精神能夠跟儒家的精神相符，由士到賢人，由賢人到聖人，由聖人到大人，步步上升，精神和宇宙相合。佛敎看來講「空」，華嚴由三論宗到達實體論，空亦不空，有亦不有，最後透視眞如和萬法相融。

「就在這時候，再從果追溯到原因，再把華嚴大經同般若大經結合起來，然後透過在大乘終教裏面所謂的『三性、三無性』的工夫，而做到畢竟空的境界，以取得般若經裏面的最高智慧光芒，然後再追訴到那個離言絕相的領域，再拿那個修持的方法，來融貫那個最高的智慧到我們所要閱歷的各種境界裏面，也就是把智慧再度射到華嚴世界裏面來。這樣子一來，我們就可以說，儘管我們所面對的是一個極美麗的世界，但是我們對於那個極美麗的世界並不做任何幻想，也不做誤解，也不停滯在那個領域裏面，如此我們所獲得的智慧，才能行其所無事。(55)」

我常說華嚴的觀法，是如同一個人登泰山，每上一層看周圍的景物都不同，到了山頂，則是「登泰山而小天下」看到眞如，由眞如再看萬物，有又是空，空又是有，一卽一切，一切卽一，一入一切，一切入一。世事本是空，卻有實際意義，實際意義在本身是生滅，從眞如去看，卻是永恒。

華嚴第二祖智儼大師講「法界緣起」，實卽「法性緣起」，乃是構成佛性的根本原因。方東美稱「法性緣起」爲「德性緣起」，把宇宙裏面的一切差別，在「海印三昧」中轉映出來，變做一個永恒不變的畫面。

「所以從這一點看來，我們才把它稱之為『德性緣起』，而且認為這個『德性緣起』是一個理論的出發點，……因為如果要講華嚴宗哲學的話，就必須先把各種差別境界都完全透徹過來，然後大發菩提心去體驗現實世界的無常，世間是不能久留常住，然後發起追求宇宙人生的究極真理，效法釋迦牟尼的修道過程，從十信、十住、十行、十迴向、十地等覺等都一一經歷，過來之後，最後要有一個最高智慧的總合，這就是所謂的『華嚴大定』。……以華嚴經的名詞來說，就叫做『海印三昧』。㈤」

方東美稱讚華嚴宗的宗教觀，因爲它不是一個僅僅超越的宗教，而是把最高超越的理想，迴向到每一個有情的心裏，從每一件事物上，都實現出來。他批評一些宗教，當然天主教也包括在內，『只是專注在他生他世的超越世界裏面。㈦』這是他對於天主教的精神生活沒有入門研究過。他生他世的超越世界，先可在現世人心裏開始，否則絕對不能上昇。

我簡單提要地講述了方東美的哲學思想，從我所講的可以看出他是民國時期裏最有哲學思想的學人。他領悟了中國哲學的精神，提出幾千年傳統的精華，以生命思想作中國哲學的主流，『一以貫之』。在他的理想中，宇宙是一個生活而合諧的宇宙，人和宇宙相連，昇到天人合一的境界，構成高度的精神生活，可惜他常留在理想界裏，以詩人和文人的文章表達思想，不免有籠統不很明確的陰影。但雖有這種中國哲學家傳統的缺點，他仍舊是民國時期少見的哲學者，對於當前中國哲學界的影響也大。

註

(一) 方東美 哲學三慧，收於生生之德書中，頁一三八，黎明文化事業公司，民六十八年。
(二) 方東美 黑格爾哲學之當前難題與歷史背景。收於生生之德書中，頁一八九。
(三) 同上，頁一五一。
(四) 哲學三慧，同上頁一三八。
(五) 同上，一三八——一三九。
(六) 方東美 中國哲學之精神及其發展（上）孫智燊譯，頁四四，成均出版社，民七十三年。
(七) 方東美 中國形上學中之宇宙與個人，收入生生之德書中，頁二八四。
(八) 同上，頁二八七。
(九) 哲學三慧，生生之德，頁一四六。
(十) 方東美 中國哲學對未來世界的影響，方東美先生演講集，頁一四〇，黎明文化事業，民六七年。

(十一) 同上，頁一六。

(十二) 同上，頁二〇—二四。

(十三) 中國哲學之精神及其發展（上），頁二八。成均出版社，民七三年。

(十四) 同上，頁三〇。

(十五) 同上，頁三〇。

(十六) 中國哲學對未來世界的影響，方東美先生演講集，頁二五，黎明文化事業公司，民六十七年。

(十七) 同上，頁二六。

(十八) 從宗教、哲學、與哲學人性論看「人的疏離」，生生之德，頁三五六。

(十九) 生生之德，頁三五二—三五三。

(二十) 生命悲劇之二重奏。生生之德，頁六五。

(二一) 中國形上學中之宇宙個人。生生之德，頁二八九。

(二二) 生生之德，頁二九二。

(二三) 中國哲學之精神及其發展（上），頁一五六。

(二四) 生生之德，頁二九九。

(二五) 同上，頁三〇〇。

(二六) 同上，頁三一一。

(二七) 同上，頁三一四。

(二八) 中國哲學之精神及其發展（上），頁一五五。

(二九) 同上，頁一二三。

(三十) 同上，頁一四九。

(三一) 同上，頁一五〇。
(三二) 同上，頁一五六。
(三三) 同上，頁一五八。
(三四) 同上，頁一六〇。
(三五) 同上，頁一六一。
(三六) 哲學三慧，生生之德，頁一五三。
(三七) 生生之德，頁二九〇。
(三八) 中國哲學之精神及其發展（上），頁一四八。
(三九) 方東美先生演講集，頁四五。
(四〇) 同上，頁七九。
(四一) 原始儒家道家哲學，頁一三。黎明文化公司，民七十二年。
(四二) 方東美先生演講集，頁四九。
(四三) 生生之德，頁二七一。
(四四) 方東美先生演講集，頁四九。
(四五) 同上，頁五一。
(四六) 同上，頁五六。
(四七) 中國哲學之精神及其發展（上），頁三二。
(四八) 方東美先生演講集，頁六一。
(四九) 同上，頁七二。
(五〇) 中國哲學之精神及其發展（上），頁一二三。

(五一) 方東美先生演講集(上),頁七九—八〇。

(五二) 生生之德,頁二七九。

(五三) 同上,頁三四五。

(五四) 華嚴宗哲學,上册,頁二四六。黎明文化出版,民七十年。

(五五) 華嚴宗哲學,下册,頁四二二。

(五六) 同上,頁四四二、四四三。

(五七) 同上,頁五一二。

第七章 唐君毅的哲學思想

在民國時期，整理中國哲學，唐君毅應該算是有功的哲人，不是在考據方面整理古籍，而是在思想上整理了中國古代的哲學思想，使古代所有的重要哲學觀念，有確定的意義。方東美對於中國哲學提出了並發揮了中國哲學的精神，唐君毅則分析了並綜合了中國哲學的觀念，兩人對於研究中國哲學都有很大的貢獻。

唐君毅四川宜賓人，先世籍屬廣東五峯，六世祖移居四川。他生於民國二年二月三日，幼時從父親唐廸風讀書。廸風爲前清秀才，後來從學歐陽竟无，曾著孟子大義一書。

唐君毅十一歲，入成都省立第一高小。十六歲，陪母親和妹弟到南京歐陽竟无支那內學院尋找父親。十七歲曾讀中俄大學，旋卽轉入北京大學。十八歲，入南京中央大學哲學系，受學於方東美教授。廿歲，休學一年，回成都。廿三歲，畢業於南京中央大學哲學系。廿七歲，在母校中央大學任講師。廿八歲，在西南大學任教。卅七歲，應廣州華僑大學之聘，八月逃難赴港，四十一歲（民國卅九年）和錢穆、張丕介、程兆熊、崔書琴在香港創辦新亞書院。民國五十二年，五十四歲，新亞書院併入香港中文大學。五十七歲，就任中文大學講座教授。六十五歲，以哲學講座教授從中文大學退休，繼續任新亞研究所所長。六十六歲，應臺灣大學之請，任哲學系客座教授。六十七歲，秋，得胃癌，行手術。民國六十七年二月二日病逝，享年七十歲。

民國四十八年出席夏威夷「東西哲學人」第三次會議。民國五十四年出席韓國漢城高麗大學「亞洲近代化會議」。民國五十九年出席哥倫比亞大學在義大利所召開「中國十七世紀思想會議」。民國六十二年出席夏威夷「王陽明五百年紀念會」。在每次學術會議都發表論文。

唐君毅的著作很多，每册頁數也很厚，文字的句讀還很難。能讀完他的著作的人不多。在臺北學生書局出版者，有下列十六種

人生之體驗。　人生之體驗續編。

心物與人生。

人文精神之重建。

文化意識與道德理性（上下）
中國人文精神之發展
哲學概論（上下）
中國哲學原論導論篇
中國哲學原論原道篇 卷一
中國哲學原論原道篇 卷二
中國哲學原論原道篇 卷三
中國哲學原論原性篇
中國哲學原論原教篇（上下）
中華人文與當今世界
道德自我之建立
生命存在與心靈境界㈠

一、哲學的意義

民國四十八年，唐君毅作「哲學概論」一書的自序，說明他講哲學概論，在各大學講授，前後不下二十餘次。既講哲學概論，便不能不講哲學的意義。他在自序裏說：

「本書對哲學定義之規定，以貫通知行之學為言，此乃直承中國先哲之說。而西哲之言哲學者之或重其與科學的關係，或重其與宗教之關係，或重其與歷史及文學藝術之關係者，皆涵攝於下。㈡」

哲學概論第一部第一章，題爲哲學之意義，他先提出西方哲學對於哲學的意義，由希臘文愛與智兩字相合而成，蘇格拉底自稱「愛智者」，認爲自己一無所知，乃愛找求眞知。後來從中國歷代的學術中，提出他對哲學所有的意義。

「哲學之所以為哲學，就是要了解各種學問之相互關係，及其與人生的關係。……只是在上述各種學問之外，人必須有一種學問，去了解此各種學問可能有的關係；把各種學問，以種種方式之思維，加以關聯起來，貫通起來，統整起來；或將其可能之衝突矛盾，加以消解。這種學問，可以說是在各種學問之間。亦可以說在各種學問之上，或各種學問之下。總之，這是人不能少的。這種學問，我們卽名之為哲學。㈢」

唐君毅所說的學問，包括人所可知可行的全部知識。可行之學，有生活技能及生活習慣之養成之學，有藝術及身體之遊戲一類之學，有道德實踐之學。可知之學，有歷史之學，有文學之學，有科學之學。

「人在知道人間有各種學問時，人卽同時承認了，肯定了，此各種學問之分別存在。然而人之能同時去如此如此加以承認，加以肯定之心，人却可直覺其是一個整個的心。人以一整個之心，去承認肯定各種學問之分別存在時，人卽可不安於分別存在者之只是分別存在，而要求加以關聯貫通統整起來，銷除其間之可能看之衝突矛盾，以與此整個之心相印合。

同時，人於此又可想到：此一切學問，旣都是人造的，卽都是連繫於人生之一方面的；如果人生之各方面，不當亦不必相衝突矛盾，而當為亦可為一統一和諧的整體；或我們願望有一統一和諧的人生，則此一切學問，在實際亦當可有某一種關聯貫通之處，能為我們所求得。由是研究其如何關聯貫通之哲學，卽不會全然徒勞無功。㈣」

唐君毅對哲學的解釋，有幾點重要的思想，學問都是人對事物的認識，認識由人心所造。人對於這些認識所成的學問，力求一貫。一貫之道，在學問與人生的關係。人心是一，人生是一，各種學問智識也當一貫，求一貫之學，乃是哲學。哲學所以是人生關係之學。

「而當人只各求在一專門學問上，至乎其極，以至往而不往時，各種學問間，都有趨於彼此分裂之勢。而此分裂之勢，為我們所覺時，我們卽多直覺其與我們每人所具有之整個的心之整個性，所願望的人生之統一和諧有如相違反。而由此違反之直覺，遂使我們改而更自覺的，求化除各種學問之分裂之勢；而更自覺的求各種學問之關聯貫通，以回復我之心靈之整個性，求達人生之統一和諧。此卽人之哲學的需要，在人生各種學問成立後，反可更感迫切之理由。㈤」

哲學爲求各種學問一貫之道，當然爲一正確的主張。在目前各種學問分裂非常明顯，而又各走多精密的區分時，社會的人生眞正感覺到互相分裂。需要哲學與以關連，與以貫通。但是我們中國傳統的哲學觀念，乃是求人生之道，易經講天道地道人道，以天地之道統攝人道，由人性而顯。中庸說：「天命之謂性，率性之謂道，修道之謂教。」(第一章) 修道之教即是教育，教育所教爲人生之道，人生之道即是哲學。唐君毅講哲學的意義，由人生與萬物的關係而言，中國傳統的哲學意義，由人生的本質而言。由人生的本質言，哲學的內容以人生爲主體，上溯人生的來源，即宇宙乾坤，下降至人生的實踐，即修身進德，由人生和各種學問的關係而言，則哲學內容就更複雜了。

「我們可以說，哲學是人之整個的精神活動之表現。因其目標在將人之各種分門別類之學問，關聯貫通，將人之各種知識界、存在界、生活行為界、價值界關聯貫通，以成就一整全之宇宙觀與人生觀。但哲學要將各分門別類之學問，以各種知識界、存在界、生活行為界、價值界關聯貫通，則哲學本身亦必須涵具各方面之問題、各方面之內容，以與各種學問、知識界、存在界、價值界之各方面發生關係，以成就此會分歸全之大業。哲學欲成就此大業，則須依其各方面之內容，以分為各部門，而暫同於一般之分門別類之學。㈥」

因此，唐君毅按照西洋哲學之分類，分爲：名理論、形上學、人道篇、價值學、文化哲學、哲學之方法。

名理論卽爲知識論，在說明何謂知識，按照西洋哲學，由語言、官能、方法、眞理、分章敍述，沒有特別的主張。

對於形上學，唐君毅特別標明天道論，以天道論爲形上學，這一點和西洋的形上學不大相同。西洋形上學以「存有」爲研究對象，討論萬有共同之道，萬有共同之道卽是「有」。唐君毅對於形上學的意義，以爲就是討論萬有共同之道：

「我們稱形上學或天道論，為討論全體或一切實有事物之所共由之道，或普遍之原理的一種哲學。(七)」

他旣是講哲學概論，便提出各種對萬有共由之道的哲學分章敍述，他自己並沒有說明他對形上學的內容所有的主張，他敍述了純現象的形上學、以有的形上學、以無的形上學、理型的形上學、有神論的形上學、唯物論之形上學、二元論的形上學、泛神論的哲學、一與多的哲學，斯賓塞的進化哲學、柏格森的創造進化論的哲學、突創進化論的哲學、相對論的哲學、懷德海的有機哲學。所有各章敍各派的主張，稍加評論，但不能得知他本人的形上學思想，只有片斷之思想表現在各章的評論裏，例如對於現象形上學：

「而此亦卽所以使吾人之心思與實有之現象，真正接觸遭遇，而還至直接經驗與親知之世界者。人在本其向外求知識之心，以上窮碧落，下達黃泉；而發現其一切推測假定無不可能錯誤，並於此四顧茫茫，無所依止之時，卽有回至此直接經驗之呈現者之前，以求一當下之依止之傾向。此直接經驗之呈現者之來，吾人果無所排拒，無定執定，其內容亦卽為無量無邊，而此亦卽可為一最廣大之真實世界觀。(八)」

唐君毅並不接受現象論形上學，他認爲人心必然追求現象後面之理，以肯定現象之價值，是實是虛。「此種現象主義之形上學，是要否定一切非現象或超現象者之存在。(九)」這不是「常情所能安。」(同上)

對於儒家的形上學，唐君毅主張以生生之天道爲中心，由天道和天德而到人心和人道。

「儒家之形上學，主要在其天人合德之理論。……儒家天道論，和老莊天道論之明顯不同，在於老莊善游心於「物之初」、「未始有物之先」，此根本態度為超物的，亦重『無』的。而儒家的天道論，則初為直對當前之天地萬物，而言其生生與變易。此根本態度為卽物的，亦重『有』的。(十)」

以儒家形上學建基在易經，易經以生生變易爲中心，乃爲正確的思想。儒家重有，道家重無。這種有和無，和西洋的有和無，在哲學上，意義不全相同。

「中國形上學，在本體論方面之主張，我們曾說其亦是與人生之實踐論不相離的。換言之，卽以形而上之存在，須以人生之修養工夫去證實。而中國先哲之遵循此原則，以言心性與天道等形上學之問題，又有更較印度人為徹底之處。(十一)」

儒家倫理學和形上學的關係，非常密切，形上學乃是倫理學的基礎。從易經講天地人三才，又講天道、地道、人道，就可以看到這一點。看來，儒家似乎祇有倫理學，沒有形上學，實際上易經的「生生」，就是儒家的形上學。唐君毅在略述儒家歷代之心性思想後，說到明末黃道周的思想，他作結論說：

「此黃道周所說，與其他宋明儒者所說，皆非只由猜測推理所得之形上學，而是由說者自己之修養工夫，而將吾人之日常生活中之心靈，去其人欲渣滓，而使其所根之本心本性，全部昭靈呈顯，發用流行時所見。而此時之見得此心之為天地萬物所賴以得呈顯而存在之宇宙觀，亦為實證之所得。(十二)」

再從倫理學去看形上學，倫理學乃形上學的實際證明，這種證明，不是推理的證明——由宇宙形上天道之存在的假定，推到日常生活的實踐；而是一種相反的途程，由日常生活所直覺體會的人道，而得到形上宇宙的天道，中國哲學不用分析的推論，而由實踐的直覺體會。

哲學的最後一部份，唐君毅稱為人道論，同時標為價值論。人道論的價值論，包括倫理學卻又大於倫理學，價值論包括人生哲學卻又廣於人生哲學。唐君毅以倫理學「指研究道德根本原理，與道德之意志行為之目標及善惡及正當、不正當之標準之學。(十三)」人生哲學「則為以整個人生之意義、價值、理想，為反省之所對之學。」(同上)價值學「則為一切價值——其中除人生價值外，兼可概括其他自然價值等——為研究之對象者。」(同上)人道論則包括以上各項學術，『諸名之義，互相略有出入。然皆不離人之所當知、當行，以成其爲人之道。故皆可統於人道論之一名中。』（同上）他在人道論裏，專門研究價值論，如價值之意義、存在、選擇，最後乃討論人道的實踐。

唐君毅以哲學爲貫通各類學術，貫通之道則不離人；因知識爲人心所造，人心的活動卽人生的活動。

二、中國哲學原論

歷代中國學者對於中國學術的整理，有漢代與清代的經學。漢代當秦始皇焚書和項羽火燒阿房宮存書之後，漢代學者對於古代經典乃有口述筆記和註疏的工作。清代當宋明理學新與儒學之後，讀書人多不明古籍的流傳歷史，乃有考訂的著作，故古代學術的整理，歷代都認爲是在考訂和註釋，但是哲學的思想常以哲學家的思想爲主，思想乃每人心靈的思索，不受前代人的拘束；因此哲學的名詞，不能靠考據去解釋。

中國古代哲學家所用名詞，數目不很多；然而同一名詞在不同作家和不同時代中，意義常不完全相同，爲整理中國哲學名詞的意義，旣不能單憑考據，也不能僅靠辭典，必須綜合各家對於哲學名詞的意義，分析研究，才能得有結論。唐君毅便在這方面費了無限的心血，寫了八册「中國哲學原論」。

「唯時感中國哲學之中，環繞於一名之諸家義理，多宜先分別其方面、種類與層次，加以說明；而其中若干數千年聚訟之問題，尤待於重加整理。說明與清理之道，一方固當本諸文獻之考訂，及名辭之訓詁，一方亦當剋就義理之本身，以疏通其滯礙，而實見其歸趣。義理之滯礙不除，歸趣未見，名辭之訓詁，將隔塞難通，而文獻之考訂，亦不免唐勞寡功。清儒言訓詁明而後義理明，考覈為義理之原，今則當補之以義理明而後訓詁明，義理亦考覈之原矣。

……

此依名辭與問題為中心，以貫通中國哲學，亦自有其困難。即哲學名辭之涵義，有廣有狹，問題所關涉，又可大可小。自其狹且小者言之，則凡有一哲學命題之處，即有其所用之名辭與一串問題，一一論之，非一人之力。又一名與他名之義相涵，一問題與他問題相生，殊難斬截劃分；則如對每一名義，每一問題，皆通全部哲學史而論，縱橫錯綜，必將不勝其重複。此則唯有就吾所視為其名之涵義最廣，問題之關涉最大者，擇出若干，普加孤立；而或通全史以為論，或選數家之言，以至一家之言以為論，於其義之相涉入者，則詳略互見；而要以既見中國之哲學義理，依其有不相之方面、種類、層次，而有不同之型態，實豐富而多端；而又合之足見一整個中國哲學之面目以為準。㈣」

唐君毅說明了寫中國哲學原論的目的和原則；目的，在於說明中國哲學名詞的義理，歷代哲學家所用同一名詞，意義常有不同；將這名詞在歷代各家的著作中所有涵義，綜合條陳、比較而予說明。但這種工作，決不是一人所可作完，因此，他就選擇中國哲學中幾個最重要又最普遍的名詞，詳加解釋，給研究中國哲學的人，能有入門的途徑，同時又能進入中國哲學的堂奧，明瞭中國哲學的精神。

在中國哲學原論導論，說明理、心、名、辨、致知格物、道、太極、命等八個名詞。在後來出版的六冊中，一冊原性，三冊原道，兩冊原教。

在中國哲學名詞的解釋中，所說多係中國哲學家的思想；但在選擇和解釋的文句中，常顯露本人的主張。故讀中國哲學原論，可以知道唐君毅對於中國哲學所有的看法和解釋，也就是他對中國哲學所有的思想。

「觀吾之此書所及，既已限在言說思辨之中，而未能無言無思以通聖境；於言說思辨範圍之內，又限在中國之哲學義理；於中國哲學義理之中，再限在即名求義之論述方式之內；於即名求義之論述方式之內，吾復以此少數之名之義為中心，以其他之名之義，環繞之以為論，而尋章摘句，又與世俗學者之蛙視無殊，真可謂立乎至卑至微之地矣。雖四意在下學而上達，其中亦自有及於高明之義，然其於聖之大道之全，誠如滄海之一滴，泰山之一毫。(十五)」

寫哲學原論，說明哲學名詞的意義，唐君毅認爲不是哲學家的事，「尋章摘句，又與世俗學者之蛙視無殊。」然中間能顯露他自己的哲學思想，因此『其中亦自有及高明之義。』

1. 原理

理，在中國哲學裏，所佔的地位很重要，祇要看宋明的儒學稱爲理學，理便有特殊的意義。唐君毅從哲學史的路線講述「理」的意義，首先說明「理」的名詞在中國學術上的遭遇。宋明學者都重理，朱熹、陸象山、王陽明、王夫之，雖對於理的意義有爭執，然都看重理。清朝學者反對理學，對於理學也加貶抑，惠棟著易微言，纂別古籍文句，解釋中國哲學名詞，把理字列在最後卷末。戴東原著孟子字義疏證，焦循著易通釋，以理爲次要的觀念。民初劉師培著理學字義通釋，依據漢以前理字的古訓，駁斥宋明理學家對理字的意義。現在翻譯爲歐美的哲學和科學引用理的名詞，在最多地方引用理字，生理、物理、心理，又如理學院，和中國古代哲學上的理字，意義又大不相同。唐君毅說『本文之目的，則望進此一步，對中國哲學思想史上，各時代所謂理之主要涵義之演變，與以一說明。(十六)』

「在先秦經籍中，易經上下經本及春秋經與儀理本文，皆未見理字。唯詩經南山有『我疆我理』一語。僞古文尚書周官有『論道經邦，燮理陰陽』一語，此二理字，皆明非一學術名詞。七十子後學所記論語及老子書中，亦無理字，在墨子莊子書，乃將理字與他字連用，以表一較抽象之觀念。今查孟子書中，理字凡四見。又據哈佛燕京學社所編莊子及墨子引得，莊子中之理字，凡三十八見，內篇中只一見於養生主一篇，墨子中之理字，則凡十二見。……然在七十二子後學所著之禮記中，則理字曾屢見，且甚重要。樂記中謂「『禮也者，理之不可易者也』，」及「天理滅矣」二節言理，蓋為十三經中最早以理為一獨立之抽象觀念，並憑藉之說明禮樂之文者。(十七)」

在先秦諸子中，說「理」最多的，該是荀子。韓非子也多說「理」。荀子說「理」，以理解釋禮；韓非子和法家說「理」，以理解釋法。「然偏自客觀之天地萬物之觀之言理，蓋初開啓自道家。道家思想可以莊子爲其代表。㈥」

「先秦經籍中所謂理，有不同種類之理。此中第一是韓非子解老篇及荀子之一部所謂為物之形式相狀而屬於物之形而下的物理。第二種是莊子所謂為物之所依以變化往來，存亡死生，而又超物之天理，天地之理，萬物之理。此為一形而上之虛理。此二者，皆可謂由人以外之客觀之天地萬物或自然世界而見者。第三種如墨辯所謂一命題判斷中之名是否合於實，及推理是否正當之理，此為屬於人之思想與言說中者。第四種是如孟子所謂由仁義行，而直感之行之悅心合義理之理，卽道德上之發自內心之當然之理。第五種荀子禮記所特重之文理。此五者中，前二說之出，較後之三說為晚。㈨」

唐君毅以中國古代所言的「理」，可以歸併到五種意義。後來加上「名理」，乃成六義。究其實在哲學思想方面，理是理由，理由則可以由各方面去看，因此意義不同。到了宋朝理學家特別注重性理，以理爲性，性和理相通。

「吾人今之問題，在性理之本質畢竟是如何？如何由其本質之了解，以見其別於其他之理？為簡單明白計，吾人可只引程明道之識仁篇之數語，加以說明：『學者須先識仁。仁者渾然與物同體，義禮智信皆仁也。識得此理，以誠敬存之而已。若心懈則有防。心苟不懈，何防之有？理有未得，故須窮索。存久自明，安待窮索？此道與物無對，大固不足以言之。』明道所謂仁是性理，亦即天理，亦即道。又曾言『吾學雖有所受，然天理二字，却是自家體貼出來。』吾人試就明道所言仁理，切實體驗一番，便可知此種理與其他種理之本質上之差別何在。(十)」

唐君毅以仁爲人內心之理，凡是人和人和物相接觸時都可以多少體驗到，所以不是空理，不是外在物理，也不是佛教所說破除執障而後見的心理。

在原理上下兩章的結論中，唐君毅認爲理性有六義，「在實際上總可加以關連統一起來者。誰關連統一之？如何關連統一之？此當然是一極難答之問題。然無論我們能答不能答，由此例證，卽已見面連統一起來，總是一事實。㈢」

2. 原　心

唐君毅在講「理」的意義時，常講到心，不了解心，決不能了解「理」。「吾意又以爲了解中國先哲之思想，首須著重其心之思想，以中國思想之所重，本在人，人所以爲人在其心故。㈢」因此，他在原心的兩章裏，述說孟、荀、墨、莊四子的「心說」。對於宋明理學家的「心說」，則沒有講。

「吾意孟墨荀莊雖同言心，而諸家之心中所謂『心』，實指不同性質之四種心，或今人所謂心之四方面。吾意孟子之心，要爲一性情心或德性心，宋儒卽緣此心以論上一文所謂性理，而其旨又不必與孟子同。墨子之心，要爲一成知識之知識心或理智心。而後之學者之言物理者，則又不必皆承墨子以爲論。至莊子所言之心則有二：一可借用佛家之名詞，稱之爲情識心，此爲一般人之心。一爲由此心而證得之常心或靈臺心。此爲一超知識而能以神明遇物之虛靈明覺心。凡人之言理而及於空理或遮撥義之名理性理，無不本於人之虛靈明覺心：而言此義之心與理者，又不必皆祖述莊子。荀子之心則一方面為一理智性統攝心，一方面為自作主宰心。可依荀子所謂『總方略，齊言行，一統類。』而名之為統類心。荀子之言統類心，意在成就社會之文理。凡言文理者，必本於一能統攝多方面之知與行之心以為言，然不必皆本諸荀子。此四心之名，為吾人有本而造之辭。㈢」

唐君毅隨卽詳細解釋這四種心。孟子講心，以表達性善。孟子以人心爲一涵有惻隱、羞惡、辭讓、是非之情，作爲仁義禮智德性心的根基。程朱言性善，由性卽理而言。王陽明言性善，以良知之知而言，孟子言性善，乃就人對於人心上所有直接的感應，以心而言性。又就人之所爲在自己的直接感應，這種感應爲心的直接安處悅樂。後來講修爲，就在於「有心」。

墨子似乎不注重「心」，但是他注重心之知。他所講的心，是理智心或智識心。理智心的特點，是人都相同。然與孟子的德性心不相同。墨子的理智心，對外物所起的「應」(反應、印象)，常留在心內，結成知識，而以判斷事物。孟子的德性心或性情心，對外物所起之「應」，不留於心，而直接表達於外，內外潤然，再者，墨子談兼愛，也是順著抽象理智，依類而行，向前直推，乃成兼愛之說。孔孟的仁心，則爲直接表現於人的具體生活的仁愛，不用推理而明。墨子又主張法天，以天爲愛與利的準則。「即一方面，墨子是要天下人皆兼相愛交相利，使每一人之所愛所利爲無限，而一人與一切人，皆發生兼相愛交相利之關係。而另一方面，則是使一切人間的關係，皆交會歸結於人與天之關係。㉔」

莊子談心，又和孟子墨子不同，一方面貶責世俗之心，稱爲「人心」、「機心」、「賊心」、「成心」。人不用理智，而祇用情感，使心滯留在外面事物之上，幸雜亂不安。另一方面，莊子主張洗滌「機心」、「賊心」，恢復人的本來面目。心的本來面目，乃光明洞澈，稱爲靈臺之心。『人由虛心、靜心、洒心，而見得此靈光常在，是謂「以其心，得其常心。」(人間世)「以心復心」，(徐無鬼)然此復得之常心，或靈臺心，初仍當只是一虛靜之觀照心，亦可名之爲一純粹之虛靈明覺心。㉕』這種心，對於事物，不以理智推論，而爲一種超乎理智之知，『此知之要點，一在知物之然，而不知其所以然……即不求理由原因之故之知，二在直知物，而不經印象觀念文字符號以爲媒介。㉖』

荀子言心，和孟子墨子莊子都不相同。荀子一方面以心能徵知，一方面以心能主宰。他所注重的是心的虛靜，和心的能一。「故人心之一於道，即能贊稽萬物。此一於道，以贊稽萬物之心，即爲一純粹之統攝數一而貫之之心。唯以人心能虛能一，而又能以夢劇亂知而靜，故人心能大清明以知道。㈦」

唐君毅結論孟墨莊荀四家的心論，歸到中庸大學的修養工夫。中庸主張誠，大學主張正心誠意，都和孟子的性善有關。孟子主張「存心」，「存心」則和「誠」以及「正心」、「明明德」，在意義上相合。

「心」，在中國哲學中構成一系統「心學」，王陽明以心學源自孟子，由陸象山承傳，再由他自己而發揚。實則孟子的心論，在程朱的思想中得有流傳。陸王的心學，則應由孟子而到禪宗，由禪而到陸王。莊子所言「以其心，得其常心。」和禪宗的「明心見性」，或由假心而見眞心，非常相近，陸王受禪宗的影響，以建立自己的心學。唐君毅在談孟子的心，未曾指出這一點。

3. 原　道

唐君毅在中國哲學原論的導論裏，有兩章「原道」，後來他在中國哲學原論的專論裏，有「原道篇」三册，在導論的「原道」，唐君毅舉出道的六義，這六義都是老子所講。道的第一義，虛理之道；第二義，形上道體；第三義，道相之道；第四義，同德之道；第五義，修德之道及生活之道；第六義，事物及心境人格狀態之道。爲貫通這六種意義之道，以第二義形上之道體爲實，和第四義修德時所循之道，然後去貫通其他各義的道。

「遂唯是第二義之形上道體之道，及第四義之人有得於道時所具之德。此中人之所以有得於德，乃由於形上道體之先在；於是唯有第二義之道，堪為吾人次第順通其他諸義之地點。吾人可由形上道體為如何，言其相之如何；再由其體相之如何，以言其生人物時，其自身之玄德如何，人物所得於道者如何；及人物之由道生而所得於道後，其存在之依循之律則原理之實如何；以及人更有所得於道時，其積德修德之方術宜如何；以使其心境與人格狀態合於道而具道相。斯則次第至順者也。(廿八)」

但是唐君毅又說由第二義開始以明道義，先應知道形上道體的存在，道體的存在不從理智推論而知，應由直覺而知；直覺之知則須有老子所講致虛守靜的修養，心境才能有直覺之知，這一點和莊子的「氣知」相關，又和禪宗的禪觀或天臺宗華嚴宗的觀相似。唐君毅又將形上之道加上易經的生元。『若然，則此道之在天地間，即化同於易傳之「富有」而「日新」以「開物成務」之道，中庸之「洋洋乎發育萬物」之道矣。(廿九)』唐君毅以老子之道，有生有藏，自取自己所與；因此，老子的道在生物時，並沒有舉自己的全體以與物，使所生者能夠生生不息，「是則老子之道終爲不仁或非仁，而不如中庸易傳之道體，兼爲一旣仁且智之體而至善者也。至儒者之所以知此天道之爲仁而至善，則原於儒者之能由知人之心性，而本之以知天。老子則未言人之心性之仁，亦未嘗循之以知天；乃唯由觀萬物之在天地間之由有而無，由生而復，以冥悟一混成之道；而彼之視人，亦實視如萬物之一，而與他物同依一自然能以生。(三十)」

在原道三冊中，第一和第二冊，以十一章，講論孔子、墨子、莊子、荀子、韓非子、陰陽家、秦漢學者、王弼、郭象、魏晉玄學，各家中的「道」；第三冊，以十五章論佛家各宗的「道」。要把三冊書中的思想總括起來，很不容易。

甲、儒　家

孔子自稱述而不作，他的思想必來自上古，上古的思想留存到孔子時代，當以書經爲最主要。書經紀述古代帝王賢相的言論，涵蓋治國和齊家修身之道。上天的意旨爲最高之道，「此則由古代人文始創之時，人原無將自己與天或神帝相對之意識，故于人所奉行的典禮與所當爲之事，皆視爲天所垂典、降命，而命之爲者。(三)」

孔子所講的「道」，爲仁道。以仁爲一德，以仁爲愛，古來就有。孔子所講的仁，是以仁統貫諸德。唐君毅自謂曾以孔子之仁爲法天之仁，仁之根原在天。後來他認爲孔子常多言人事，所言的仁，當由人而起，「由此而吾乃知孔子之言及法天道之仁者，與孔子之言直在人之行事德行與內心言仁者，其言既明有多少輕重之別，而其義亦有先後本末之別。理當以在人之行事，德行與內心上言仁之義，爲先爲本，而以其言之推本於天道者，爲後爲末。乃知宋儒之自人之德行與內心境界，內心性理上言仁，而知其本亦在天道，最能契于孔子之旨。故循宋明儒之言而進，亦更合于哲學義理之當然之次第。至於對宋儒之言仁之說，吾初本其體證之所及而最契者，則爲明道以渾然與物同體及疾病相感之情懷，心境言仁之義。並以唯此明道之言能合于孔子言「仁者靜」、「仁者樂山」、「剛毅木訥近仁」之旨。此渾然與物同體之感，又可說爲吾以與其人物有其生命之感通，而有種種之愛敬忠恕……之德之原始，亦通於孔子法天道之仁，人事天如事親，與「仁於鬼神」之旨者。此則吾三十年前中國哲學史稿已及其義，亦嘗飾之于世。來港後講授中國史集之課程，初仍本此意講述。㈢」

法天，乃儒家古代倫理的基本原則。在尙書裏，法天爲遵行天命，天命爲倫理最高標準，洪範列舉各項善德，都以天命爲根本。易經繫辭傳則以天地的變化原則，代表天命，「天地之大德曰生，聖人之大寶曰位。何以守位？曰仁。」(繫辭下 第一章) 把生和仁相連，開啓儒家的仁之意義。孔子以仁總攝義禮智，和易經所說元總攝亨利貞一樣。宋明理學家都以仁爲生，由仁而生愛。

「綜上文所論，則見孔子之言仁與求仁之工夫，乃實有與他人之生命之感通，與吾人對一己自身之生命之內在的感通，及與天命鬼神感通之三面。而其工夫之節次，則第一步在志於道、志於仁、志於學。……而其第二步，則為志於道之外，求實有據於德，以依仁而行道。……循上所論，則言孔子之求仁之工夫，其極必至於知天命，知天，故孟子言盡心知性以知天為極，中庸首言天命之謂性。董仲舒以「道之大原出於天」為說，更明視天為天神，又明言人必本天志以為仁。漢儒之尊天之論，又無不連鬼神之說。此則似直承孔子之最後一步言仁於鬼神與知天命之學問工夫，所成之論。(三)」

對於宋明和清代儒者之言仁，唐君毅說他們都能不違孔子的仁道，宋明儒家注意修身養性，清儒則注意事功。

「至於宋明儒，則大皆知孔子之為學與仁，應由踐仁於人倫日用為始，然後更及於知天命與對鬼神之誠敬，而識仁之工夫，亦要在于人之自心上先自識得。程朱陸王，其旨亦大體不殊。……至於清儒之必就仁之見於事功，言仁之德必表現於利用厚生之事，更不善自心之性理言仁，乃自人與己之情欲之相感通上言仁，則亦可說是更落實於事功以言仁。……而後人之仁，乃內有其自己與自己感通之深度，外有與人相感通之廣度，上有與天相感通之高度。此則皆非清儒之所及耳。㉔」

孔子的仁道，應由人心反省而後行爲善德，強恕而行，克己復禮，使天下人都歸於仁。然後再進而知天畏天命，樂且不憂，更和鬼神相通。自己和自己相通，自己和人物相通，自己和天及鬼神相通。

孟子思想的核心，在於即心言性，人性既善，則下可以使人別于禽獸，上則可以使人與志以求爲聖賢，唐君毅乃稱孟子所講性善之道，爲「立人之道」。

「孔子之仁道，乃對人、對己、對天命鬼神，四面平伸，如成一渾圓。故程子謂其如元氣之無跡。而孟子之道，則是自下別於禽獸，而向上興起，以盡心知性，存心養性，以知天，事天，而尚友千古之聖賢；更興起人民之心志，皆以「天民」自居，「天爵」自責，為官者則以「天吏」自任之道。此道之所在，卽人之義所當行，是為人之配義與道之事。㈤」

孔子講仁，孟子講義；孟子的義，常和仁相連，「然于此須知孟子之言人之義，乃歸本在人之仁，故不同墨子之逕以義道爲本。孟子言『仁者，人也；合而言之，道也。』人而能仁以有其義，而立此人之道，方爲孟子之道之所存。㈥」孟子盡心養性，爲仁義敢捨生，養浩然之義，使『萬物皆備於我』，達到聖人的境界，『仰不愧于天，俯不怍於人，』人生乃有樂趣。

荀子爲儒家，繼承孔子之道，然荀子所講的道，和孔孟又有所不同。孔子立仁道，孟子立人與起心志的道，荀子則講由心的知識以求統類之道，『以使人于自然世界外，實開出一人文世界。故此人文統類之形成，一方在建立各類之人倫關係以盡倫，一方在使各類之人所分別創造之人文，更相制度，以相配合，相統率，而皆得成就，以盡制。而盡制之事，卽政治之事，盡倫者爲聖，盡制者爲王；盡倫盡制之道，卽聖王之道也。㈦』

荀子講性惡，然以善爲人僞。聖人以禮法敎人，人又有徵知而主宰之心，人便能建立制度，創造人文，而且荀子還以『制天而用之』，抬舉人的行爲能力。他所講的道，乃一種積極之道。

乙、道　家

唐君毅論道家的起原，溯到楊朱、愼到、田駢、彭蒙等人，楊朱爲我，卽是不以世間的物異形，使自己身體受累而不救世人，祇「自潔其身」。愼到、田駢、彭蒙則在去除由心的知慮，而生選擇辨別。「選則不徧，敎則不至。」

老子的道，唐君毅曾說明六義：形上實體之道、虛理之道、道相之道、同德之道、修德之道、生活之道。這六義從橫面上說，自縱面上說，唐君毅以老子之道分爲上下四層：『人法地，地法天，天法道，道法自然。』『在此四句中，於人雖只說法地。然地既法天，則人亦理當法「地之所法之天」；天既法道，則人亦當法「地之所法之『天之所法之道』」；道法自然，則人亦當法「此道所法之自然」也。……由此四句之涵有人由法地，而層層上法於天、於道、於自然之義，則此四者，卽理當爲四層面之義。更由此四層面之相通，則人之法地卽法地之道，法天卽法天之道，與法道及法道之自然，可合說爲「法道」之四層面矣。(三八)』

法地爲以柔弱而爭勝，『柔弱者似「小」、似「少」、似「寡」、似「無」、似「靜」、似「缺」、似「短」、似「虛」、似「不足」、似「曲」、似「枉」、似「拙」；而一切「小」、「少」、「寡」等，皆柔弱之類也。㊴』以求生存。

老子言天道，『乃以抑損有餘以舉補不足，以平不平爲事，而歸在利而不害，故老子言人之法天道，亦卽一方當「損有餘以奉不足」，以平人間之不平，此卽世所謂義之事也。在另一方面，則人又當專法此天道所歸之「利而不害」，而慈于人物，此卽老子所謂三寶之第一寶也。㊵』

天法道，道法自然，是否在天地之道以外，有一超越性之道？老子肯定有一超越之道，『至於人既循此道之超越意義以超越天地萬物後，若欲更循此意之超越意義，以還觀此天地萬物時，則人又可更實見得：此天地萬物之原卽亦具有此超越其自己之意義，而吾人在第一層面中，所見得之「剛柔相勝，高下相傾」之一切正反互易之物勢，皆當視爲萬物之「表現其超越其自己之意義」者，亦卽具此道之「超越天地萬物之意義」者。㊶』

法『超越天地萬物之意義者』之道，則人不見此道，道隱而不顯。「實則唯賴有此生而不有之道，然後一一之事物，各得自然其所然，則道正爲一一事物之自然其所然之主，唯其主之，且遍主之，常主之，以法其自身之自然，而後有『一一事物之自然其所然，若不見道爲之主』也。主之而若不見主，是爲『不爲主』之主，此正道之玄德也。……是見人之修道而安久于道，而至於見道法自然之義，以及緣此而見得天地萬物，莫不法自然之義，固爲較人之直接以道爲法，而尙未安久施道者，居一更高之層面者，卽可無疑矣。㈣」

唐君毅曾以老子之道，有形上實體之義。這個實體，「乃自此道所連貫之具體之天地萬物而說。蓋具體天地萬物爲一般所謂實體，則其連貫於道，以混而爲一，而泯於道之玄中，卽當仍爲一『有物混成』實體也。此卽吾昔年所作老子言道之六義下篇之旨也。然自吾今所謂法道與法自然之二層面而說，則人之體道，要在體道之超越於天地萬物之上之種種意義，則於老子之道，卽不宜說之爲實體，而所謂『有物混成』者，實亦無物，只喻之爲物耳。㈣」

但是若是這樣解釋老子的道，所有道的種種意義，都將成爲虛構。不過唐君毅也說自己昔年所講道爲實體，「固未必全非」。(同上)

莊子說「道」，以內篇所說者爲本，標出爲成至人、眞人、天人、神人之理想。不由法天地萬物之自然以悟道，乃是由人如何遊心於天地萬物之中，又處於人間生活中以悟道。處人間生活中以悟道，是以心和物勢之變相接。

「循老子之道，以言物勢之變，則物勢之變，咸有其終始，亦始於無，而終於無。此始終之無，亦卽為吾人之心知可緣之而透出於物勢之變之外之上之間隙，人於此固可謂此物勢之變，此終彼始，中無間隙。然當彼之始，彼中畢竟無此，而此之有，卽在無中；彼更終而另一彼始，此彼之有，卽亦在無中，循此以觀，則卽物勢之此始彼終，其來也無窮，亦皆在無窮之太虛或無中，相繼以有，亦皆只為行於此太虛與無之中者。今更透過此虛無以觀其有，則有者亦皆若有若無，而易漠無形。吾人之心知亦卽可超出於其『有』與『形』之外，是上矣。由此而天地萬物無窮，此心知神明之所遊履，亦無窮。然此心知神明之遊履，既及其所及，又必更自透過而超出之，則此心知遂宛若能窮此無窮，以及於造物者，卽可與天地之『造物生而物有物之精神』相往來，而不去此所有、所造、所生之已成天地萬物相往來矣。此卽謂緣慎到等，及老子之道，而別出一道，以成莊子之道，此卽所以見莊子之道，與慎到等老子之道之闊達者也。㊹」

莊子的人生觀，是優遊於太虛之間，超出有與無。在物之生和滅時，生，來自無；死，歸於無。人之心知，由生滅通於無，故能超出天地萬物之上，以達到至人、眞人、天人境界。

莊子的眞人，是人純樸而能合於元氣，通於天地。莊子的至人，則達到人性的極至，超出一切形相。莊子的神人，則是知通神明。莊子的天人，是和天和帝相通。唐君毅認爲莊子的這種思想和墨子老子都不相同，卻和孟子的思想有些類似；因孟子主張「萬物皆備於我」，『莊子則遊於天地萬物之中，而更透過之、超出之，以遊於無窮，而成其所謂眞人、天人、至人、聖人，卽皆兼爲超世間人倫之人耳。㊺』

莊子這種超世間人倫之道，不屬於有無，也不有名無名，超於知識，也不可言說，使人遺世獨立，忘懷人世的仁義。

丙、墨家

唐君毅論墨學，不論墨學的興起原因，也不詳說墨學和他家學說的異同，祇論墨學的根本義理觀念，也就是論墨家的中心思想。他曾以爲墨子原於一「理智心」或「智識心」，普遍化而成愛，以「兼愛」爲中心思想。兼愛的形上基礎爲天志，由天志而非命、非樂、節葬。後來他修正這種主張，以墨子的中心思想在於「義」。

「後忽念墨子之根本義理觀念，或卽在其所謂『義』，乃遍查墨子之書，見其除有貴義之專篇首言『萬事莫貴於義』，耕柱篇巫馬子謂墨子曰：『人之為義也……子之為義有狂疾。』魯向篇載『人謂墨子曰義耳義耳，安用之哉』等外；其兼愛、尚同、天志、明鬼、節用、非攻、節葬諸篇，無不本『義』以立論。貴義篇又謂『為義而不能也，可無排其道，譬如匠人之斲而不能無排其繩。』則義之為道，亦如匠人之繩也。故更言義卽聖王之道，則墨子之學以義道為本甚明。(四六)」

唐君毅曾以天志爲墨子思想的根本，以義自天出；後來他以「義」去解釋墨學，又比較研究墨家和儒家類似的思想，消除儒墨的對立。儒墨的不同點，儒家孔子以仁去講義，墨家墨子則以義去講仁，孔子所標的仁人，泛愛衆人，不必兼利衆人，仁和利可以分；墨子則以愛必有利，兼愛而不利人，不是以爲仁愛。墨子的思想也可在左傳中見到：左傳成公二年記仲尼曰：『義以生利，利以平尼。』成公十六年記申叔時曰：「義以建利」，昭公十年記晏子曰『義，利之本也。』國語周語記單襄公曰『言義必及利』，又曰：「畜義豐功謂之仁」，晉語果克曰『義吉，利之正也』。左傳所記的話，以義爲利的根本，利從義出，但是孔孟以義不必生利，有義可以有利，有義也可以沒有利。墨子則承認『愛厚而利薄，不如愛薄而利厚。』有義而不是以利人，便不稱爲仁義。同時，儒家的泛愛是推自己愛人之心，以達到普天下的人。墨子不以推愛人之心以達於兼愛，而是按義當愛一切人而主張兼愛，是以義而講仁。

唐君毅講墨子主義以言利，但沒有解釋墨子的「義」和「利」的意義，義本是宜，義以道而養我。利爲有助生命發育，則利必合於義，義也必合於仁。

丁、各家的名言之道，及秦漢儒家之道

A、名家的名言之道。

唐君毅講名家「名言」之道，索原到孔子、老子，以大家都求以簡馭繁，或將繁縮到簡。

「此上節末所提及之一思想方式，吾意初為於『萬事萬物之多，而更能見及純一』之思想方式。此能於萬事萬物之多，而見其純一之思想，即形上學之思想。人依形上學之思想，而於萬事萬物明其一共同之形上之道，即可化繁歸

簡，於多見一，而於萬事萬物繁多之多，亦可化繁歸簡，以一名統多名，更自忘此一名，以忘言而唯見此道，此卽如孔子於四時行百物生，唯見一生生之道；莊子於萬物，唯見一變化之道；老子於「萬物並作」，唯見其後歸於無物之道等。此皆是於萬物萬事之多，見一道，以更只體此道，冥合此道，以忘萬物萬事與其名之繁多，以使此心得安住於無名無言之境者也。……吾今將說者，是世所謂名家如惠施之辯，亦初是自覺或不自覺的，求超萬事萬物與名言之繁多，而向在此見一道，而體道，以忘言之境。……則其辯之目標，明在破除世間之名言，與其所指事物之差別相。(四七)」

惠施所談的名，爲抽象的共名，可以由繁而歸簡；唐君毅認爲公孫龍所談的名，則抽具體之實，一名有一名所指，不能由繁而歸簡，因此，他解釋公孫龍的白馬論和堅白論，由具體的實去解釋，則解釋不能。

B、秦漢儒家之道

秦漢儒家的思想，在禮記中可以見到。禮記書中最具有代表性的篇章，則爲大學、中庸、禮運與樂記。禮記一書爲孔子七十門生與其門生的作品，語言文章不是孔子的，但是思想和孔子的思想相合；所謂相合，當然不是說內涵完全相等，在內涵裏，這四篇文章含有許多孔孟所沒有說過的思想，卻又不與孔孟思想相違背。

> 「大學一文，吾人可謂之為綜述儒家之內聖外王之道，而以始終本末之概念貫之者。此大學之系統，有格物、致知、誠意、正心，以修身，更由修身，以齊家、治國、平天下八條目，而以八條目中之居前之事為始，居後之事為末，居前之物為本，居後之物為末，此即成一言『物有本末，事有始終』之儒家內聖外王之學之系統。㊽」

大學一篇文章，獨立成書，分成篇章，然頗有系統，對於儒家修身之道，有「大憲章」的意義，然內容則俱係實踐方法。唯一牽涉形上本體論的一點，在於「明明德」。唐君毅認爲大學的明明德，有近於孟子的性善而有仁義禮智的善端，和道家所講藏於內心的原始「德之和」，以及左傳所說『昭先君之明德』則都不相同。大學的明德，『言人由天之明命，以生而具明德，此明德，亦正是一本有之性德。㊾』

中庸所講的道爲「誠」；「誠」乃成己成物之道，內通於自己的人性，外通於他人他物，同時又通於天命。大學的八條目，只是在橫面的貫通；中庸的誠則在橫面通內外，在縱面又通人性和天命。中庸以『天命之謂性』，這性字，『可釋爲心之生之義，吾人須知此心之生，可表現爲主宰此身之行爲，亦可表現爲心之自超越於其已成之自己，而更有所自命之事。……此自命爲我心之生之表現，卽我性之表現；而其中有天命貫注，則吾人可同時由吾人之性以見此天命之表現。(五十)』

再者，中庸講「中」道，唐君毅以中庸之中，『卽在中之義，卽所以指心內或心中。謂此中之爲大本，亦卽指天命之性爲大本。……至於其表現爲喜怒哀樂之情之中節，而有其中節之行爲，以與外在之人物，相應成和，亦使諸人物彼此相應成和，而得其位，而得其育，則爲致此內在之中，以成對外之和。(五一)』這種「中」，乃是指喜怒哀樂未發前之內在的心之性，和孔孟所講的中，以及老子的守中，莊子的養中，都不相同。

中庸自二十章以後講「誠」；誠卽是自成，人心依照人性的倫理道德理想，命令自己，自己率領自己，自己成全自己，這就是「誠」，人自己成全自己時，同時和人物相通，以達到「贊天地之化育」，人德可與天地參，而有天德。

C、陰陽家

陰陽家的思想，盛於晚周，在秦漢的時候，和方士巫術相結合，流傳於中國社會，影響於民間生活很大。

陰陽家的思想以陰陽消息和五德終始爲根本觀念，陰陽的觀念，『乃始於表空間中之天象，進而表空間中之地理，再進而表寒暑四時，而後更表地上之物類，更以表地中之物氣。……至於五行之金木水火土，……大率此五行乃初用以表人所用之地上之五物類，而後引申其義，以表空間時間中之方位與季節。……陰陽之初表天象，天氣之變化，爲動態的說；五行，五材之初表五類物之質材，有顏色之不同者，則爲靜態之說，今以陰陽兼說地上之物以五行兼說天上之物；又於陰陽之二者中，以陽爲動，以陰爲靜；於五行之所表五類物，兼重其功用與活動，如能有「行」者，則「上天下地中」之物之「動靜」之道通，此當爲陰陽五行之名爲一名，所代表之人之自然宇宙觀之基本意旨也。㈢』

至於五行觀念連結到五德終始，唐君毅認爲不知道究竟是什麼理由，他只以爲漢朝人看重顏色，顏色代表人的感情在外面的表現，感情當然和德行相連。一朝改正朔，變服色，代表這一朝代所看重的德性和感情。

但是五德終始和五行生剋相關，五行代表陰陽的五種結合，也卽代表五種氣，氣的消

長，乃生五德終始。

「五德終始」表現於朝代的更替，在普通日常的生活中，則有月令。月令講四時十二月

的變易，在禮記、呂氏春秋、逸周書、管子、淮南子等書中都有。『上言此月令等書言四

時，十二月中天氣之變，動物植物等之變，亦言及十二月中所想之音律數之變，與其相應之色味臭等之變。此乃由於人在四時、五方、十二月中所接之自然物不同，其所感覺之色聲味臭，自然亦隨之而異之故。人所感覺之色聲味臭有五色、五聲、五味、五嗅之不同，自相節限，而各有其度量；亦正如晝夜、四時、五方、十二月、二十四氣、七十二候之變，天象與地上之動植物之變之自相節限，而各有其度量。卽似皆同可以五行之義貫通之，以明此種種不同之節度之自身間之應合關係。此「五行」之義，卽可成爲一具通貫意義之哲學觀念。(三三)』

漢朝易學也以陰陽五行觀念作基礎，在哲學上沒有形上本體論的根據；然而在宇宙論裏，易卦則成爲漢代陰陽五行思想的基本。基本的觀念，是「氣」。

「故五行之說首行為五德終始之歷史哲學，由漢易之將相對應而平舖之六十四

卦，排為一次序，以表時序之運，卽已為求八卦系統之能表自然氣候之變中陰陽之動力之運行，而五行系統中之五行關係之有相生相剋，亦正可用作說明吉凶禍福之所以然之所資。吉與福，皆可說由物之相生而來，凶與禍，卽皆可說由物之相剋而來。此宇宙中之物有相生相剋之關係，固無往而不然。則生剋卽可為一可普遍應用之思想範疇。(五四)」

戊、佛教

在原道的第三卷，幾乎四百頁，唐君毅講中國佛教的「道」，所講論的主要項目：有成實論與三論宗的中道，般若三論之中道和佛性，智顗的判教之道和圓頓止觀論，法相宗之唯識道，大乘起信論的眞如道，華嚴宗之判教道及法界觀論，禪宗之道。

A、成實論與三論宗的中道

成實論爲小乘佛教的一宗，三論宗則爲大乘之一宗。成實論主張「無我」，不以過去未來之法爲實有，而以過去之事能生現在之果，過去之因雖已滅，然不礙這中間的因果關係，由因果關係所結成的事物，都稱爲假名。名是指語言文字，也指語言文字所表的意想或概念。凡人依經驗再由意想或概念所構成之有，就是假名有，也就是世諦或俗諦中之實有。成實論說明必須破除這種實有：一方面破假名，一方面破五陰，以成第一義。若堅持說無，是有所偏；若堅持說有，更是有偏；故要捨棄這兩種偏見，行於中道，佛法稱爲「清淨中道」。先以實體爲假名當空，又在現在五蘊法中，分苦集滅道，以滅道之法，空苦集之法，又言空空，是爲第一義空的歷程。

三論宗的中道，以實體和五蘊法，都是假名有，於苦集滅道四諦中，以滅道空苦集，則無所謂空，乃直下歸於畢竟空。故空也是假名，也當空，不有不空，不空不有。乃不著有，也不著空，是爲中道。

成實論以因緣關係而生實體，中論以因緣爲空，因緣關係所生者皆是空。因著因緣關係而成的抽象觀念，如生滅、一異、常斷、來去等等觀念也是空。由這些觀念而引伸的觀念或範疇，如時間之過去、現在、未來，以及空間、生住老、有與無、合與異，也都是空。在修行方面，以因緣以破苦集，而進入涅槃，涅槃由因緣關係而生，也應該是空。

B、般若三論學之二諦義與吉藏之中道義及佛性義

般若三論宗以俗諦眞諦都須破除，俗諦以因緣爲有，固當破除；眞諦以因緣爲空，也不

能執，也當破除。對於因緣所生法的智或知識，爲一般之智。知道因緣所生法皆是空，這種智爲一種高深之智，知道這種智自身也是空，則又是高一層之智，這種高深之智爲一切智。一切智智見法不能自有、自生，因爲是由因緣而生。然而因緣又不是實有，也就不能生，故諸法不自生，也不因他生。同樣，也不能自滅，又不被因緣所滅，故一切法不自生，不自滅；也不由他生，不因他滅，這乃是一種深度的空智。

吉藏談四空二諦：

有爲世諦，　無爲真諦，
有無爲世諦，　非有非無爲真諦。
非有非無爲世諦，非二非不二爲真諦。
非二非不二爲世諦，　不言爲真諦。

四空二諦義，都在於顯明中道。吉藏以『任何眞俗二諦皆以不二，而非眞非俗者，爲其體。此不二，而非眞非俗者，卽說此眞俗二諦之聖智所契之理。而此理只是一理。卽轉凡成聖，拔俗成眞之理。此智兼權實二者，依實智知眞，依權智知俗，更依其所知之眞俗，以說二諦之敎。(三五)』

然而俗諦眞諦，都用名詞以表達，若眞諦所表的佛果超出名言，不可思，不可名；則眞諦所用的名，本身就沒有意義，只是一假藉的空名，就和俗諦所用的名沒有分別。故二諦乃是一種敎法門，爲衆生故，說有說無。吉藏對俗眞二諦作平等觀，兩諦都有絕名言，不絕名言的二義。

吉藏談佛性，主張「理內無佛性，理外有佛性」。得佛理而成佛，見性法皆空，更無所見，則也沒有佛性可見。沒有得佛理，勉力求悟，乃有可滅渡之理和性，於是理外有佛性。這不過是一種講法。實際上大乘涅槃主張人人有佛性，無情之物也有佛性。後來天臺宗和華嚴宗的止觀便是這種主張。吉藏說對於佛性，有主生來有者，有主由修爲而有者，這都不是由本體論立說，而是由修爲上立說。因此，吉藏說：可以說理內有佛性，理外無佛性，也可以說理內外都有佛性或都無佛性；可以說衆生都有佛性，又可以說衆生都沒有佛性。這種種說法，也都不是從本體論上說。

C、智顗判敎之道

智顗爲天臺宗大師，將佛敎各宗列成一系統，分別各宗的上下。『其不以般若經之敎爲大乘究竟教，則不同於羅什僧肇；亦不因華嚴經專對菩薩言，涅槃經爲佛最後所說，而如先統之以涅槃華嚴爲常宗；乃改以法華經之爲對大小乘明一佛乘，使三乘歸一爲圓頓之教之標準。故於華嚴經雖承認其爲圓頓之教，然又謂其只對大乘菩薩說，不對二乘說，卽爲帶別而非純圓。於涅槃經，雖謂其與法華皆佛在第五時所說，然又謂其只捃拾聞法華不得度之人，而度之，初非如法華之爲一自始遍接羣機之大教。故二經皆不如法華，此卽大異於南北朝之佛學之風，初尊般若，後重成論與涅槃者。(三六)』

智顗判教之道，爲五時與化儀四教，再依佛所法的內容，判爲藏通別圓化法四教，五時判教，『佛於華嚴時，初說滿字教，衆生無機，而約滿開半；於阿含時說藏教；於方等時，對半明滿說通教；於般若時，明滿，說別教；於法華時，捨半明滿，說會三歸一之圓教。……正式謂佛之說法方式，有頓有漸，有不定，於不定者中，又分爲不定與秘密二種，以成化儀之四教，則始於智顗。(三七)』

智顗以法華經爲佛教最高的經典。法華教人反觀自心，以求和佛法佛智，互相契應。『此佛，衆生，心三者爲三法，而心法則爲佛與吾人衆生之所共。佛固吾人所成。故重此佛，卽重此具體之人。由人與佛之心法之契應，卽見心佛衆生之三無差別。此卽智顗之言之歸趣所存。(三八)』

智顗又講權實，按照藏通別圓四教的分別，藏教則按聽衆的意思而說，故只說權義，是名爲粗。通別二教，則兼佛隨自意和聽衆意而說，兼具粗妙，通教爲三粗一妙，別教爲二粗一妙。至於圓教華嚴，則一粗一妙。唯法華則純圓獨妙隨自意語，開一切權，顯一切實。而且藏有迹十妙，本十妙。迹中十妙：一境妙，二智妙，三行妙，四位妙，五三法妙，六感應妙，七神通妙，八說法妙，九眷屬妙，十功德妙。這迹中十妙，乃法華佛爲超渡衆生，所垂教迹。本中十妙：一本因妙，二本果妙，三本國土妙，四本感應妙，五本說法妙，六本神通妙，七本眷屬妙，八本涅槃妙，九本壽命妙，十本利益妙。

法華經的天臺宗爲圓教，圓教的意義在於一心三觀，在當前一念作正觀，觀假、觀空、觀中。依照這三觀，一方面破除無明，一方面顯中道的法性，法性卽是佛性。這就是圓教直下頓顯中道，佛性、法性之道。智顗所傳摩訶止觀，卽爲達不思議境。圓教的觀心法，卽在觀心之不可思議。每一世間各有「十如是」，三世間共三千法，三千法都在一心，法不在前，心也不在前，一心生一切法，橫則一時含一切法，縱則一時生一切法，縱橫都不可，只有一心，非橫非縱，非一非異，玄妙深絕，不可思議。

D、法相唯識宗的佛學道路

中國傳法相唯識的法師，爲玄奘和窺基。這一宗來自印度，傳入中國，唐代以後沒有傳人。法相唯識宗以明心識的緣起爲宗旨，由攝大乘論，辨中邊論，至二十唯識論、三十唯識論，都分別討論這方面的問題。唯識宗的特點在於第八識阿賴耶識。

「此唯識宗所謂能變現根身器界者，乃第八識，而非吾人之第六意識。自意識而觀，則固有超意識之山河大地之存在。唯此對意識為客觀之山河大地，則為此意識所依之底層之賴耶識所變現。……由此吾人現有之意識與所對之器界及所依之根身，三者互不相離，而皆為賴耶識之所表現變現也。而吾人可說此現有之根身意識與器界之種子，皆在賴耶識中。然此現有之根身意識與器界，其本身又為可能轉變其他狀態之根身意識與器界者，則賴耶識中所具之種子，不限於此現有之根身意識器界之種子，而包涵吾人之所可能轉變成之一切根身意識與其器界種子。……於是此賴耶識卽為具全法界之一切種子，而亦可表現變現任何可能形態之根身意識器界者。而其所以不俱時表現變現此一切可能形態之根身意識器界，則由此各類之種子或性質互相違反，不能同時現實化或現行，而其現行亦須待種種其他之現實上之因緣之故。(39)」

阿賴耶識具有前生所積的一切種子，但並不是說具有任何一切種子，種子變現境界對象，往往和前生產生種子的同一環境中，因著同樣因緣產生同樣境界對象。唐君毅沒有予以解釋。

阿賴耶識不僅爲前之識之根，也爲第七識末那識之根。末那識爲意根識，爲一判斷，爲一執迷，執意識之我和物，故有我執和物執。

唯識宗的阿賴耶識爲染汚識，爲能修行佛法，須「轉識成智」。

「窺基於其五重唯識觀中，謂五重唯識觀卽以心所中之慧心為能觀體，以一法之遍計、依他、圓成之三性，為所觀境。此唯識觀之進行之次第，首為遣虛存實識，卽遣除遍計之虛妄而空之，而存依他圓成之實性。觀依他，以存諸法之事相，觀圓成，以見諸法之理而知其皆有。合名遣虛存實識。二為捨濫留純識，卽於依他圓成之事理，知其皆不離內識。內識中有境有心，心有相、見、自證、證自證四分，相分通外境為所緣，後三唯屬心，今捨相分所緣，唯存見、自證、證自證三分，以觀唯識理，是為捨濫留純識。三攝末歸本識，卽知此見，相二分，皆由識自體分起。自體分為能變，為本；見、相二分為所變，為末。……四隱劣顯勝識，隱心所劣，顯心王勝。此卽由心之活動而觀心之自體，以觀唯識理之謂。五遣相證性識，此卽由依他起之一切心識中之事相，更觀其實性，唯是我法二執空所顯之圓成實性；而唯依此圓成實性以證唯實理。此卽無異唯就心識之真如理，以觀此心識，而觀此真如理，亦卽將一般心識成智之事也。(卆)」

然而若阿賴耶識爲染汚識，怎樣可以轉識成智呢？攝大乘論和涅槃經等，乃主張有一清淨之九識，由這淸淨識以轉識成智，唐君毅沒有注意這一點。

E、大乘起信論之佛學道路

大乘起信論，以法只有一法，卽衆生心，衆生心俱有如來藏，爲成佛正因，成佛外像，則爲諸佛菩薩之慈悲獲念。然大乘起信論的中心思想在於眞如二門：心眞如門、心生滅門。心眞如，爲全法界之總和，沒有差別，爲眞如體，可爲法門容衆生入之，乃眞如之用。眞如體，卽心眞如。『此心眞如之總相，無有差別相，故非說差別相之言說名學之所能及，亦非緣了種種差別之心識之所能及，亦無言說名學之相。而吾人用言說，使心識遣除此諸相所得者，唯是此眞如體之相如相之總相而已。(六二)』

心生滅，生滅與不生滅合成阿賴耶識，爲如來藏。凡是人依如來藏，乃有本覺。人若悟本覺，乃有始覺，繼續修行，以至究竟覺，卽能成佛。

F、華嚴宗之判教道及其法界規

華嚴的始祖爲杜順，第三祖爲法藏；華嚴得法藏而興盛。『天臺宗人，既以佛在第五時所說之法華涅槃爲究竟。然華嚴宗人於佛之五時說法，更喻之如日之照世界。其在華嚴時之說法，於日初出之照高山，爲日出光照時。此時乃爲圓頓大根衆生，賴無上根本法輪，名爲直顯教。並以佛阿含時，方等時，般若時所說者，喻如日昇轉照時，乃爲上中下三類衆生轉「依本起末法輪」，而成種種方便教。再以佛法華涅槃時所說會三乘歸一乘以攝末歸本之教，乃日沒還照時所轉之「攝本歸末法輪」，以令彼偏教之五乘人等，轉偏成圓。然此日沒之還照，亦卽還與日初之光照在高山，自相照映，經始相生，如一圓周。(六三)』法藏判教論分佛教爲五教：小、始、終、頓、圓。小教爲小乘，卽天臺宗所說的藏教。始教，法相唯識爲相始教，般若三論爲空始教。頓教、理性頓顯，解行頓成，起信論涅槃都爲頓教。圓教、法界無礙，法華華嚴都有無礙觀。華嚴的法界觀，講一卽一切，一切卽一，一入一切，一切入一。這種觀法，有三層次：眞空觀、理事無礙觀、周遍含容觀。

這種觀爲由眞如以觀宇宙萬法；眞如爲理，萬法爲事，事理無礙，眞如和萬法中間不能有阻礙。周遍含容，眞如攝萬法，萬法乃眞如。

G 宗密論禪原與禪宗之道

禪宗興起，和中國社會文化相結合；禪宗修禪在日常生活中修禪，和日常生活事打成一片。

宗密說禪宗爲三宗：息妄修心宗，泯絕無寄宗，直顯心性宗。

禪宗重在師徒之對話，『皆唯在當機有用，亦不容蹈襲，其對語若不能使學者直下得悟，更留此對語中問題，爲一公案，爲一句話頭，使學者再自行參悟。(六三)』但把這些對話，抄寫傳於後代，讓後代人去參悟，則所悟的和當時禪師所說，可以差距千萬里。

4. 原性・原教

「原性」一書，爲唐君毅的哲學原論的第四編。前面三編：一爲導論編，一爲明辨與致知編，一爲天道與天命編。原性一編，講論中國人性思想的發展，通於中國全部哲學史；因為論性，乃中國哲學的基本問題，牽涉很廣，無異一冊具體而微的中國哲學史，但仍為範圍所限，不能就中國歷代哲學家的全部思想作敘述；因而另作「原教篇」，專論宋明的儒學發展，和原性篇述宋明儒家心性思想相含接，繼續發揮。唐君毅計劃以這幾篇，能講敘儒教歷代的哲學中心思想；『天命之謂性，率性之謂道，修道之謂教。』

甲、原性

唐君毅論性，基本是『就人之面對天地萬物，並面對其內部所體驗之人生理想，而自反省此人性之何所是，以及天地萬物之性之何所是，緣是而依中國思想之諸大流，以觀人之性，則人雖為萬物中之一類，而不只為萬物之一類；人之現實性不必能窮盡人之可能性，而欲知人之可能性，亦不能如人之求知其他事物之可能性，而本推論與假設以客觀知之；而當由人之內在的理想之如何實踐，與如何實現以知之。既對人性有知，自亦必有名言概念，加以表達。然此名言，乃順此所知而隨機以相繼的形成。(六四)』唐君毅以中國哲人論人性，由自己反省而有直接經驗以成，不是以今日科學的客觀研究。

中國性字，原自生字，『一具體之生命在生長變化發展中，而其生長發展，必有所向，此所向之所在，即其生命之性之所在。此蓋即中國古代之生字所以能涵具性之義，而進一步更有單獨之性字之原始。既有性字，而中國後之學者，乃多喜即生以言性。以生言性之涵義，包括有生即有性，性由生見之義。生乃一具體生命之存在，而人之生乃人之主觀所能體驗其存在者，而非只為一所對之客觀存在之性質性相。(六五)』

『至於中國古代思想之尅就人之自身而言人性，則又始自即就人之面對天地萬物，與其人生之理想，以言人性。由此所言之人性，在先秦諸子中，或為人當謀所以自節，以成德而與天地參者，如在荀子；或為人當謀所以自盡，以備萬物，上下與天地同流者，如在孟子；或為人當謀所以自復自安，以與天地並生，與萬物為一者，如在莊子。(六六)』

唐君毅就基本觀點講述中國古代哲學的人性論，乃分章講述中國歷代哲學家的人性論，講述的內容，則在於標明歷代哲學家對人性的觀點，和討論人性的方法，春秋時代對德言性，孔子對習言性，告子即生言性，孟子即心言性，莊子復心言性，荀子對心言性，中庸即性言之，二程即生道言性與即理言性，朱熹以理氣言性，陸象山楊慈湖和王陽明即心性工夫以言心性本體，王船山以氣變易言性，顏元之即氣質與習言性，戴東原以血氣心知言性，焦循以旁通情言性。佛教言性則有六義：般若宗即空言性，唯識宗即識言性，佛心與衆生佛性，華嚴之性起與天臺宗之性具，禪宗惠能之自性義。唐君毅在原性篇，寫了十七章，一共五百多頁，述說這些哲學家的性論，在最後第十七章作一總結，總論性之諸義及言性之諸觀點，與中國言性思想之發展。只就這一章看，就可以知道他對中國性論的解釋。他認為中國歷代論性的意見雖很複雜，然歸納起來，不外五種：

「此則不外或為由向外觀看思省，以知人與萬物在自然或社會所表現之共性、種類性，及個性、關係性；或為向外思省而知之人與萬物，所同本或同歸之形上的最初最始之一因，或最終之體性，或形上的實體性；或為由向內觀看思省而知之吾人之當前有欲有求之自然生命之性，與有情有識而念慮紛如之情識心之性，更欲知其實際結果及原因之體性；或為向內思省而知之吾人之心靈生命所嚮往，而欲實現，欲歸止之人生理想性；而即此理想性，以言人之生命與心之最初或最終之德性與價值性。㈥」

上面一段話非常抽象空泛，不容易捉摸，唐君毅再加以解釋，他以詩書左傳國語中所言的性，告子所言生之謂性，是由向內觀看，而發現的具有自然生命欲望或情欲之性。孟子言人性之善，因人心的惻隱羞惡之情，趨向或嚮往於仁義之實現處，或此心之生處以言性。莊子則由向內反省，又向外反觀萬物，不以生之謂性，也不以心之謂性，而是要復其性命之情，以有一能與天地萬物並生之虛靈明覺心。荀子則向內反省人自然生命之情趨於惡，以求一主宰徵知之心。這四種性爲儒家的四種基型。

漢朝儒家言性，以陰陽五行之氣言性，皆同以人類爲自然界萬物的一類，乃多以「生之質」作性的定義。他們的用意都在於將人性客觀化，就其體質關係以成性論。魏晉人言個性，則爲人在社會文化環境中，以求拔出，由客觀社會文化回到個人主觀內，以求知個自的特性。

佛教言性，先是因本於一種承認萬法有潛伏之本質，乃最初之原因，構成「自性」。以自性爲實在，爲常住，並妄以爲得此自性，即有實有事物之生。佛教以這一切都是虛妄，只爲一妄執，予以破除。

般若宗謂法性爲空性，沒有自性義，一切法都沒有自性，所以只能說萬法具有空性。法相唯識宗則由客觀觀一切心色諸法，反省對自身如是如是，各有一義上之自性，即依所以生之體以言性。

大乘起信論，華嚴宗、天台宗，都以佛性，自性清淨心，清淨如來藏心，或眞如心，爲吾人之心識之體，即終竟因。

由李翺到宋儒周敦頤，都根據中庸的思想以言性，周敦頤、張載、邵康節，則都根據易經，都以性爲一般生能成，又有所實現的性。

程明道卽生謂之性，乃由渾然與物同體之仁，擴大一人之生命的個體，和宇宙合爲一體，以見生生之道和生生之性。並和大學和中庸途相望應。伊川言此性爲理，乃以客觀普遍大公之理，卽吾人主觀特殊之生命之氣之流行之性。則理不外於性，性不外於理。

「至於朱子之言性卽理，乃承於伊川；而其言理卽太極，則通於濂溪；言心統性情，則本於橫渠，……朱子之思想方式，既不同於周、張、邵之由外觀宇宙以觀人，亦不似明道之直下渾合內外以為一，復不似伊川之言性卽理以窮理卽盡性，而貫內外為一；而是重在於天道人道之上下內外之各方面，皆一一加以展開而說，此乃求兼求儘量運用向內反省與向外觀看之二態度，以言心性，而有之思想也。……然與朱子並世之象山，則直接依內在之自省自悟，而言心卽理。此則更同於孟子之卽心言性。……慈湖卽心精神之運以見易，白沙言端倪之覺。至陽明之承象山而言致良知，以好善惡惡；則又是攝大學之誠意之敎，於此心之良知天理之實現歷程之中。此皆可謂孟學之流。㈥」

「明末之王船山，則規模宏闊似朱子，而亦兼取內在的反省與客觀之觀看態度，以論天人心性歷史文化之道。而其重命日降，性日生之義，則更為能極中國思想之重向前面看生命心性之意義者。至於其就反對明儒之知重內心之反省處看，則其思想態度為由內觀，以轉向外觀自然之化與社會歷史之變者；而其精神，則近承橫渠為生民立命之言，遙契於易傳以繼言善之旨，而更重慧命之相續無間，以廣天地而立人極者。(究)」

唐君毅原性篇詳細解說中國歷代哲學家的性論，很有深入獨到之處。但是他常自哲學家談性的觀點和方法方面去講，很少正面進入性的本義，當然各家講性的觀點不同，對於性的意義也不同，提出這些意義，則說明中國哲學的一種中心問題。

乙、原　教

原教篇分上下兩册，共二十七章，七百餘頁；內容和原道篇相啣接，專論宋明理學之道：邵雍觀物之道；周濂溪之立人極以言太極之道；張橫渠之以人道和天道之道；程明道之無內外，徹上下之天人不二之道；程伊川於一心，分性情，別理氣，及以敬直內，以於物窮理應外之道；朱陸之學堅之道與王陽明之致良知之道；羅念庵之主靜知止以通感之道；羅近溪之卽生卽身言仁成大人之身之道；劉蕺山之誠意，靜存以言人極之道；王船山之天道、人道、人文成化之道。這幾點爲原敎篇的重要題材，此外還論到王陽明學派的分裂和淸朝的理學思想。所以原敎篇可以說是宋明理學思想史。

唐君毅不讚成宋明理學是由儒佛兩家學說而成，他認爲宋朝理學的發達，當溯源到宋朝中葉的經史學家，如歐陽修、司馬光、蘇軾等。這些佛儒學者特別看重春秋、易經、書經、禮記，略帶道家色彩。理學由周敦頤和張載開啓，周、張二人講「乾元」、「太極」、「誠」、「太和」。講論的方法，不是由人的心知和性理去講，也不是和邵雍由吾人感覺所見的自然界有形象的萬物去講，更不是和佛敎卽因觀果的方式去講，而是對於自然萬物之始生，自另形成一種觀法。

周敦頤和張載的觀法，以易經爲根據，以太極或太和爲一眞實之有，萬物由這眞實之有而開始，且具有創新力而繼續生化不停。此眞實之有爲一無形式形而上之實有。若向在這實有中是否已經有萬物，則若爲亦有亦無。非有非無。

周敦頤在太極圖說講太極，在通書講乾元和誠，唐君毅說『吾昔嘗以通書文句對勘，說其（太極）卽誠道，但亦同時說其卽通書之乾元，於此，太極或誠道或乾元，濂溪只說其是至善、是大、是無極之極至，亦無形之極至。㈦』『依此乾元誠道之眞實，由其表現而建立其自己於生生無窮之萬物中而見，故此生生無窮之萬物，亦卽內在於「其變化表現，而建立其自己之事」之中。而此乾元或誠道，卽爲一至極無外無上而悠久永恒之「元」、之「道」。故可說其爲純粹至善。(七一)』

誠爲眞實，宇宙萬物對外的表現，常是眞實，卽表現本身自己。人則能有不誠，人心感於物而對外表現時，能不把內心之眞實表現。感於物卻不通於物，聖人則能誠，常人心中有邪暗，故不誠於物，故須將內心之眞實，由無形之動而推出，周敦頤稱這種眞實爲「靜無而動有。」

張載在正蒙一書，首先講太和，以太和爲天之道，作爲自己全部思想的主，融會中庸和易傳的思想，更自立新義。先立「一」，以顯「兩」。「兩」卽相對，如誠和明相對，性和命相對，神和化相對，仁和義相對，中正和大相對，太虛和氣之實相對，無形和象相對，至靜無感和有感相對，天和人相對，在相對的「兩」中，見到一統的「一」(七二)。

「由吾人上對大心篇之全文之章句之解說，卽可知橫渠之學有大心以知天一面，亦有盡心盡性之一面。此大心以知天一面，不由於見聞之知，而須有德性之知，然亦不廢此聞見之知。合此二知以知天。……其誠明篇言盡心盡性，而變化氣質以至命，以成其誠明所知之天統良知，亦契天之神化之道之德，則是由知人以知天而事天之篇。」

張載思想的特色在於論氣，唐君毅解說張載的氣，『只是一流行的存在或存在的流行，而不更問其是吾人所謂物質或精神。此氣乃一無色彩之純粹存在、純粹流行，或西方哲學中之純粹活動、純粹變化。㈢』氣爲一，則是神通；氣爲兩爲多，則是有象有形。太和篇說：『散殊可象爲氣，清通不可象爲形。』

程顥重仁，以心爲天，由心以踐行，他不談之所由來，直下就心以言心爲天，合內外爲一體，無內外的相對。定性書說：『所謂定者，動亦定，靜亦定，無將近，無內外。苟以外物爲外，牽己而從之，是以己性爲有內外也。』人心能內外兩忘，在於仁。仁者渾然與物同體，認得自己有生命，然後與他人他物的生命相通，若不識自己的生命，就如手足痲木不仁，便不知身體相通了。『則天在萬物之生成，卽我之生成，天地萬物之化育，卽我之化育，天地萬物之生機洋溢，卽我之生機洋溢；卽見天地之用皆我之用。此中卽有我之生命心靈存在之充實，而向於無窮，此卽大樂也。㈣』在日常生活裏，善觀萬物之自得，天地之生意，心中便樂。

程頤（伊川）在思想方面多和兄長明道相同，在修養方面則有差異。程頤論性，以氣有清濁，才隨氣也分清濁，爲能盡心盡性，須多加修養，『敬以直內，義以方外。』程頤論性，又分性與情，性爲善，情爲惡；人須擴性而制情，故主張敬。性爲善，因性卽理。理爲義理，爲天理；性卽理，情依氣。氣卽實際的存在，或實際存在的動發流行爲別名。程頤分辨性情，也分辨理氣。

理氣和性情雖互有分別，然並不相分離，也不常相對立，因爲都是在一心。「性之有形者謂之心，心之有動者謂之情。」性在心中，爲生生之道，寂然而能感，未發而能發，沖漠無朕，無形無象，也卽是理。感而通於物，卽爲情，性未現於情時，已經具有指向於情的表現。這種性理雖未發，雖爲靜，卻具有能動之動向義，卽靜中有動之幾，也卽是動之能。

對於人的道德生活，常因私欲使人心的性理不顯，不能生相應的形氣，故須用後天工夫，『涵養須用敬，進學在致知。』敬和誠相連，「誠之無間斷」卽敬，敬爲主一，有事時主一，無事時也主一。

朱熹和陸象山在哲學思想上，都以「心卽理」爲根基，但在主要的思想內涵中，則互不相同，因而導致在道德生活上，兩人的意見相差很遠。朱熹根本上主張心卽理，因爲理是性。但是除理外，心還具有情。「心統性情」已經由程頤發起，朱熹承繼這種主張。這也因爲朱熹主張理氣二元，人由理氣而成。性是理，情是氣。人心因有情，情和物相接而有慾，慾阻礙心動時之情常和理爲一。陸象山則主張心爲理，不言情。以心之動常與理爲一。『朱子在心性論上，確立此心體之自存自在。而依此心體之虛靈明覺，以言其內具萬理，以主乎性，外應萬事，以主乎情。此虛靈明覺，不自爲障礙，亦不能爲所具之理流行之障礙；則其發用流行，亦當心理如如，不特體上是一，用上亦當一。惟以人有氣萬物欲之雜，而心之用，乃恒不如理，而理若只超越於此心之上；故人當前現有之心，可合理，亦可不合，而心與理卽於此可視爲二。此二，乃以其心之有夾雜或間隔，使之二。則由工夫而更去此間隔，二者不經不得二矣。此其與象山之別，唯在象山重在敎人自悟其心與理之一，則爲一正面的直接工夫，而不同於朱子之欲去此使心理不一之間隔，以使心與理一，兼爲由反「反面」以求正面之間隔工夫者。[十五]』

但是陸象山和王陽明也都承認，心之理在發用時，有不合心之理之時。爲改正這種不合理，人須自覺自心有改正之能，不必外求。因爲理在心內。使事物合理，是在自己內心相合。王陽明講致良知，是良知自己要見用於事實。朱熹講格物致知，向外物以求知；但是朱熹也主張以外物之理和心內理相印證，而後乃能貫通，固不否認心卽理。

> 「故朱子言格物窮理，恒以知物之『當然之則』與其『所以然之故』為言，依上引朱子言之意，乃是謂物雖可說有在吾之身之外者，然無論內在外在之物，其當然，所以然之理，則由吾人之心之知之。吾人之心知此理，即理之昭顯於心之知之中，此理之昭顯於心之知，即是理之用；理之用之所以能昭顯於心之知，則以理原為普遍，而無所不該，乃可無所不在，故在外之物之理，亦可為吾人之心之所知，而兼在吾人之心也。由此心之虛靈，而天地萬物之理之「管」。管之中虛，即所以喻心之虛靈也。天地萬物之理之用，在此心之虛靈中見，此又證吾人之心，原能知此理，此心之自有能「知理」之一用。㈥」

唐君毅偏重於知，以知即是行，這是陸王的主張，朱熹的格物窮理是知，然不是行，行則持敬。故不能勉強以朱熹的主張和陸王相同。他解釋格物之物為外在之物時，認為心之理，和物相對，心之理便也在物上。例如孝父之理，在人見父時就知孝，既見父，孝之理也在父身上。『即此孝之理原為性理而言，……無此父之物，為吾人之所念所知，仍無孝之理之顯。則孝之理，仍連於父，亦必即父之物而在，並必待即此父之物，而念父、知父，而後有此理之顯，此理之知。即仍不能說此孝之理只關係於吾人之心，只在吾人之心，亦不可說其不關係於父之物，非亦在父之理矣。㈦』這種解釋偏於陸王的思想。對於外物之心，爲聞見之知，聞見之知卽對具體事物之知。人心之理發而用於外物，用時須適應外面事物的位與時，每一事物有相適合之理，這理爲具體之理。例如孝父之理爲孝道，具於人心；然每一具體之父，有各人的具體環境，孝父之理須適合這具體的環境。孟子的後走踰前走，卽是具體孝道之理所造成。不能說只是人心孝道之理，遇父之物，而見父之身，像王陽明的致良知。唐君毅又解釋王陽明以良知適應時地，爲良知的創發性。『陽明乃又有良知之應物，隨時而變之義。此所謂隨時而變，非不求合義理；只是隨時之不同，事物之現前者之不同，而良知卽隨其不同，時時有其創發性之運用與表現，而良知之天理或義理，亦時時有新的表現與運用之謂。故此陽明之言良知之應物，隨時而變，卽唯是說良知之應物現形之事。原是生生不已，不能事先加以規定，以使之出於一格。㈧』這種解釋也過於玄虛，實際上只是理的用，應合於實事，而不是良知的創新。

王陽明以後，一傳和再傳的弟子，對於他的「致良知」解釋不同，各有自己的主張，以至於明末和清初的學者，都反對王學，把明朝亡國的原因，歸在王學的流弊。

明朝亡國，學者說是理學的原故，理學高談性理，不言經世之學，且王學末流淪入疏狂。清初學者乃講實學，然只能在考據的經學上有所成就，由明末到清末，唯一的哲學家，只有王夫之。唐君毅的「原教」下册，共有十五章，其中六章是講論王夫之的思想，可見他對王夫之的重視，唐君毅講論王夫之天道論、性命論、人性論、人道論、人文論。

王夫之對於道，不嚴分形上形下，卽形器明道，卽事見理，卽用見體，先言形器的個體，個體爲實體，『必先肯定個體事物之眞實性，然後，「前乎所以成之者良知」乃著，「後乎所以用之者之功效」乃定。然個體事物所以成之良能本身，所以用之功效本身，則非形，而爲形而上……事物不成或無用，則事物不得稱爲事物，故無形之上亦無形，無器之上亦無器，通事物所以成之「能」，所以用之「功效」，以觀形器，則形器亦卽在形向上中，而不可二。(七九)』但我看來，更好說道在形器中見，則無形見於有形之中，形上形下不可分爲二。

船山承張載的思想，以氣爲眞實，理則在氣中，形器由氣而成，形器之道在形器中，『依船山說，則一切有形器之物，無不承他物之用，而更自用其體以生他物，而存於此一用之流行中，亦卽皆依陰陽二氣，以成其爲形器之物。由此而可更說天地間惟有此陰陽二氣之自順其動靜之理，而自靜自動，以有此天地間形形相繼，器器迭成。則通此宇宙，惟有此陰陽二氣之自順其動靜之理，而有之化育流行。(八十)』

太極也是氣，爲陰陽二氣之合，卽陰陽尙未顯爲陰陽，渾而爲一，在太極內已經有陰陽，只是沒有顯明出來，『然就太極以言陰陽二氣，乃渾合而無間之氣。就二氣之渾合無間者，無二氣之分別，亦無陰陽之理之分別。陰陽之理之分別，惟可在陰陽二氣之化上安立。㈧』太極不先於陰陽，也不先於乾坤，陰陽乾坤合同而化，乃有太極。船山倡乾坤重建的思想，和漢朝人的乾元不同，和宋朝人的一氣流行成二氣也不同，而是主張陰陽乾坤，自始卽相待而有。『二氣流行不息，動靜往來屈伸不窮，故天地有其至變，亦有其至常。變者，或動或靜，或往或來，或屈或伸，相反而相雜。常者，動靜、往來、屈伸之相反，相雜而交成。前者道之變，後者道之常，變不失常。㈨』

氣化流行，按道向有氣化之理，人變氣化之理以成氣質。『天之化成人也，於人有所命，以成人性。故人道，卽人之分於天道以成性，更知性，盡性而有者，天之化成物也，於物亦有所命，而後有物性。人物之受命以成性也同，而其所受之命，所成之性，不必相同。故道大，命大，而人之性則事於人。人之性善，而物之性不必善。㈩』王夫之講人性，大異於陸王之直接就本心與良知，以自見其心，也異於程朱之兼取心性論和宇宙論，他取客觀宇宙論，分別人性和物性，以立人獸之辨，人之性善，物之性不善，因物不能凝天之仁，凝氣化之善，以成物性；人則凝天之仁又凝氣化之善以爲性，人便能參天地的化育，生生不息，繼天道而立人道。人性雖善，然小於天之善；船山故說：『善大性小。』

『蓋船山既言天以其理授氣於人爲命，人以其氣受理於天爲性，性爲理……乃有此理；故人受於天之理爲善，而所受於天之氣亦爲善。(八四)』天之氣流行不息，氣之理也流動不止。船山乃有『命日降，性日生』的主張。性不離氣，氣不離命。爲保持同一的人性和個性，則同一的命時時指定性。唐君毅解釋說人的氣質，時時和天地萬物相感應，人在流行不息的感應中，卽有自動自發以能自化自新，這種自化自新便是性的日生，這種解釋只講到性之用。沒有講到性之體。至於命，船山又談到人生遭遇之命，人受命於天應受之以正，則天命雖逆雖不利貞，天命仍是善。人受命以正在於心，心有理有情有才，心能思能知，以知和思，心能顯理行理。

天以理於人，人顯理以立人道，使人和禽獸有別。澈底澈終，事事時時，盡心存性，以合乎誠。

船山實踐誠道以作修養，常從積極方面勉力，『而不信消極之致心之虛靈、主靜、無欲之修養工夫。在船山所謂積極之修養工夫中，無可踐之物，物爲德之所凝，卽無物不善。……一切罪惡，皆原於物有所不足與缺乏，而非原於有所多餘。縱欲逐物者之惡，亦非其欲有多餘，而正以其有所不足，不能如仁者之大欲，以兼備萬物也。而所謂至善者無他，充滿其善之量，使無虧欠，而皆實而已。充滿其善之量，是謂極於善，極於善乃至善。(八五)』

唐君毅在原教篇後，附一篇原道篇原敎篇書後序，說明哲學源流不已，複雜豐富。彼以六點作爲統一中國哲學思想之途徑，第一，以名學列類法，使思想各歸其類。第二、自心處於淸虛境地，複雜乃歸簡易。第三、以現在間化未來，當下自有一生未來之氣機。第四、以一切歸之於歷史，當下空無所有。第五、以心之神明，觀萬物萬事之源出於神明，心神直契神明心性之純一。第六、盡心盡性，應付當前之事，以「應」應「感」，感應俱寂。『此六道者：一是觀物還其物，而無心。二是觀心還其心，而無物。三與四是觀心物之前後終始，而無心無物。五是體心之本原，以主攝客。而全用在體，全物在心。六是以此主應客，而全體在用，而全心在物。今於此六者，任取其一，皆可使一切複雜者，歸於簡易純一。㈥』

唐君毅對於中國哲學有深刻的認識，而且有獨到的看法，他講中國哲學常由「心觀」方面去講，很少就形上本體方面去講，又因他分別「道」「性」「心」，作專篇，使常看哲學的一面，而且免不了有重覆。

三、生命哲學

中國哲學原論一共七大册，可以說是唐君毅的著作中心，代表他一生研究哲學的成效。對於整理中國哲學思想貢獻很多；但是並不足以代表他自己的哲學思想。

唐君毅不是一位僅僅寫中國哲學史的人，而是一位有自己的思想之哲學人，他在晚年，而且在去世的當年出版了他的生命存在與心靈境界一書，共上下兩册，一千兩百頁，系統地說明了他自己的哲學思想。

1. 生命的存在

唐君毅的第一册書，爲人生之體驗。實際上在出版這本書以前，已經出版了中西哲學比較論集，可是他在人生之體驗重版自序裏說：『本書在民國三十三年，在上海中華書局出版，在我出版此書之前，曾出版中西哲學比較論集。表面看該書比此書多一倍，充滿人名書名，似乎內容豐富。實則多似是而非之論，故我願視此書爲我出版之第一本書。(七)』在人生之體驗裏他講論人生的一些基本問題，多以譬喻言辭，以啓發各人的自我反省，求人生智慧，哲學就是求智慧，所謂智慧就是人生的智慧，人生乃生命的發展，生命的發展爲心靈活動，心靈活動由低層到高層，進到無限生命，哲學的任務便在於追求心靈活動的「元序」、「大類」、「大全」之概念義理(八)。唐君毅認定哲學應該是講論生命發展的學術。

「何謂人？今藉禮運一語答曰：『人者天地之心也』。復藉尼采一語答曰：人是須自己超越的。」

「何謂生？今藉陳白沙弟子謝祐一詩答曰：『生從何處來？化從何處去？化化與生生，便是真立處。』」

「人生之本在心，何謂心？今藉朱子一詩答曰：『此身有物宰其中，虛游靈台萬境融。歛自至微充至大，寂然不動感而通。(96)』」

唐君毅哲學思想，可以用上面他對何謂人的答詞作中心。他對哲學的研究常以人爲中心，而對於人，則又以心爲中心，所以他的哲學可以說是人心的哲學。但是他研究人心，不是研究心的本體，而是研究人心對人生之用，因此他的哲學，可以說是生命哲學。『今著此書，爲欲明種種世間，出世間之境界，皆吾人生命存在與心靈之諸方向活動之所感通，與此種種方式相應，更求如實觀之，如實知之，以起眞實行，以使吾人之生命存在，成眞實之存在，以立人極之哲學。(97)』

唐君毅主張哲學以心靈貫通各種思想，再求超越，超越的層次，造成各種不同的哲學，最長最全的哲學，雖不能包括其他的一切哲學思想，然必能貫通。『吾亦皆嘗泛覽其書，而分別有所會心。然吾之分別有所會心之事，仍統於吾之一心，則吾不得不更觀其通。因如其不通，則吾之心先自相割裂而不通，而吾生命之存在卽有破裂之危。(九一)』

唐君毅陳說自己哲學的層次，『則人之生命之存在之義之本身，其心靈之感通于境之義之本身，卽應爲先。此卽如本書開始之文所說。此下則我對人之心靈所感通之境，依其種類、層位之高低、遠近、淺深，而開之爲九境，而依次序說之。(九二)』

生命存在究竟有什麼意義？

「存在」爲一個很廣泛的名詞，生命加以限制，指著生命的存在。生命存在在本身上說，生命就是存在，存在就是生命。這種生命存在，在內容上是一種有心靈的存在，而不是普通一切生命的存在。普通生命的意義，『生命之生，乃指由未生而生，命則指旣生而向于更生，遂有壽命之命。(九三)』『言生命存在，後文多用作一複辭。生命卽存在，存在卽生命。若必分其義而說，則如以生命爲主，則言生命存在，卽謂此生命爲存在的，存在的爲生命之相。如以存在爲主，則言生命存在，卽謂此存在爲有生命的，而生命爲其相。至於言心靈者，則如以生命或存在爲主，則心靈爲其用。此心靈之用，卽能知能行之用也。然心靈亦可說爲生命存在之主，則有生命能存在，皆此心靈之相或用。此中體、相、用三者，可相涵而說。一一「存在而有心靈的生命」，或一一「有心靈生命的存在」，或一一「有生命能存在之心靈」，其義無別。(九四)』

唐君毅以生命存在和心靈活動，意義相同，卽有生命必定有心靈，生命旣存在，則必有心靈活動，可見他所講的生命存在，乃是人的生命，『心自內說，靈從通外說。合心與靈爲一名，則要在言心靈有居內而通外以合內外之種種義說。然人有生命存在，卽有心靈。(九五)』

唐君毅沒有就生命的本體有所說明，祇就生命之用，卽心靈的用，詳細述說。他以心靈的用，使人處於一種境界中。心能知，知有對象，知道對象以後便生情，生情則心與所知的對象相通，相感應，造成一種生命的境界。境界的名詞不來自儒家，來自莊子和佛教。佛教唯識宗以境爲認識的對象，唐君毅以境兼虛實，較比「物」的意義爲廣。所謂物，指認識的對象，不指萬物萬有。境比物廣，是說心在認識對象時，不僅是知，而更與對象相通，相通不僅是主體和客體在認識上的相通而是在整個心靈上的相通，含有情和意，因而稱爲境界。境界的意義便是生命存在；因爲生命存在是一具體活動的生命，具體活動的生命乃是心靈的活動，心靈的活動就是心靈境界。

唐君毅主張心靈的活動有三個方向，三個方向也就是心靈生命的三個意向或三個志向，由前向後，由內向下，由下向上，從反向說，則是由後而前，由外而內，由上而下，也就是前後、內外、上下。

按照這三個方向，唐君毅分心靈境界爲九境，第一個方向是向外觀物：先認識個體，爲「萬物散殊境」，再將個體分類，爲「依類成化境」，然後討論萬物中的關係，爲「功能序運境」。第二個方向，爲向內反省；先觀心身關係，爲「感覺互攝境」，再觀觀念語言的意義，爲「觀照凌虛境」，然後觀倫理道德，爲「道德實踐境」。第三個方向爲由下而上，超越主觀客觀，先有宗教信仰，爲「歸向一神境」，然後有佛教的普渡衆生觀，稱爲「我法二空境」，然後有儒家盡性立命觀，稱爲「天德流行境」。

「以上粗說：本書所以由覺他之客觀境，自覺之主觀境，與超自覺之通主客境，及對體、相、用之義之所偏重，以開人之生命之境為九境之理由。……而九境之所以成，與其貫通之所以有，乃在人之生命心靈活動，有一伸一屈以成進退，一開一闔以成出入，一消一息以成升降。則吾之思此九境，亦當有其伸屈、開闔等，以往來於其間。(九六)」

從上面九境看來，實在是代表哲學的各方面，第一方面代表宇宙論，論物論變化；第二方面代表認識論，有邏輯學、認識論和倫理學；第三方面代表生命超越論，列舉三種人生超越論，一神教、佛教、儒家。因此，在這九境觀，唐君毅以生命的心靈活動貫通全部哲學，在這九境觀裏雖然述說了許多學派的主張，但更表現了他自己的哲學思想。

2. 九　境

甲、外觀三境

在哲學中，世界萬物是否實有？乃一重要的問題，哲學家的答案不相同，造成各派的哲學，有實在論，有唯心論，有唯物論，有唯事論。唐君毅由心靈活動的觀點批評這些西洋各派學說，再又表現自己的思想。他的思想係王陽明的思想，陽明曾說山中一株茶花，在沒有人看見時不存在，有人看見了，茶花纔存在。茶花因人心而有，人心也因茶花而有。唐君毅主張心向境（對象）開，對象乃有，心開和境在同時實現。

「吾人心之通外，不須說是對物有所感受，而感覺得其『表現』或『相之反映』為始，如康德所說；而當說是以：吾人生命存在之有所直接感通為始。此所直接感通者，卽是境之相。……此感覺之感通，乃旣感此感相，而更通過之，以使此感相之實成為空，而感通之事，通於其外之虛及空，亦通至此感相之實之相續生起，所自之『能』之『體』，而此感覺即有如在虛空中自進行。……此心靈自開通，而其感覺感通之『能』自現，其所開所通之『境』亦次序現。此境，此感覺之能自開通後，其能之所運與所在，亦即有此感覺之吾人生命存在之所在。於此亦不須說境由此生命存在之心所造，更不須說心變現境，只須說心開出此境，而自通之。心開此境，亦不須說是原有此境，心開而後見之。於此儘可說原無此境，然心開，則境與開俱起。……如人之開門見山，此山雖或先有，然如此如此之山之境，以我開門而見者，亦正可為前所未有也。……然吾今言感覺即感通，則一極微小之一感覺中，亦有一人之存在之自開朗，而自開通，以現一感覺之境為其世界，而更自存於其中，以通之。於此則可明說此一世界，與此心靈之開通而感通之事俱起，如天地生而萬物生，天地感而萬物通。(九七)」

唐君毅且以感覺不僅是被動，也是自動，可以感覺虛，可以感覺無，因此知有空間時間。然對於虛無的感覺，是心先望其有，沒有，乃感覺無。感覺和「望」相連。

具體的個體物，乃因它具有相依更迭而重複生起之諸相，人心之知之指向活動，亦只能緣此諸性相，以更迭相依而起。

人心之知之指向活動，由「我」所發，「我」是否一個個體？「對此問題之一解答，是分吾人所謂自我為上下之兩層。其一層為經驗的我，一層為超越的我。此能以知指向萬物之我，為一超越的我。此超越的我所指為萬物之一之我，則為經驗的我。(九)」

經驗的我，不是經驗的相續，而是反觀我所有經驗，構成心理行為某一種相狀，這種相狀在我的行為中重複表現，加以再認，以得一種概念，以判斷我之為人，而有對我的知識，遂能構成我的個體，這個個體就是「經驗的我」。至於超越的我，唐君毅取黑格爾、菲希特的絕對的我，又加絕對的我反省於經驗的我，超越的我才有個體性。

唐君毅對於「我」的主張，根本上來自佛教，再加以西洋哲學唯心論的思想，混合而成，意義不清楚，解釋不明瞭。

以上所說，為第一境，即萬物散殊境。

萬物雖散殊，人心能為它排列成類，第二境便是依類成化境。

唐君毅以「類」，乃一普遍概念，普遍概念為人心的經驗中有一性相，這性相能夠在許多感覺經驗中重複，成為普遍化。在未有重複以前，是個體性相，有了重複，便普遍化以成

「類」概念(三九)。『至於事將人所形成運用之一一概念分散而現，則一一概念自皆可各規定一類之物。在人經驗中，無論個體事物之「性相」，或「關係」，或「某個體事物之某關係」，凡可普遍化者，而皆可成一概念之內容，亦皆可用之以定類。而組合性相、關係，及某個體事物之某關係，所可能定之類，則可隨人所知之諸性相等之無定限的增加，而亦可無定限的增加。(四〇)』

達爾文進化論對於唐君毅講「類」的主張很有影響，他接受進化論的思想：他的解釋則以為有生物在生命發展歷程中，常保持屬於一大類，然在大類下的小類中往來出入，預備將來進入一新大類中。屬於一大類，即為生物的本質或本性，無生物存在時也有變化，常有外面環境的外力影響，但沒有常屬於一大類和預備變類的限制，更能自由變化。『由此而生物之世界，存於無生物之世界中，而自成一「在無生物之大化流行中求眞實常住者」之生物之類，而亦求與此無生物世界之大化流行相適應，以成其自身之變化，而合成「大的大化流行」者。(四一)』

第三境為功能序運境，指任一事物或存在的功能，所表現運行的次序，對於他物他事所生變化。唐君毅不主張體用為一，體是體，用是用，功能不是體或用。功能一表現，功能的本體和功能所到的事物必有變化，成為一種境遇，故稱為功能序運境。這種境的內容，即是因果關係。

「依中國思想以觀因果之關係，其所重者，卽在生物界之自類相生中，因生果而果後為因，而生物不窮之關係。在生物之自類相生中，因與果之大體類相同，是卽一理性的邏輯關係。然因果、果復為因之次序不同，生物之代代不同，而新生之物不與其所自生之物之類全同，以自成一類，則因果不同類。此因果關係，卽非純是理性的。……在此生物界之因果次序相生之關係中，中國傳統思想，於因之生果，如於草木之結果，則視之為草本之形相之收捲而自藏於果，……是為陰之事，亦由現實而化為潛能或功能之事。至於新草木之緣此果而再長成草木，則如此果之自將其所藏者，再拖出而展開之，是為陽之事，亦由潛能功能而現實之事。故一切存此之依此因果次序，而代代相生之歷程，卽一陰一陽之相繼歷程，亦由現實而功能，由功能而現實之相繼歷程。㈢」

在討論因果關係時，唐君毅解釋科學，西方哲學與佛教因果關係論，結果，他仍以中國傳統思想的因果論為他的思想。上文所用「潛能」、「能力」、「現實」各名詞，為西洋士林哲學所用，然而在運用次序上，唐君毅以現實縮爲潛能，則不合於士林哲學的思想，因爲祇有由潛能到現實，不能由現實到潛能。

乙、內觀三境

在外觀三境中，萬物各爲個體，散殊分列，雖有類，有因果互相聯係，然但不統於一。在內觀三境中，則由心以統一外物。『在本部所論之感覺互攝境中，人首自覺其感覺所對之萬物散殊之世界，乃爲此能自覺其感覺之心之所統攝，而更視一切客觀的萬物，亦各爲一感覺主體，能互相感覺以相攝，而互相呈現者。在觀照凌虛境中，則於一切類事物之性相、關係等意義，皆將視爲此觀照心靈之所統攝，在道德實踐境中，則將論一切道德實踐之事，與所關聯之其他事物，皆爲此道德實踐心所統攝。[10]』

對於感覺互攝境，唐君毅以感覺之形成，常具有空間性，爲一運動的歷程，植物雖沒有凸出的感官，祇能以自己的體去接受外物的感觸，但接到感觸後，如熱、如火，則運行這種感覺於全身的細胞中，在自己體內，有空間的三方向。『然凡上述之有生之物，皆欲求其自身與後代之生存，而依此未來之目的，以定其現在生感後之反應，以此反應與所生之感，交相爲用，以成其生命之相繼歷程於時間之中。無生物則又並此而不能。然無生之物，其同類者恒在空間中相攝聚而並存，亦當有其相聚所生之感。異類者或相攝受，相化合以成新物，亦當有其相化合時所生之感。(一四)』唐君毅以一切物體，有生物和無生物，皆具有一廣義的感覺，因爲物體都彼此有些相似，對於感覺也應相似。物所以能感覺，是物在自身之存在中，虛出地位，以攝受其他存在。卽在所虛出自身之空虛，可以容其他存在，處於虛中，取得位置。

物體相感如具有模倣能力，則必引起模倣，物體便彼此相通，這種相通可以說是自然生命中之仁，表現於模倣認同，發生追求同類化的生命活動。無生物雖沒有模倣的本能，不能互相溝通，然無生物常是同類並存，同類之中有相愛相結。因此，物體都具有廣義的相感和廣義的相通，以求自己的生存。

觀照凌虛境，爲第五境，卽觀意義之境。『此所謂意義，卽只是一內容的意義，而非其外指的意義。對此內容的意義之認知，初純爲直覺的，或直觀的，辨其同異與涵蘊等邏輯關係，卽爲直觀的理解，展示此理解，則爲邏輯的陳述。(一五)』此種意義並不包括判斷，稱爲純相或純意義。但在認知意義以後，自可形成一似命題判斷的語句。

所謂觀照凌虛境，是將感覺所得性相的表現，提升到一超出過去現在將來的時間，不由回憶，而由直觀以觀性相，又由一相而向他相，觀可相通達的相和關係。由一所觀，以運其觀，以轉向他相所觀，相通相達，乃成爲觀照。物物對照，人心處於對照的光中乃能靜而脫離物的感覺，而有善美的原始欣賞。

人的語言、文字、文學、藝術、數學、幾何學、哲學所表現的一切意義，都是人所創造，都依人之觀照心靈而呈現，也存於這觀照心靈之中。

唐君毅以語言爲橋樑，用在時空中有聲形屈曲的表象，加以組合排列，對於組合排列不同者予以排斥。人用一語言時，其餘一切語言全部銷除，歸於無言無義。然除意義的排斥外，語言常可引起同類事物的性相，由一語言而通於另一語言，造成一種觀境，有如中國文字的比興，造成美術的境界。

在美術中，人能直觀一切類兼不類的性相。這種直觀都常和「數」相連，尤其是音樂聲音的振動，直接和數相連，數的次序，是在一經歷時間的思想構造中所形成；有自然的次序，按邏輯上理性的次序，一必先於二；有心理的任意的次序，人心可以想二先於一。數的意義和類常不變，然而次序則可由觀照之心，凌虛而想一種數的世界，在數所表現的事物中，相通相達。在數學演算歷程中，數值不相同之數，都可用加減乘除使之相同，又一切不同之數，莫不可用加減乘除以同於零。於是一切數的演算，都可說是「出沒升降於一零之世界中」。

對於邏輯判斷，由肯定否定相順相繼的歷程，表現一種理性的歷程，不由外來，故可稱爲人的思維活動自身的理性，邏輯的肯定和否定，都爲判斷眞假。在未判斷以前，理性沒有肯定否定，在推理完成以後，理性也歸於虛寂。『由此而吾人卽可觀照：此能發肯定否定之活動之心靈之自身，與其中之理性虛寂性，而以此虛寂性，爲其肯定否定之思想活動之原，亦一切必有所肯定或否定之邏輯命題，一切命題之原，今透過此原，以觀其流，則整個之邏輯命題，與一切命題之世界，卽無不虛寂，而皆存於此虛寂之境中，似實而虛之觀照境中之鏡花水月而已？㈥』

哲學觀物，重在觀物的意義，在觀事物的存在，實體、作用，都是觀存在的意義，和存在實體的意義。終歸於脫離一切存在，以存在意義置於凌虛的境界。凌虛境界的哲學觀點，以普遍觀念爲根本觀點，普遍觀念由人所造，然而人創造普遍觀念，自有其自然性和客觀性。但人不能說哲學中之義理，離開哲學心靈而自成一實在，『因此哲學義理，亦只對一切哲學心靈爲客觀必然，而次第展現故。此次第展現，卽此哲學心靈之次第自己超越，而化爲一能知進步之哲學義理之心靈，此進一步義理，只爲此進一步之哲學心靈之所對，亦卽對此心靈而呈現故。㈦』

唐君毅以道德實踐境和上面的各境都不相同，卽一觀虛，一現實，上面的五境都是凌虛觀事物的意義，皆在現實存在事物的上一層；道德實踐境，則是心靈對於現實存在的事物，兼有「應其存在」的感覺，又更以由觀照所得的理想意義，和實感相遇，以求繼續實現這理想的意義，構成現實存在事物的道德理想，『此理想爲人所自覺，卽爲一道德目的，此道德之意義爲一普遍者，卽爲合理性者。人之實現此合理性的理想目的之行爲，卽爲道德之實踐行爲。由此行爲以實踐此理想，卽對此理想之實現，在道德上有所負責，亦對此現實存在之世界，其前之爲如何，與其後之爲如何，有所負責。人能生活於此在道德上對之有所負責之世界中，卽生活於一道德實踐境。(18)』

「此道德實踐中之世界，可為一無所不包，無所不涵之世界。亦為一可涵攝其餘一切生活境界之高一層位生活境界，其故在其餘生活境界之本身雖非道德實踐境，然亦皆初恒有一人所不自覺的道德實踐之事，支持其存在，亦賴人之自覺的道德實踐，以使其長久存在，而又擴大提昇，至更高之境界者，故人之其餘之生活境界，亦皆可自覺或不自覺的具有道德的意義，人亦皆可涵攝此意義於其道德生活之境界中。」（同上）

人的各種生命活動，應該和心靈所遇之境所屬之類相應。人心靈所遇的境在內容上有大小高下的次第，生命的活動的進行，也該依這次第而有次第，以求和境相通，而又導向更大更高的生命境界。爲求生命活動和境相通，應以這次生命活動的價值和境的次第相應，價值相應者，則爲當有的生命活動，不相應者，則爲不當有的生命活動。因此人類充份運用自然具有的理性，以建立價值的原則，而必於原則以作裁決。

人的心靈爲無限，但對他人之心靈則自覺我不能盡知，也不能控制，乃感到自心爲別人心靈所限制。若人對此限制能予以接受，而又求以我的無限性心靈，和別人具有無限性的心靈相貫通，人便可得到一必然的超升擴大自己心靈與生活境界的道路。

因此，旣有別人的心靈存在，彼此心靈可有共知，共知則證明有一客觀存在的世界，人乃能有同情共感互助之事。在這世界中，每人的道德心靈自成一主體，互相涵攝，成一共以道德人格之完成爲目的之世界。

道德生活以完成人格，是否有一目的。唐君毅答說：『吾將說此道德生活之當有，不能另有一道德生活外之理由。此卽因此生活不能更有其上其外之目的。……人若謂吾人之道德生活所懷抱之目的，爲求自己之幸福，或完成上帝造人之意旨，或促進社會之文化，或完成自然宇宙之進化，則此乃謂此道德生活爲一手段，而此諸目的則在其上其外，道德生活乃爲達此諸目的之一手段，而成爲當然。但此說顯爲悖理者。……此生活本身，已依理性規定爲當然，則待其外之更爲一理由，以使之成爲當然。……由上所論，人之成其道德生活，以至成聖成賢之事，皆不能說外有目的，以一切目的皆在有此生活之心靈之自覺中故。於是此道德生活全部是自生、自進、自主、自動、自立、自化、自成、自得，以至於高明廣大之域，以參於天地，通於神明。(兄)』

唐君毅以人的心靈爲自有、自主，自作主宰；但若主張生命的超越，人的心靈須提升到超於自己的境界，且須肯定有一超於心靈的最高存在，人的心靈應依這最高存在而活動，則道德生活的目的，不能說就是道德生活的本身，道德生活乃爲發展並提升人的生命，在這種目的中，道德生活不是手段或方法，而是目的之實現歷程。

丙、超主觀客觀境

唐君毅首先說明人心靈能有「超主觀客觀境」，因人心靈既能有主觀的自覺，也能有客觀的辨別，且又傾向於一無限之境，故人心靈能有超主觀客觀的絕對境，

歸向一神境，指的是天主教的信仰，人心靈歸於一絕對眞實，因爲人爲正義道德，敢於捨生，心靈超於生死之上。又人對於所愛的人，當他們死時，常希望他們不死，這種希望超於生死。凡是人，在爲善的時候，常覺自力不足，祈望一超凡的神力來助，這種祈望也超於

現實，所以人的心靈本是傾於超主觀客觀的境界，而有宗敎信仰。

西方哲學從希臘就開始有一神信仰的思想，以後猶太敎全心信仰上帝天主，耶穌基督繼承了這種信仰，以上帝天主爲唯一尊神，西方哲學接受這種信仰，試圖以哲學理論證明這唯一絕對實體的存在。唐君毅認爲西方哲學對於上帝存在的本體論論證，和宇宙目的論都不正確，因爲本體論論證以「完全者必存在」爲根據，由上帝自身之爲無限存在上措思，然而就存在本身說祇是一個意義，無限存在和有限存在同爲存在，且人認識存在時，常由自己生命存在而想。故由無限存在者本身必完全，完全者必存在，思想的途徑不正確。對於宇宙論的宇宙目的論，思想途徑同樣不正確。『吾今之意，則以爲此論證與前一論證之共同處，在其皆不直下由世間物之存在，以上達於上帝之存在；而初由設想世間物之爲偶然存在而不存在，世間物之有目的者爲偶然存在而可無者，以推論上帝之存在。此卽由一思想方向上一大歧途，而有之大迂迴、大顚倒，而導致此二論證之種種困難之根源。㈢』但是實際上聖多瑪斯提出這種論證是由世間物體而上升到絕對實體，祇是所用的原理，則是本體論的理由，有限存在爲偶然存在，偶然存在不能自有。

唐君毅又批評康德和來布尼玆的論證，他述說了他自己的意見，他主張人心靈和絕對實體的理解有兩種途徑，一種爲人在宗敎生活上的直接理解，一種爲哲學的理解。宗敎生活的直接理解，在於人心能因一項公共的災難，打破所有的封閉限制，一心之心有萬衆人的心，萬衆人之心存於天地之間，人心和天地相融，「由此而自人之對此心靈之呈現與存在，見其超越在上，而又不離人我而觀，卽更可視如一『洋洋乎如在其上，如在其左右』之普遍心靈與神靈，人之道德生活卽通於宗教生活，而人亦對此普遍心靈或神靈，依其爲超越，而有崇敬皈依之心，依其不離人我，而對亡有一親切之感，與互相感通之情，人之將此神靈，予以特定名字，……卽可形成一特定宗教。㊂」哲學的理解，『賴於對吾人之一般理解事物之方式，次第加以提升擴大，而將其原來之方式，加以銷磨，以使人之思維，由此諸方式之銷磨中，而自其中之限制封閉，一一拔出，此則恒須經一長久之哲學思維上之工夫，非凡人所能耐，非短智者之所能及。㊂』『思議者，哲學之事，超思議者，超哲學之事。在哲學中言，必盡哲學之事之量，方能及以超哲學之事。人由超哲學而唯以默想工夫，以使其神明契神靈，而人之神明中，乃只有此神靈之充塞瀰淪於世界，以超越一切存在於其中，則人可以上達於神靈之唯一無二，而亦可歸向於此一神靈，以安頓其生命矣。㊂』

唐君毅的歸向一神境，純粹從心理方面着想，雖說是講「觀」，然不能不講本體，他批評西洋哲學論神存在的論證，也不是由本體論去批評，也是由心理方面的「觀」去批評，「差之毫釐，謬以千里」而成一種泛神的宗教心理論。

我法二空境，爲佛教的觀法。佛教被我執和法執，破除對我和事物的存在所有的分別執着。所謂執着卽是相信爲實有，我法本空，凡夫俗子卻執爲有，產生一切煩惱痛苦，佛教第一步智慧教人破除我執法執。然執着我法爲空，仍有所執，佛教進一步教人各種空觀，以我法爲有非有，爲空非空，空亦不有，不有亦有的平等觀。但是爲何是有或是不有？中論講八不，不生不滅，不常不斷，不一不異，不來不去。把一切歸之於因緣，因緣或有或不有。最後之因緣，在於眞如，眞如緣起觀解決一切問題，禪觀使人澄清一切思慮，直接和眞如相接相融，一卽一切，一切卽一，一入一切，一切入一。

天德流行境，爲儒家的道德生活，進而和天德相合，天德流行於人德中。所謂天德流行境，乃於人德之成就中，同時見天德之流行，故爲超越主觀客觀之境。

「然此不同於歸向一神境，乃由自下而上之縱觀，以見一統主觀客觀之上帝或神靈之存在，以使吾人之心上達，而超主觀客觀之對立者；亦不同於佛教之破主觀之我執，客觀之法執，橫遍十方世界，如實法界中主客內外之一切法之性，更使智慧下澈，而超主觀客觀之對立者。今茲所言之使人德成天德之流行，要在順吾人生所存在之次序進行，與當前之世界之次第展現於前，依先至後，由始至終，由本至末之順觀，以通貫天人上下之隔，亦通物我內外之隔，以和融主觀客觀之對立，而達於超主觀客觀之境。(二四)」

儒家要人存養自己心靈之善，在心靈和外物相接觸時，心靈的存在和外物的存在相感通。心靈乃超越自己所有的限制和封閉，順成人之自然生命，將生命的心靈中性情，盡量發揮以至於極，而成爲一天德流行之心靈與精神生命。自然生命的流行，第一爲父母子女中間的感通，卽孝弟之心，然後有個人與個人的感通，乃有忠信善德。『此純全是天德流行之聖賢之心靈生命，乃直以人格世界，德性世界，爲其心靈所對之境，而此心靈具此心靈之人格，亦存於此境中，以爲其自心之所對。(二五)』

唐君毅以人初生，是從無中空中突破而出，創出新生。此新生本身是空寂然，是赤裸裸的生命，是一純潔之善的靈覺，在赤裸裸的生命中，雖藏有生命發展的本能，但在生時，忘卻這一切的本能。然所忘卻的本能，必有一超越形上的根原，對此根原，可稱爲天、上帝、如來藏心。新生的靈覺對此根原也有忘卻隔離，然後由人心反省而否定隔離，卽否定否定，以成肯定，使新生成爲有，而有生命之理之道，儒家以超越根原爲天，理爲天理，道爲天道，在生命存在與外物的感通中，盡性立命，以達天德。

3. 結 論

唐君毅討論了九境以後，寫了他生命哲學的結論，名爲通觀九境，共爲五章。解說九境溝通的途徑，然後論說生命存在之理和生命存在之相，以「盡性立命」作爲生命的化境。

唐君毅所講的生命存在，卽是心靈活動，心靈活動卽是知識，知識乃是觀，觀所造成者爲境，在心靈的境中，有主體有客體，然而心靈觀物之境成立對，主體客體兩相忘卻。每一項知識都是這種心境，知識間的關係，稱爲心境關係，心境關係互相錯綜，也是心境互相內外的關係。但這種關係，不是究竟觀，祇是過渡之觀。這過渡之觀，在生命存在中，化爲實有之思想歷程，將心靈化爲實有。心靈化爲實有，必超於當前心境的心靈，成爲一客觀的實有。這客觀的實有心靈必超於當前心境的主體客體，又兼通這主體客體。這超越的心靈實則爲當前主觀心靈所化成，由能化成之能，以連結當前主觀心靈與化成的超越心靈，乃有「究竟觀」之義，在當前主觀心靈之境中，初必視其所對之世界或境界，爲一客觀存在的世界；再加反省，乃知這客觀存在之世界，屬於一主觀之心靈；再次往究竟觀乃知有一超越主觀客觀的心靈與世界。由這三種境界構成心靈九境。

在客觀世界三境中，心靈觀外物個體的無窮；在主觀世界三境中，心靈觀自己的無窮，能融攝外物無窮的體、相、用。在後三境中，歸向一神之境，使人心次第上昇到絕對實體，不以絕對實體爲外，而在自己心靈中，自己的心靈化成一無主觀客觀的心靈。絕對實體乃一大心靈，下降到無主觀客觀的心靈，兩相結合，兩者的界限消失。而絕對大心靈卽可說原本在無主觀客觀的心靈中。

這種主觀心靈原有隱藏的大心靈，可以說是如來藏。祇因人心無明。隱而不顯，破除無明，次第感通，在歸向一神境，以體大勝；我法二空境，又以相大勝；盡性立命境，則以用大勝。

生命存在心靈的主體，不是由經驗而成的經驗的我。這主體，卽爲一通客體的天道。對心靈而言，可稱之爲靈覺或靈覺之心靈，又進一步說，『此主體卽其諸用相之集合所成之一名，而實另無所謂主體。(二六)』人常見心靈的活動，繼續不已，便想有一常存的根原，常存的根原便是心靈，卽是主體。

生命存在之事和用的理；在西方科學中，事和理常對立，但是理和事應合爲一，理在事中，『此一切之所以成，其中卽有通貫此一切事，使一切事得相續，成爲可能之理在，則此理皆所以說事，亦在事中行，其超越已有之事之意義，亦見於其成以後之事。……然此理在事中行，以通貫事爲了義，人仍可如自立此事理二者之外，將與事與理二者相對，而可以依事疑理，依理疑義，成種種根本上之疑惑，而生種種之玄談。㈡』

理在事中，這種理須由心靈去觀才現，和主觀的心靈相連，必須自主觀之生命存在中去體驗、去實踐，方可盡此中之義。因此，觀「存在之理」的相，才能了解生命存在中之「眞理或道」和「存在」的意義。

「於此吾肯當說者，是人之欲求其生命心靈一方感世界事物之存在，而又不失其自身之存在之一道，卽在：將其所感之事物，不斷感之，亦不斷推出於其所感之外，而外在化之，客觀化之，更以其心靈之光輝虛涵之，觀照之，再求定其時空之位，而知其因果，辨其類，……以成吾人之客觀知識，乃人生命心靈之一內在之能，……人若將其一一所感，一一客觀化之後，順之以形成一一觀念，而皆卽還以判斷一一所感，人皆可形成一全部不誤之真知識之系統。……一方見其生命心靈之存在於此虛涵觀照之活動中，而亦存於此所感之一切世界事物之上一層位。此卽此生命心靈於此階段中，求自己存在於其感世界事物，與所感世界事物之事之上之正道也。㈥」

然而生命心靈之觀照，在於提昇人的生命，提昇之道，在於盡性立命，人的生命的提昇，首要生活理性化，使當前的生活，對境無所不當，「不思而中，不勉而得。」然這種境界乃聖人的境界，人勉力以行，常覺一生不能實現，乃有來生的信仰。成聖之生命，爲至其極而得其所止息之生命，成聖爲個體之事，一人成聖，不是全部人都成聖。因此，聖人乃敎化他人，使他人之生活也全部理性化。人皆可爲堯舜，佛教以人人皆可成佛，聖人和菩薩乃普敎一切人。宗教的信仰，在這一方面，有存在的理由。『依安常之道，人只當存此超越的信仰，以此信仰感通於所信仰，而此信仰卽屬於其心靈之自覺，而非此心靈之自覺，屬於此所信仰者，以此心靈，對此超越的信仰以外之存在，如一般所謂他人他物，亦只當本其心靈之自覺，與之相感通，而不能將此自覺隸屬於他人他物者。(二九)』在互相感通之中，留有一精神空間；卽在一個人的自身也有一精神空間，卽在現實的我和理想之我中間有一距離。在精神空間之中，人乃能發揮生命存在心靈，以盡性立命。

唐君毅在全書的後序中，說明他寫這書，是以「道」敎人，又說明書中自有他自己的主張。他的主張，是想會通儒家和一神敎及佛敎。

「在人中，則唯有其自然生命之活動之自然合理者，與其自覺的思想，自覺的

> 生活之為自覺的合理性者，能真實存在。一切人中唯其全幅之自然生命與自覺的生活思想，而為天理流行之聖人之全幅生活，能真實存在。一切人與有情生命，亦唯於其超升而化同於聖人生命時，乃能全幅真實存在。……一切聖人之所以成聖之泉源，亦只為一宇宙之真實生命，一切聖人之生命心靈，只是一宇宙之心靈，或吾人所謂宇宙性之神聖心體。唯此宇宙之真實生命，與其心靈或神聖心體，能真實存在。謂此即天或上帝，即入於一神教之途。(三)」

然唐君毅不接納一神敎之信仰，也不接納佛敎的信仰，他相信儒家「盡性立命」爲生命存在的眞實意義。若合一神信仰與佛敎普渡羣生之說相連，則都可有絕對的意義，以成旋乾轉坤的德業。

若想批評唐君毅的思想，決不是簡單的事。但是最重要的一點，他以心靈生命爲中心，心靈生命爲知識，知識爲觀照，觀照則按佛敎所講，爲心靈光的觀照。用這種思想批評其他思想，用這種思想建立合融儒、佛、基三種思想，很難說有成功。

註

㈠此段緒論的資料，取材哲學與文化月刊第五卷第四期，民六十七年四月，唐君毅紀念專號。
㈡哲學概論，上冊，頁四，九龍友聯出版社，民五十年。
㈢同上，頁一二—一三。
㈣同上，頁一三—一四。
㈤同上，頁一四。
㈥同上，頁四七。
㈦同上，下冊，頁六六三。
㈧同上，頁六九二。
㈨同上，頁六九三。
㈩同上，頁七一八。
(十一)同上，頁一〇一九。
(十二)同上，頁一〇三九。
(十三)同上，頁一〇四三。
(十四)中國哲學原論（導論）頁二—三，人生出版社，民五十五年。
(十五)同上，頁一六。
(十六)同上，第一章，頁三。
(十七)同上，第一章，頁五。
(十八)同上，第一章，頁十六。

(十九) 同上，第一章，頁二三—二四。
(二十) 同上，第二章，頁五〇。
(二一) 同上，第二章，頁六九。
(二二) 同上，第三章，頁七三。
(二三) 同上，第三章，頁七四。
(二四) 同上，第三章，頁九七。
(二五) 同上，第三章，頁一〇七。
(二六) 同上，第三章，頁一〇九。
(二七) 同上，第三章，頁一一五。
(二八) 同上，第十二章，頁三六七。
(二九) 同上，第十二章，頁三九八。
(三十) 同上，第十二章，頁三九八。
(三一) 中國哲學原論原道篇卷一，頁五一，新亞研究所出版，民六十二年。
(三二) 同上，第一章，頁七五—七六。
(三三) 同上，第二章，頁一四七。
(三四) 同上，第二章，頁一四八。
(三五) 同上，第五章，頁二一二。
(三六) 同上，第五章，頁二一三。
(三七) 同上，第十三章，頁四三七—四三八。
(三八) 同上，第八章，頁二九六。

(39) 同上，第八章，頁三〇一。
(40) 同上，第八章，頁三一一。
(41) 同上，第八章，頁三一八。
(42) 同上，第九章，頁三二五。
(43) 同上，第九章，頁三三八。
(44) 同上，第十章，頁三四四。
(45) 同上，第十章，頁三四六。
(46) 同上，第三章，頁一五四。
(47) 中國哲學原論、原道篇卷二，第十八章，頁五五八。
(48) 同上，卷二，第二十章，頁六〇九。
(49) 同上，第二十章，頁六一一。
(50) 同上，第二十一章，頁六一八。
(51) 同上，第二十一章，頁六二一。
(52) 同上，第二編，第一章，頁七一六—七一八。
(53) 同上，第二編，第二章，頁七二八。
(54) 同上，第二編，第五章，頁八五四。
(55) 中國哲學原論，原道，卷三。第四章，頁一〇八〇。
(56) 同上，頁一一一三。
(57) 同上，頁一一一四。
(58) 同上，頁一一一六。

(五九) 同上，第九章，頁一一九二—一一九五。

(六十) 同上，頁一二〇七。

(六一) 同上，第十章，頁一二二二。

(六二) 同上，第十一章，頁一二四七。

(六三) 同上，第十三章，頁一三三六。

(六四) 中國哲學原論，原性篇，頁三。新亞書院研究所，民五七年。

(六五) 同上，頁九。

(六六) 同上，頁十一。

(六七) 同上，第十七章，頁五一四。

(六八) 同上，頁五二六。

(六九) 同上，頁五二八。

(七十) 中國哲學原論原教篇・上・第三章，頁五三—五四。

(七一) 同上，頁五五。

(七二) 同上，第四章，頁八五。

(七三) 同上，第五章，頁九一。

(七四) 同上，第七章，頁一四一。

(七五) 同上，第十章，頁二〇二。

(七六) 同上，第十一章，頁二六八。

(七七) 同上，頁二七四。

(七八) 同上，第十二章，頁三三四。

(79) 中國哲學原論原教篇・下・第二十章，頁五一七。
(80) 同上，頁五一九。
(81) 同上，頁五二三。
(82) 同上，頁五三四。
(83) 同上，頁五四〇。
(84) 同上，第二十二章，頁五五五。
(85) 同上，第二十三章，頁六一二。
(86) 同上，頁七一一。
(87) 人生之體驗，頁一，人生出版社，民四五年。
(88) 生命存在與心靈境界，上冊，頁二〇，學生書局，民六十六年。
(89) 人生之體驗，頁一。
(90) 生命存在與心靈境界，頁一。
(91) 生命存在與心靈境界，上冊，頁二十五。
(92) 同上，頁二十九。
(93) 同上，頁二。
(94) 同上，頁一。
(95) 同上，頁三。
(96) 同上，頁四四—四八。
(97) 同上，頁八七—八九。
(98) 同上，頁一一八。
(99) 同上，頁一七七。

(10) 同上，頁一八一。
(11) 同上，頁二一五。
(12) 同上，頁二六二。
(13) 同上，頁三三八。
(14) 同上，頁三八二。
(15) 同上，頁四三三。
(16) 同上，頁五三九。
(17) 同上，頁五四四。
(18) 同上，頁五九八。
(19) 同上，頁六五七—六五九。
(20) 生命存在與心靈境界下冊，頁七〇九。
(21) 同上，頁七四二。
(22) 同上，頁七四三。
(23) 同上，頁七五一。
(24) 同上，頁八三三。
(25) 同上，頁八六四。
(26) 同上，頁九九八。
(27) 同上，頁一〇四三—一〇四四。
(28) 同上，頁一一〇五—一一〇六。
(29) 同上，頁九八一。
(30) 同上，頁一一七七。

第八章　馮友蘭的哲學思想

一、概論

馮友蘭（一八九五——一九八九），字芝生，河南省唐河縣人，畢業於北京大學，美國哥倫比亞大學哲學博士。曾任河南中洲大學教授兼文科主任，唐東大學、燕京大學、清華大學、西南聯合大學、北京大學哲學教授。卒於民國七十八年，十一月廿六日。《中國哲學史新編》第七冊第七十九章，講馮友蘭的哲學體系，他自己講自己的哲學，但在台灣出版書中，註明他的生卒年，卒年爲一九九〇年乃是錯誤。

馮友蘭講自己研究哲學的工作，「從此開始以後，直到現在。六十年來，我的哲學活動，可以分爲四個時期。第一時期是從一九一九年到一九二六年，其代表作是人生哲學。第二時期是從一九二六年到一九三五年，其代表作是中國哲學史。第三個時期是從一九三六年至一九四八年，其代表作就是抗戰中寫的那六本書，日本已有書店把它們合印爲一部書，題

爲貞元六書。第四個時期是從一九四九年到現在，其代表作是尙未完成的中國哲學史新編。」(一)

但是第一期的作品人生哲學，祇是他的博士論文，不足以代表他的哲學，我爰用他的後三個時期，分他的哲學思想，爲三個時期。

馮友蘭經過了中華民族最大變動的時期，他的生命很坎坷，他卻一心想繼承中國哲學的傳統，在日本侵華和中共專政時，企圖使中國哲學現代化以迎合時代。中共攬權了，專制集權於馬克思主義，他認爲中國哲學將被根斷，乃用唯物辯證論的思想，再寫中國哲學史，稱爲中國哲學史新編，除了二十年的工夫，到去世前不久才完成，他相信這樣可以使往聖的絕學能夠繼續下去。但是這祇是他的一片苦心，實則中國哲學史新編所寫的哲學，已經不是往聖的絕學，而是馮友蘭用唯物辯證論所解析的社會學思想。而且他自己在寫這種書以前，聲明他以前所寫都不代表他的思想，在這種書的最後幾章寫中國當代哲學思想，有一章講他自己的思想，卻又以新理學爲主，代表他的哲學體系，祇是承認自己哲學有矛盾。在全書的總結，卻全心回到中國傳統的哲學，又不稱孔丘而稱孔子。語言上不敢明言，內心卻已顯露，因爲這時侯，大陸已經是鄧小平時代，較爲自由了。我們可以諒解他的苦心，但對他改變思想那麼快，那麼徹底，以迎合時代，則不能看到他的節操。

這是人生的悲哀，一個有思想的人，竟因外在的政治壓力而改變自己的思想，接受施行壓力者的思想。他還認爲他是在保存中國哲學的命脈，實則是在斷絕中國哲學思想的傳統。民國七十一年，我在夏威夷大學參加朱子學會議，馮友蘭也在。會議開幕時，他的女兒代他讀他的一篇英文開幕詞，接著我是第一個宣讀論文的。在一週的會議中，我們常見面，但沒有談過話，我看他老態龍鍾，從未有過笑容，我料想他心中必有很深的感觸，只爲他悲哀。

二、中國哲學史

一九八三年十月三十日，馮友蘭爲他的中國哲學史寫了一篇新序。他說：「它反映了當時中國學術界的一些問題，一種風氣和一定的水平。除了它所講的中國哲學的歷史之外，它本身又是中國哲學史的史學史的一部史料。」㈡他把自己所著的中國哲學史已經看作史料，新版時，一字不改。這本哲學史已經不代表他現在的思想了，只代表他第一時期的思想。

民國二十二年中國哲學史全書出版又作一篇自序，序中說：

「此第二篇稿最後校改時，故都正在危急之中，身處其境，乃真知古人銅駝荊棘之語之悲也。值此存亡絕續之交，吾人重思吾人先哲之思想，其感覺當如人疾痛時之見父母也。吾先哲之思想，有不必無錯誤者，然『爲天地立心，爲生民立命，爲往聖繼絕學，爲萬世開太平。』乃吾一切先哲著書立說之宗旨。無論其派別爲何，而其言之字裡行間，皆有此精神之瀰漫，則善讀者可覺而知也。」㈢

他在前兩年出版的書裡，複印了這兩篇序，但是他後來在共產黨專制壓力之下，在民國四十年，卻聲明「我過去的哲學思想，阻礙了我自己的進步，並且阻礙了別人的進步。」㈣不過他的哲學史在共產黨佔據大陸以前，在中外學術界，曾發生過相當的影響。

中國哲學史，分爲兩篇：第一篇講子學時代，從先秦到漢朝，第二篇講經學時代，從漢朝到清朝，他的注意力在於子學，即先秦諸子的思想，共十六章，合成上冊。第二篇也是十六章，合成下冊，但是在漢朝有漢易，在唐朝有佛學，對這兩部份思想，講得簡略，對於宋明理學，也只是挈綱提要，明末清初的王夫之爲清代唯一的理學家，遠在顏元李塨之上，馮友蘭則一字未提。

馮著中國哲學史的長處，和胡適的中國哲學大綱的長處一樣，在於開創用研究西洋哲學的方法，講論中國哲學思想，使研究中國哲學的人，能夠分析中國哲學思想，得有清楚的認識，古代中國哲學家素不注意方法，「故在中國哲學史中，精心結撰，首尾貫串之哲學書，比較少數，往往哲學家本人或其門人後學，雜湊平日書札語錄，便以成書。成書既隨便，故

其道理雖是自立，而所以扶持此道理之議論，往往失於簡單零碎，此亦不必諱言也。」(五)

但如他自己所說，他的中國哲學史代表當時學術界的一種風氣和一定的水平。（自序三）所以他對中國哲學特點的解釋和歷代哲學家思想的論述，說法多爲正確，但內容較目前（五十年後）講中國哲學者所說的內容，則較爲淺薄。那時以新方法研究中國哲學還在開始的時期。例如講哲學方法：「近人有謂研究哲學之方法，與研究科學之方法不同。科學的方法是邏輯的、理智的；哲學之方法，是直覺的、反理智的，其實凡所謂直覺、頓悟、神秘經驗等，雖有甚高的價值，但不必以之混入哲學方法之內。無論科學哲學，皆係說出或寫出的道理，皆必以嚴苛的理智態度表出之，凡著書立說之人，無不如此。」(六)又如論中國哲學：「中國哲學家之哲學，在其論證及說明方面，比西洋及印度哲學家之哲學，大有遜色。此點亦由於中國哲學家之不爲，非盡由於中國哲學家之不能，……蓋中國哲學家多未有以知識之自身爲自有其好，故不爲知識而求知識也，即直接能爲人增進幸福之知識，中國哲學家亦只願實行之以增進人之幸福，而不能空言討論之。」(七)「中國哲學家，又以特別注重人事之故，對於宇宙論之研究，亦甚簡略。故上列哲學中之各部分，西洋哲學於每部皆有極發達之學說；而中國哲學則未能每部皆然也。不過因中國哲學家注重「內聖」之故，故所講修養之方法，即所謂「爲學之方」，極爲詳盡。此雖或未可以哲學名之，然在此方面中國實甚有

貢獻也。」(八)

評語正確，論述的理論尚淺近，未克深入。

在評語和論述中國哲學方面，則較胡適更爲適合中國哲學家的思想，不專從名學方面去看，但是他對易經的評價則不如胡適，他竟把易經和淮南子相並舉，放在秦漢思想的最後一章，只講了漢易的一部份，根本沒有懂到易經的形上思想。因此，對於宋明的理學，也述說得簡單，尤其對王陽明的哲學和他弟子們的思想，講述更少，而且很淺。然在系統上，脈絡分明，較比民國二十年至五十年間所有的中國哲學史都好。但是所寫的隋唐佛學則缺乏系統，只說到幾處重點。

馮著中國哲學史附有三篇審查報告，兩篇爲陳寅恪的，一篇爲金岳霖。陳寅恪以史家眼光批評說：「今欲求一中國古代哲學史，能矯附會之惡習，而且了解之同情者，則馮君此作庶幾近之。……至於馮君之書，取用材料，亦具通識。」(九)金岳霖以研究哲學的眼光批評說：「馮先生的態度也是以中國哲學史爲在中國的哲學史；但他沒有以一種哲學的成見來寫中國哲學史。」(十)

馮友蘭在中國哲學史顯露的缺點。在於缺乏形上學的學識。他在美國留學時期，和胡適差不多同時，美國那時哲學界是實用主義，根本不承認形上學。而且歐洲哲學界從笛克爾以後，進入了認識論時期，英國的洛克、休謨的實徵論，挖空了形上學的基礎。歐洲科學思想在這時也興盛起來，學者主張以科學方法研究哲學，形上學在十八和十九世紀，已經退隱。因此，馮友蘭和胡適都不注意形上學，乃不注意易經和理學。

三、新理學

馮友蘭自己解釋「新理學」的名詞。「新理學這部書是我當時的哲學體系的一個總綱。如果把六部書作為一部書看，新理學這部書應該題為第一章：總綱。所以新理學這個名字，在我用起來，有兩個意義。一個意義是指我在南岳、蒙自所寫的，商務印書館一九三九年所出的那部書。另一個意義是指我在四十年代所有的那個哲學思想體系。」(十一)

「新理學開頭就說，本書是『接著』宋明以來底理學講的，而不是『照著』宋明以來底理學講底。」(十二)

馮友蘭說明自己從邏輯學進入中國哲學的現代化，從西洋邏輯學的「共名」問題，共名有內涵和外延，「這個道理認識清楚以後，理學的主要概念就都有了。有了這個概念以後，再用宋明道理的有些話相印證，那就是『接著』講，而不是『照著講』了。」(十三)

貞元六書共六冊，爲中日戰爭時，在中國南方的著作，當中日戰時，馮友蘭隨著學校自北平南遷，在湖南南岳衡山居住了些時，他在那時用兩個月的工夫，寫了一冊書，稱爲新理學。那時是民國二十七年，後來他到了昆明，於民國三十三年又寫了新原道，於民國三十五年，又寫了新知言兩書，新原道講述新理學在中國哲學史的地位，新知言則講述新理學的方法。在民國三十年和三十五年間，他還寫了新原人、新世訓、新事論等書。不過就哲學方面說，他自己聲明「將以新理學、新原人、新原道及此書（新知言），爲其骨幹。」㈣

在新理學裡，他講了「理」、「太極」、「氣」、「道」、「性」、「心」以及道德等等問題，他自己對這書的評價說：「此書雖『不著實際』。而當前有許多實際問題，其解決與此書所論，不無關係。故雖知其中心仍有須修正之處，亦決及早印行，以期對於當前之大時代，即有涓埃之貢獻，且以自珍其敝帚焉。」㈤「在中國哲學史中，先秦的道家，魏晉的玄學，唐代的禪宗，恰好造成了這一種傳統。新理學就是受這種傳統的啓示，利用現代新邏輯學對於形上學的批評，以成立一個完全『不著實際』的形上學。但新理學又是『接著』宋明道學中底理學講底。所以於它的應用方面，它同於儒家的「道中庸」。它說理有同於名家所謂「指」。它爲中國哲學中所謂有名，找到了適當地位。它說氣有似道家所謂道，它爲中國哲學中所謂無名，找到了適當地位。它說了些雖說而沒有積極地說甚麼底「廢話」，有似於道家、玄學及禪宗。所以它於『極高明』的方面，超過先秦儒家及宋明道學。它是接著中國哲學的各方面的最好底傳統，而又經過現代的新邏輯對於形上學的批評，以成立底形上學。(十六)他對新理學自許很高，膽敢說是超越宋明理學。但是他到了晚年，經過共產黨的洗腦，卻承認他那幾部書所說的道理都是說錯了。他說：

「最簡單的解決辦法是簡單地宣佈，過去的哲學都是為剝削階級服務的，因而毫無繼承的價值。現在應該不管過去，只當它並不存在。現在應當從零開始，一切都要重新建立，這種觀點顯然在理論上過分簡單化，在實踐上也行不通。……發展過程是一種辯證的運動，用黑格爾的術語說，就是肯定、否定、否定之否定。換言之，就是正、反、合。這樣的合，包括正、反的一切精華。在這個意義上，現在應當包括過去的一切精華。這是解決不同的文化矛盾衝突的自然方式。……：這就是我現在理解的歷史發展的意義。本著這種理解，再來修訂我的著作中國哲學史，我就不躊躇搖擺了。」(十七)

但是在他的中國哲學史新編第七冊，第七十九章講他自己的哲學體系，卻以「新理學」作代表，他承認自己的哲學思想是「新理學」，祇是在這一章的結語，卻說「新理學」的理論矛盾，又否認這種思想的價值。不過，無論如何，馮友蘭的哲學思想是他的「新理學」。我先引些原文，後再解說。

「理」：「朱子以爲理是實際的事物之所以然之故，及其當然之則，我們所說理亦是如此。……程伊川說：『有物必有則，一物須有一理。』一類物之理，亦即一類物之則。我們常說：某方底物比某方的物更方或不如其方，皆依此標準說。若無此標準，則一切批評，皆不可能。凡不承認有理者，對於此點，均未注意。」(十八)

「太極」：「所有之理之全體，我們亦可以之爲一全而思之。此全即是太極。所有眾理之全，即是所有的眾極之全，總括眾極，故曰太極。……太極即是眾理之全，所以其中是萬理具備。從萬理具備之觀點以觀太極，則太極是『沖漠無朕，萬象森然。』『沖漠無朕』，以言其非實際底，『萬象森然』，以言其萬理具備。萬理不生不滅，不增不減，亦可用佛家所說真如名之。真者，一切眾理，皆是真有並不虛妄；如者，一切眾理，皆如其性。不過此真如中萬理具備，並不是空。」(十九)

「氣」：「此所謂料，我們名之曰氣；此所謂絕對底料，我們名之曰真元之氣，有時亦簡稱曰氣。……在我們底系統中，氣完全是一邏輯底觀念，其所指既不是理，亦不是一種實際底事物，是我們所謂氣依照理而成的。……但在中國哲學史中，以往主理氣說，對於氣，皆未能有如此清楚的見解。」(二十)

「陰陽」：「依照動之理之氣，是氣之動者；依照靜之理之氣，是氣之靜者。我們說有依照動之理之氣，有依照靜之理之氣，亦只是就邏輯說。……事實上有，依照某理以成某物之氣之動者，沒有空頭底氣之動者。氣之靜者，亦復如是。……依照某種以成某物之氣之動者，對於其所成之一某物說，名曰陽。與此氣之動者相對之氣之靜者，對於此物說，名曰陰。『對於此物說；』這幾個字是很重要的。我們不只說氣之動者是陽，氣之靜者爲陰，而要加上這幾個字，此是我們講陰陽和前人大不同底地方。照我們的說法，所謂陰陽，是對於一物說的。……舊說常離一件一件底事物，而講普通的陰陽；照我們的看法，此是不能講的。……我們所謂動靜陰陽，在事實上統是對於一物說。」(三)

「四象」：「但我們不妨仍用四象之名，以指我們所謂少陽、太陽、少陰、太陰。在我們的系統中，兩儀是兩個邏輯的觀念，以指一事物所有之兩種成分；四象是四個邏輯底觀念，以指此兩種成分之四種變化。」(三)

「性與命」：「某一類中之事物所以必依照於某理者，自其必依照而不可逃言，則謂之命。自其因依照某理而得成爲某一類事物而言，則謂之性。……每一事物，從其所屬於之任何一類之觀點看，其所以屬於此類之性，是其正性，其正性所涵蘊之性，是其輔性，與其正性或轉性無干之性，是其無干性。」㈢例如人之所以爲人之性爲正性，人性涵有動物之性，爲轉性，人有高低等等性，爲無干性。

「心」：「心亦是實際底、形下底；心之理是形上底。心之理是有心之物之義理之性。有心之物所實際地依照於心之理者，是其氣質之性。」㈣

上面所引的話，都是關於宋明理學的理論方面的觀念，對於實踐方面，在下面我們再看貞元六書的新原人、新事論、新世訓。

新理學的理論方面，有新知言、新原理、新原道三部

「新知言」爲方法論，第一章論形上學的方法，我在上面說過，馮友蘭在美國留學時期，沒有研究形上學，後來他講形上學仍舊不是形上學，他卻批評歐洲傳統的形上學不是真正的形上學，「真正的形上學，必須是一片空靈，哲學史上的哲學家的形上學，其合乎真正的形上學的標準的有多少，視其空靈的程度，其不空靈者，即是壞的形上學。」㈤馮友蘭對形上學的意義，他說：「形上學是哲學中最重要的一部份，因爲它代表人對於人生的最後的覺解。這種覺解，是人有最高境界所必需的。」㈥這種形上學最中國的哲學，是中國哲學的

天人合一的境界，要是空靈虛明的。形上學的方法，不用正面用邏輯分析法，而是用負面方法用「烘雲托月」說其不說法。「形上學的命題，對於實際，無所肯定，至少是最少肯定，所以是空底。其命題對於一切事實，無不適用，所以是靈底。」(三七)

哲學研究有哲學的方法，無所謂形上學的方法。馮友蘭在書裡比較形上學方法，和邏輯學方法，科學方法以及數學方法，所說的形上學就是普通哲學。他認爲這種形上學爲西洋傳統形上學，爲壞的形上學，真正的形上學，乃是空靈的中國形上學。他的新理學的方法，是真正形上學的方法。「它的主要底觀念，可以四組主要命題表示之。其四種主要命題：或是，或幾乎是，重複敘述底。就一面說，這些命題都是包括很廣；就又一方面說，又都對於實際沒有，或其少，肯定。」(三八)他說明新理學依照這種命題法，第一肯定就是事物的存在，第二存在事物中都能存在，即是氣。第三，凡存在都是事物的存在。事物的存在，都是其氣實現某理或某理的流行。總所有底流行，謂之道體。第四，「總一切底有，謂之大全，大全就是一切的有，借用中國舊日哲學家的話說：一即一切，一切即一。」(三九)這種方法，不中不西，「存有」爲一最普遍的觀念，由存有不能引出「氣」觀念，若氣僅是「實際」，則同馮友蘭自己所說「有理必有氣」，「存有」觀念變成「理」，兩個觀念根本不合，存有觀念僅不是存有事物的大全，更不是「一即一切，一切即一」的意義。

上面的一段話，已經說到形上學的內容，新理學一本書，代表馮友蘭的形上學，還有新原道一本書予以補充。整體來說，馮友蘭的新理學，完全成了一套抽象的哲學，跟邏輯學連結得很緊。他自己在中國哲學史新編第七十九章講他自己的新理學，自己批評有理論的矛盾：「新理學作爲一個哲學體系，其根本的失誤，在於沒有分別清楚『有』與『存在』的區別。馮友蘭一方面贊成金岳霖的提法，說理是不存在而有，一方面又隨同當時西方的新實在論的說法，承認『有』也是一種存在。……新實在論者創立了一個似乎合乎邏輯的說法，共相的存在是『潛存』，也是一種存在，不過是潛伏未發而已。……馮友蘭贊成『不存在而有』的提法，另一方面也用所謂「潛存」的說法，這就是認爲共相是不存在而有，同時又承認「有」也是一種存在。這是新理學一大矛盾。」(三十)

形上學不是邏輯學，共相問題是認識論的問題；雖然認識論歸於形上學，但不是本體論。中國宋明理學根本沒有涉及邏輯學的問題，而是一套的宇宙本體論。這套宇宙本體論是活的太極，天地、乾坤、氣、理、性、心、命，以生命達成一貫，牟宗三解釋爲創生，宇宙本體爲創生的天道，天道以大化流行，用理氣化成萬物。人得天地之心爲心故仁，人由仁而和天地相通。相通、相生、相知的過程，神妙空靈。馮友蘭的新理學乃是死靜抽象的邏輯架構，不是連接宋明的理學，有點想仿效西方現代的語言邏輯，內容又完全不相合。他把理、氣、性、心，都作觀念看，是講哲學的普遍分析法，然而完全不同於宋明理學的人生命進展，以達於人生的高境界—天人合一。他批評宋明理學沒有受過名家的洗禮，不免著於形跡，他隨著先秦的道家、魏晉的玄學、唐代的禪宗，利用現代新邏輯學，以成立一個完全「不著實際」底形上學。㈢可以說馮友蘭少年沒有研究形上學，老年經過唯物辯證論的衝擊，由邏輯學講形上學，觀念非常不清楚。

中國傳統哲學的內容爲內聖外王，宋明理學所講多爲內聖的哲學，對外王講的不多；但由大學講外王的齊家、治國、平天下，以修身作根基，孔子講政治爲正，先爲正身，因此宋明理學的內聖包括了外王哲學。馮友蘭的新理學，所有的新知言、新理學、新原道，不是講內聖哲學，而是講邏輯學，他的新原人、新事論、新世訓，也不是外王的哲學，他自己原本有外王的的思想，他在新原人自序裡說：『爲天地立心、爲生命立命，爲往聖繼絕學，爲萬世開太平』此哲學家應自期許者也。況我國家民族，值貞元之會，當絕續之交，通天人之際，達古今之變，明內聖外王之道者，豈不可盡所欲言，以爲我國家致太平，我億兆安心立命之用乎？雖不能至，心嚮往之。非回能之，願學焉。此新理學、新事論、新世訓，及此書所由作也。」

新原人爲一冊人生哲學，講人生的意義。在第十章最後一章講死生，「就上數章所說諸種境界說，對於自然境界中的人，生沒有很清楚的意義，死亦沒有很清楚的意義。對於在功利境界中底人，生是『我』的存在的繼續，死是『我』的存在的斷滅。對於在道德境界中的人，生是盡倫盡職的所以（所以使人能盡倫盡職者），死是盡倫盡職的結束。對於在天地境界中底人，生是順化，死亦是順化。」㈢他說怕死的人，是功利境界的人，怕死的辦法：第一求長生免死，第二求立名以不朽，第三求眼前盡量快樂；第四求靈魂不死。對於天地境界中的聖人，無所謂怕死不怕死。馮友蘭的天地境界爲莊子的真人境界，爲一種虛無的空想境界；他把孔子儒家列入道德境界，沒有瞭解中庸的聖人境界。他的聖人觀，不是內聖外王的聖人，而是飄遊六合的莊子真人。他又把宗教的信仰，放在功利境界裡，根本不懂宗教信仰對生死的意義。我們的宗教信仰，乃是說明生命的意義，指出人生的目標，生死觀由目標而定，不是生死的問題。

新事論不是一冊哲學書，爲普通社會知識叢書，論家族、論城鄉、論家國、論忠者、論教化等事。在第一篇論共殊，第二篇論層次，用邏輯的方法，講社會事物的類別、階級，論到國際關係，俄國共黨、德國社會黨，觀點多有錯誤，全書的意思，「即是想指出中國在近五十年底活動的大體輪廓，以及這個活動的『性』。……近五十年來中國的活動，其主要底趨勢，是從鄉下變爲城裡，從半殖民底地位，恢復以前東亞主人的地位。」㈢

「我們是提倡所謂現代化的，但在基本道德這一方面是無所謂現代化的，或不現代化的。有人常把某種社會制度與基本道德混爲一談，這是很不對的。某種社會制度是可變的，而基本道德則是不可變的。」[34]但是後來他自己否認了這種思想，信從了辯證唯物史觀。

新世訓講生活方法，爲大學所說的修身的書。在緒論裡，他強調人的生活有本然底規律，在物質生活方面有，在精神生活方面有。精神生活方面的規律，中庸稱爲「道」。宋明理學家講生活之道，講的很多，他來講新世訓，稱爲新論。「所謂新論之新，又在何處？這可以分幾點說。就第一點說，生活方法，必須不違反道德底規律。……我們的新論，在一方面雖與宋明道學家的『舊論』不同，但一方面亦是繼承宋明道德家的『舊論』。就第二點來說，宋明道學家所謂『爲學之方』，完全是道德底，而我們所謂的生活方法，則雖不違反道德底規律，而可以是非道德底。……就第三點說，宋明道學家所講，有些雖亦是人的生活所依照的規律，人的生活方法，但他們所講，若不與我們眼前所見底生活中底事，聯接起來，則在我們的心目中，就成了些死的教訓，沒有活底意義。……但我們必以眼前所見底事爲例證，而與以新底說法。這種說法即所謂『新論』。」[35]這四點並不是哲學，只是談文化的常識。馮友蘭後來在中國哲學史新編講自己的新理學，對於這三冊書所講政治社會思想，短短地寫了幾行，把資本主義和階級鬥爭拉進去，說是「也利用近代邏輯學的形式主義

和形而上學的思想方法加以說明，以為理論上的根據。主觀上是以此支持中國近代化，但其現實效果就不盡然了。」(三六)

馮友蘭寫這段話的時代，已經是在中共稍為開放思想自由的時代，他才能在自己的中國哲學史新編以一章講自己的新理學。但說到政治社會思想部份，仍舊不敢多說，祇說是自己主觀的想法，為使中國現代化，話中含著在在客觀上，是要守唯物辯證史觀。

總括地說，馮友蘭的新理學，把宋明理學的主要觀念，改變成抽象的觀念，構成一個抽象的架子，以繼承傳統的理學；然而在形上學方面，觀念不清楚，不成一種學說。

四、中國哲學史新編

從一九四九年，中共政府穩定了以後，馮友蘭的哲學思想也變了。這個時期的代表作品，為中國哲學史新編。

馮友蘭在自序開端說：「在解放以後，在世界上中國是文明古國之一。其它古國，現在大部份都衰微了，中國還繼續存在，不但繼續存在，而且還進入了社會主義社會。中國是古而新的國家。詩經上有句詩說：『周雖舊邦，其命維新。』舊邦新命，是現代中國的特點。

我要把這個特點發揚起來。我所希望的，就是用寫馬克思主義的立場、觀點和方法重寫一部中國哲學史。這種企圖，說起來很容易，實際做起來就困難多了，馬克思主義的立場、觀點和方法，是要在長期生活、工作和鬥爭中鍛煉出來的。專靠幾本書是不能懂得的，更不用說掌握和應用了。……經過這兩次折磨，我得到了一些教訓，增長了一些知識，也可以說是在生活、工作、鬥爭中學了一點馬克思主義的立場、觀點和方法。」

所說兩次折磨，他自己在自序說，第一次，他在文化大革命以前，向蘇聯學術權威學習，尋找一些寫馬克思主義的詞句，作爲框子，生硬地套進去，寫了一部分中國哲學史新編。第二次，在七十年代，用「評法批儒」的說法去寫，又走入了歧途，所以現在是第三次正式以馬克思的思想來寫中國哲學。

上面所說自序，在藍燈文化公司所出版的中國哲學史新編沒有了，這是出版者的不忠實，有心欺騙讀者，因爲這篇自序明明白白地顯出馮友蘭寫這種書的用意和方法。

馮友蘭用馬克思主義的立場、觀點和方法，寫中國哲學史，馬克思主義是種社會主義，觀點和方法也是社會思想史的觀點和方法，不是哲學和哲學史的觀點和方法，他把中國哲學史變成中國社會思想史，而且以唯物辯證史觀的思想去寫。只要看第一冊的目錄，就看到基本的觀點，是階級制度，講商周的思想，標題是「商周奴隸社會的興盛與衰微」，「商代奴隸和勞動人民的生產鬥爭」，「古代素樸唯物主義和自發的辯證法思想的萌芽」，「春秋戰國時期的社會大轉變—由奴隸制度向封建制度的過渡」，「春秋末期軍事思想和經濟思想中的唯物主義和辯證法」。

第三冊以董仲舒和禮記爲中國封建社會上層階段的代表，以黃巾軍爲農民起義的代表。第四冊東漢魏晉南北朝爲門閥士族的社會。第五冊宋明道學時期，爲知識階級的代表，士從地主階級貴族到四氏之首。第六冊，太平天國爲農民大起義。章章節節都是以社會思想爲骨幹。第七十七章講毛澤東和中國現代革命，整篇爲社會革命史，不是哲學思想史。他寫這一篇時，毛澤東已經去世，思想的控制已稍減輕，他才敢說：「他（毛澤東）在中國現代革命中，立下了別人所不能立的功績，也犯下了別人所不能犯的錯誤。」㈦這種哲學史新編中，關於哲學的內容，和中國哲學史舊編沒有多少出入。

在他的舊的中國哲學史裡，他只描寫哲學的內容，沒有敢說哲學是什麼，在中國哲學史新編，他在緒論的第四節就問「什麼是哲學？」他答說：

「哲學是人類精神的反思。所謂反思就是人類精神反過來自己為對象而思之。人類精神生活的主要部份是認識，所以也可以說，哲學是對於認識的認識。對於認識的認識，就是認識反過來以自己為對象而認識之，這就是認識的反思。……列寧說：『哲學史，簡略地說，就是整個認識的歷史，全部知識領域的歷史。』……列寧論黑格爾所講邏輯說：『邏輯不是關於思維的外在形式的學說，而是關於一切物質的，自然的和精神的事物的發展規律的學說。』換句話說，邏輯是對世界的認識的歷史的總計、總合、結論。」㊳

從上面所引的話，我們可以知道馮友蘭的中國哲學史新編完全以馬克思的思想和方法而寫的，而且不是哲學史，乃是一部社會思想史，中國社會的變遷分為三個段落，一次在古代，一次在近代，一次在現代。

「古代有兩個段落，當時各家，都有其發展的過程。在這個過程中，有前期和後期。其前期本書歸入第一冊，其後期本書歸入第二冊。第一冊的歷史時期是從殷周至春秋末戰國初。第二冊的歷史時期主要是戰國。中古時代有三個段落，第一個段落的歷史時期是兩漢，本書歸入第三冊。第二個段落是魏晉至隋唐，本書歸入第四冊。第三個段落是宋、元、明、清本書歸入第五冊。近代和現代，本書歸入第六冊和第七冊。」(39)

我手裡只有已經出版的七冊全書，第一冊緒論的開端就說：「社會制度的轉變，歸根到底，是生產方式的轉變。」這完全是馬克思的思想。

從第一冊的內容裡，我簡單舉出馮友蘭對孔子的看法。「孔丘基本上是一個奴隸主階級的思想家，基本上擁護周禮，但並不是冥頑不靈的。他感到周禮在當時的危機，他也認爲周禮終究必須有所改革。他是一個奴隸主階級的改革派。」(40) 馮友蘭在舊著中國哲學史論孔子說：「總之，孔子是一教育家，『述而不作，信而好古。』（述而）『爲之不厭，誨人不倦。』（述而）正孔子爲其自己所下之考語，由此觀之，孔子只是一個『老教書匠』；但在中國歷史上，孔子仍佔一極高地位。』」(41) 他寫中國哲學史時，正當民初打倒孔家店的潮流中，他對孔子已經不大敬重，現在他寫中國哲學史新編，則完全以馬克思思想的觀點批評孔子，稱他爲奴隸主階級的思想家。

他提出孔子思想的兩個重要觀念，一個是「仁」，一個是「禮」，對於「仁」，馮氏說：「孔丘的反思是很廣泛的，其中最突出的是對於『人』的反思。」(四一)「孔丘認爲，人必須有真性情，有真情實感，這就是『仁』的主要基礎。」(四二)仁是真性情的流露。這一點，他在舊著中國哲學史中也有同樣的主張，然而他還說孔子以「仁」爲全德之名。這一點在新著中就不見了，只是說「仁」代表最高的道德品質。

人的真情流露必須加一番修養的工夫，修養的方法就是「禮」。馮友蘭解釋「禮」：「在古代思想中，特別是儒家的思想中，所謂禮的意義，相當廣泛，左傳引『君子』的話說：『禮，經國家，定社稷，序民人，利后嗣者也。』（隱公十一年）這個君子，指的就是孔丘，照這個意義說，禮包括社會組織、政治體制、社會秩序上層建築。」(四三)人有私慾，私慾擾亂人的真性情，要緊加以克制，克制的規律就是禮。所以馮友蘭按照馬克思的思想和黑格爾的思想，以禮和仁互相矛盾，禮否定仁而得合，合就是中庸。他引孔子的話說：「孔丘說：禮乎禮！中夫禮所以制中也。」」（仲尼燕居）

在中國哲學史新編，馮友蘭講論孔子思想較比原先在中國哲學史中講的更多，但並不是講哲學思想，而是講孔子對宗教，對於文藝，對於學術各方面的態度。對於宗教「孔丘對於鬼神的問題的態度大概是，不明確地否定鬼神的存在，但也不強調鬼神的存在。他認爲，承認有天和天命是最主要的，承認有天命，順天命而行，這就不需要求鬼神的幫助保護。」(四四)

對於文藝，「孔丘評論文藝，有兩個標準，一個是善，一個是美。」(哭)

對於學術，「孔丘自稱是一個儒。儒是奴隸主貴族所用的主管上層建築的官，也是主管古代的典章、制度、典籍、文物的專家。在奴隸制崩潰以後，這些專家流入民間，靠他們的專業知識自謀生活，他們熟悉禮節儀式，可以幫助別人辦紅白喜事。他們掌握古代的典章制度和典籍文物，可以招收學生，傳授這一方面的知識。他們從這些活動中得到一點報酬，以維持生活。孔丘就是這樣的一種人。他在這方面聲名很大，學生也很多。可以說是古代的一個重要的學問家、教育家。」(咒)對於「儒」的解釋，何必牽涉到奴隸制度？商周的時期，哪裡來的奴隸制度？春秋戰國時，又有什麼奴隸制度的崩潰？古羅馬有奴隸制度，俄國有農奴制，中國雖有佃農，佃農卻不是奴隸，硬把馬克思的思想方法，套在中國歷史上！

最後一節，講孔子的精神，他說：「孔丘在他的『道』中，樹立了一個完全的人格標準，他認為人都應該照著這個標準生活以實現這個標準。這樣的生活是一種幸福的生活。這種幸福，他稱為樂，這種樂並不是一種肉體的快樂，而是一種精神的平靜和滿足。孔丘認為，在他所想的完全的人格之中，個人和自然、社會的關係，都有適當的安排。矛盾解決了，而代之以「和」。這就為一個人佈置了一個『安身立命之地』，在其中他可以幸福地生活下去。」(咒)他舉出孔子所說自己「吾十有五而志於學，三十而立，四十而不惑，五十而知天命，六十而耳順，七十而從心所欲不逾矩。」（為政）馮友蘭本是儒家，本來看重孔子的人格，所以在受馬克思思想薰陶以後，還能看重孔子的精神，不詆毀孔子的人格，但是他對孔子的批評，還是逃不了馬克思的方法。

「照上邊所講的看起來，孔丘對於這三種矛盾，都有他自己的理解，都有他自己的態度，都有他自己的解決方法。對於人類與自然的矛盾，他的解決辦法是『順天命』。對於人和社會的矛盾，他的解決辦法是『仁』和『禮』的統一。對於個人與個人之間的矛盾，他的解決辦法是『忠恕』之道。他對於矛盾的態度，是調和、折中，使矛盾停止在量變的階段，不至於達到質變。他的總的理解是認為整個的宇宙本來是一個大和諧，孔丘認為，人與天之間應該是『和』的關係。個人與社會之間，個人與個人之間，也都應該是『和』的關係。這就是說，他對矛盾的兩個對立面，注意它們之間的統一，不注重它們之間的鬥爭，這就是說：他認為，它們之間的統一是絕對的，鬥爭是相對的。」㊆

馮友蘭總還是沒有完全否自己，他還保存了他以往的一個重要思想：儒家主張整個宇宙的和諧，所謂矛盾鬥爭，乃是馬克思的主張。

侯外廬等主編的中國思想通史，評論孔子說：「把道德從氏族貴族的專有形式拉下來，安置在一般人類的心理的要素裡，並給以有體系的說明，這可說是孔子在中國古代思想史上的大功績。(卄一)」馮友蘭卻說：「孔丘的這樣思想，（和統一），只能是對於被變革的階級有利的，對於有既得利益的階級有利的。」(卄二)兩者的評論是相矛盾的。另外一部中國哲學史簡編，是任繼愈主編的，在一九七三年出版，在馮氏的中國哲學史新編出版以前，這部書評論孔子說：「孔子是中國春秋時期如奴隸主階級重要的唯心主義哲學家。他一生致力維護崩潰中的奴隸制度，時刻夢想復辟文王、周公之道，在政治上是代表沒落奴隸主貴族利益的一個保守派。由於他的主張和當時社會發展的方向背道而馳，因而遭到新封建勢力的反對，在政治活動中他遭到了可恥的失敗。」（頁六五）這種評論和馮氏的評論相接近，同用馬克思的方法。

關於易經，他在第二冊，寫了一章，講易經的具有辯證法因素的世界圖式，以「易傳」講辯證法和階級根源，對易經的形上思想；仍舊和中國哲學史舊編一樣，沒有看到，對於宋明理學沒有新的思想，祇加上了馬克思思想的論證，在第五冊最後一章第五十九章，講王夫之的哲學體系，是中國哲學史舊編所沒有的，因爲在中共政權下，學者以王夫之爲毛澤東的同省籍，大家標舉他爲唯物論的哲學家，共相研究。馮友蘭說：「王夫之的歷史任務是對於中國封建社會的文化，特別是中國哲學的各種問題作總結。這個任務他出色地完成了。……就這一點來看，王夫之對於當時的『幾』是毫無所見了。當時的『幾』是商人逐漸抬頭，由商業資本家轉變爲產業資本家。這一轉變一旦完成，原來的封建制度就轉變爲資本主義社會了。」㈢但是這種轉變不是哲學思想的轉變。

中國哲學史新編不代表馮友蘭本人的哲學思想，而是投毛澤東的機改寫中國哲學史。他自己若再活十幾年，大概就要否認這本書的價值了。在他第七冊作全書結論時，已經露出了端倪。這時已經不是毛澤東的時侯了，他提出孔子了，不再稱「孔丘」，提出中國聖人了，標出張載的「大其心」，標出了儒家的仁。把自己新原人的四種境界的「大全」，和理學家的心境比一比，又說到「尋孔顏樂處」的精神生活，終結到「仇必和而解」以求國家統一體。馮友蘭那時的心中，又呈現中國傳統哲學者的心境，往覆詠唸張載所說：「爲天地立心，爲生民立命，爲往聖繼絕學，爲萬世開太平。」

註

(一) 五松堂自序 頁二〇二。
(二) 中國哲學史 上冊 頁一。
(三) 同上 頁二 台灣中華書局 一九八四年版。
(四) 黃公偉著 中國近代學術思想變遷史 頁五六七 幼獅出版社 民六四年。
(五) 中國哲學史 上冊 頁九。
(六) 同上，頁四。
(七) 同上，頁八。
(八) 同上，頁十一。
(九) 同上，下冊 報告 頁二。
(十) 同上，下冊 報告 頁二。
(十一) 三松堂自序 頁二四六。
(十二) 中國哲學史新編 第七冊 頁一六六。
(十三) 同上。
(十四) 新知言自序。
(十五) 新理學自序。
(十六) 新原道 頁一八九。
(十七) 三松堂自序 頁三六五。
(十八) 新理學 頁五二。

(十九) 新理學　頁五二。
(二十) 同上　頁六四。
(二一) 同上，頁八四。
(二二) 同上，頁九三。
(二三) 同上，頁一二八。
(二四) 同上，頁一五三。
(二五) 新知言，頁一三。
(二六) 同上，頁三。
(二七) 同上，頁一三。
(二八) 同上，頁五八。
(二九) 同上，頁六五。
(三十) 中國哲學史新編　第七冊　頁一七九。
(三一) 新原道　頁一八九。
(三二) 新原人　頁二五四。
(三三) 新事論　頁二十四。
(三四) 同上，二二七頁。
(三五) 新世訓　緒論。
(三六) 中國哲學史新編　第七冊　頁一七八。
(三七) 中國哲學史新編　第七冊　頁一一五。
(三八) 中國哲學史新編　第一冊　頁九。
(三九) 同上　頁四九。

(四十) 同上　頁一三八。
(四一) 中國哲學史　上冊　頁七〇。
(四二) 同上　頁一四一。
(四三) 同上　頁一四三。
(四四) 同上　頁一四七。
(四五) 同上　頁一六七。
(四六) 同上　頁一七〇。
(四七) 同上　頁一七六。
(四八) 同上　頁一八〇。
(四九) 同上　頁一八五。
(五十) 第一卷　頁一五八。
(五一) 中國哲學史新編　第一冊　頁一八六。
(五二) 中國哲學史新編　第五冊　頁三二一。

第九章　梁漱溟的哲學思想

一、東西文化

梁漱溟於清光緒十九年（一八九三年），生於北平，民國七十七年六月二十三日逝世於北平。名煥鼎，字漱溟。原爲蒙古元世祖忽必烈第五子的後裔，世居汝南，汝南古爲梁地，遂以梁爲姓。漱溟讀過家塾、中西小學堂，一九一一年畢業於順天高中，以後自力求學，閉門讀書，研究佛學。民國六年，受北京大學聘，主講印度佛學，「我常說我一生思想轉變大致可分三期，其第一期便是近代西洋這一路，從西洋功利派的人生思想後來折返到古印度人的出世思想，是第二期。從印度出世思想又轉歸到中國儒家思想便是第三期。」㈠。他重要的著作有三冊，第一冊是東西文化及其哲學，第二冊是中國文化要義，第三冊是人心與人生。

梁漱溟不是專門研究哲學的人，他是一位思想家，就具體的切實問題，苦心研究。民國初年的問題是中國應不應該西化的問題，他乃寫東西文化及其哲學。對東西文化的看法，他說：

「如何是西方？西方化是以意欲向前要求，爲其根本精神的」(二)

「中國文化是以意欲自爲調和持中，爲其根本精神的。印度文化是以意欲反身向後要求，爲其根本精神的。」(三)

他觀察文化的方法，從生活的實質方面去分析。他講這種方法：「我以爲我們去求一家文化的根本或泉源有個方法。係且看文化是什麼東西？不過是那一民族生活的樣法罷了。生活又是什麼呢？生活就是沒盡的意欲。此所謂意欲，和那不斷的滿足與不滿足罷了。」(四)

普通我們說文化是生活的方式，一個民族的文化就是這個民族的生活方式。生活方式怎麼造成呢？我們說是由民族的先知先覺，爲使民族適合自然環境或勝過自然環境所造成的生活方式，人類天生有種不能滿足的欲望，追求生活越舒服越好，所以有先知先覺用理智去想，常有新的發明，以改進民族的生活。

梁漱溟認爲西方民族追求生活舒適，乃發揚科學的研究，又由個體進到群體，造成民主制度。西方文化的特點，梁漱溟指出有三點：科學方法、民主制度、征服自然。(五)

中國文化的特點呢？梁漱溟說：「中國人另有他的路向態度與西方人不同的，就是他所走並非第一條向前要求的路向態度。中國人的思想是安分、知足、寡欲攝生，而絕沒有提倡要求物質享樂的；卻亦沒有印度的禁欲思想。不論環境如何他都可以滿足安受，並不是要求改造一個局面。……東方文化無爭服自然態度而爲與自然融洽游樂的。」(六)

梁漱溟從文化特點再看東西哲學的特點，他指出西方哲學是直覺運用理智，中國哲學是理智運用直覺，印度哲學是理智運用現量。這三種特點，對於三方的人在生活上所表現的也就不同。再者，西方哲學的路線是向外，東方哲學是向內；向外；重在分析客體，從靜態去觀察，東方哲學的路線則是向內，研究內在的生命，重在體驗，從動態去觀察。結果，西方哲學現在轉了頭，漸漸內向，以了解生命。「唯其向外爲靜的觀察，纔有唯理科學；唯其有唯理科學才有經驗科學；唯其有了這兩種科纔有科學方法，唯其有了科學方法，纔產生進化論，纔有由進化論來的一些科學哲學，於是一雙向外的視線從看天文地理一切物質而看到動植一切生物，由看到生物而看生命，繞了一個周圍，不知不覺回轉到裡面來。……此刻西洋哲學界的新風氣，竟是東方色彩，此無論如何不能否認的。」(七)

因此，梁漱溟主張中國不應再學西洋思想的向前路向，否則，到頭仍舊要轉回來。「而從他那向前的路，一味向外追求、完全抛棄了自己，喪失了精神，外面生活富麗，內裡生活卻貧乏至於零。」(八)

中國究竟該走那條路呢？全盤接受西方，但根本改變一直向前向外的態度，再加改革中國原來向內的態度，重新拿出來用(九)所以他提出自己的態度：「我要提出的態度便是孔子之所謂『剛』。……孔子說的『剛毅木訥近乎仁』全露出一個人意志高強，情感充實的樣子。……我們此刻無論爲眼前急需的護持生命財產權利的安全而定亂入治，或促進未來世界文化之開闢而得合理生活，都非參居第一態度，大家奮勇向前不可；但又如果不根本的把他含融到第二態度的人生裡面，將來不能防止他的危險。……現在只有先根本啓發一種人生，……有所爲而爲，直從裡面發出來的活氣，含融了向前的態度。……本來中國人從前就是走這條路，卻是一向總偏陰柔坤靜一邊，近於老子，而不是孔子陽剛乾動的態度。」

(十)

梁漱溟講東西文化，比較胡適、張東蓀、陳獨秀等人，都更深入，也更正確。他由生命而生活去觀察文化是正確的方法。但是文化並不單純，包括人生的各方面，不能用一兩句話就可以說明它的特點。梁漱溟的東西文化交流，縮成了生活的態度。最後他所提出的結論，以向內的態度參加向前的精神，然而西洋文化的特點，按他所說是在於科學和民主，我們要不要接受呢？我想也一定說接受，但不要用西方人的態度。先總統　蔣公提出「倫理、民主、科學」，梁漱溟大約要說和他的主張相同。

二、中國文化要義

在東西文化及其哲學一書中，梁漱溟沒有能夠詳細講明中國文化，後來在中國文化要義一書裡，則有詳細的說明了。

在東西文化及其哲學的第四章，討論西洋中國印度的哲學時，梁漱溟簡賅地指出孔子思想的綱要。「我們先說孔子的人生哲學出於這種形而上學（易經）之初一步，就是以生活為對、為好的態度。這種形而上學本來就是講『宇宙之生』的，所以說『生生之謂易』。……這個『生』字，是最重要的觀念，知道這個就可以知道所有孔家的話。孔家沒有別的，就是要順著自然道理，頂活潑，頂流暢地去生發。他以為宇宙總是向前生發的，萬物欲生即任其生，不加造作，必能與宇宙契合，使全宇宙充滿了生意春氣。於是我們可以斷定孔家與佛家是不同而且整整相反對的了。」(十一)

梁漱溟把握了「生」一字，作為孔子思想的中心，也就代表中國文化的中心，從生發生命去看中國文化，他看到中國文化有自己的創造力，又具有偉大的同化力，且又有長久的生存力。(十二)因此中國文化乃造成歷久不變底社會，停滯不進的文化，幾乎沒有宗教的人生(十三)中國的文化可以說是生命的文化，由個人生命延伸到家族生命，宗法社會就成爲中國文化的特徵。這種文化所結的果，梁漱溟指出了十點：自私自利、勤儉、愛講禮貌、和平文弱、知足自得、守舊、馬虎、堅忍及殘忍、韌性及彈性、圓熟老到。(十四)

這些結果雖然壞的很多，然而中華民族的文化，以精神生活爲主，「中國是倫理本位的社會」，而且是「以道德宗教」。(十五)「吾人親切相關之情，發乎天倫骨肉，以至於一切相關之人，隨其相與之深淺久暫，莫不自然有其情分，因情而有義。」(十六)

梁漱溟在人心與人生一書裡，主張「以美育代宗教。」他以爲社會可以用禮樂，使一切生活都藝術化。中國人信神是爲求福免禍，禮樂使人「得超脫其有求於外的鄙俗心理，進於清明安和之度也。要之，根本地予人的高尚品質以涵養和扶持，其具體措施唯在禮樂」。(十七)梁漱溟自己知道孔子重禮，儒學也重禮，然而孔子信上天，畏天命，中國自堯舜以及到今天，民間的宗教信仰，也可以說宗教迷信，常繼續不絕，目前還更興盛。至於他推測西洋的宗教將漸形消跡，這是他長期住在左傾思想和共產唯物論的社會裡所有的心理影響。

他對中國文化所談要義，內容頗拉雜，沒有系統，有一點從事社會工作的習慣，無事不談，都不能深入，一像東西文化及其哲學一書的深入和嚴密。

三、生命

梁漱溟研究東西文化和哲學，由生活出發，以生命為中心。他自己說：「於是就要敘明我少年時，在感受中國問題刺激稍後，又曾於人生問題深有感觸，反覆窮究，不能自己。……自己回顧過去四十餘年，總在這兩問題中沉思。……就以人生問題之煩悶不解，令我不知不覺走向哲學，出入乎東西百家。然一旦於人生道理若有所會，則亦不復多求。……這是與專門治哲學的人不同處。」㈥因為他窮究人生問題，乃寫人心與人生一書，對於生活和生命，繼續深入研究。

「說說生活是什麼？生活就是『相續』。唯識把『有情』叫做『相續』。生活與『生活者』並不是兩件事，要曉得離開生活沒有生活者，或說只有生活沒有生活者──生物。……所謂生物，只是生活，生活生物非二，所以都可以叫做『相續』。」㈨

他用佛教的名詞來解釋生活，所說「相續」，不是柏格森所說的「綿延」，只是生物的代名。他的特點，則是生活和生活者非二，即體用合一。這原是佛教哲學的思想，也和柏格森和講「綿延」即是本體，本體即是「綿延」，而「綿延」即是生命，也沒有關係。

生命是什麼？「生命非具體之一物，只在生物體質所特有那種現象或性能上見出來，什麼現象或性能？如恩格斯所說：生命是蛋白體的存在方式：這種存在方式，實質上就是這些蛋白體化學成份的不斷地自我更新。」(三十)為應付共產黨，他引用恩格斯的話，根本推反他自己的主張，生命若只是蛋白體的化學變化，人的生命也是物質的；若說人心是靈，是自主，是自動，不要互相矛盾嗎？梁漱溟也理會到，他自己改正說：「生命本原非他，即宇宙內在矛盾耳。生命現象非他，即宇宙內在矛盾之爭持也。生物為生命之所奇，乃從而生不生已，新新不住。」(三一)這又套用唯物論的矛盾觀念；然而梁漱溟說中國文化以孔門的「生」為中心，中國文化的特徵在於調協而歸中，從來不講矛盾。現在也用矛盾去講生命，則對於中國儒家的生命便講不通。

人的生命以人心為主，「人心非一物，不得取來放在面前給大家去認識。……心為主宰之義，以主動，宰制分析言之，是一種方便。其又曰自覺之能動性者，是另一最好的說法，來說明此主宰之義。」(三二)

「何謂心？心非一物，其義則主宰之義也。主謂主動，宰謂宰制，對物而言，則曰宰制；從自體言之，則曰主動；其實一義也」(三三)

他卻沒有用朱熹的仁心來解釋生命，朱熹以人得天地之心為心，天地之心在於使萬物化生，人心因此是仁心，仁爲生。他祇用了朱熹另一句話來解釋仁，仁是沒有私心而合於天理，合於天理就生命的自然變化流行，避免理智的一切打量。㈣他特別強調孔子重直覺，不講理，偏重情感。關於這一點，西洋哲學從柏拉圖開始就有一派以感情或意志爲重的哲學派，和從亞里斯多德開始的重理智派相對待。人的生活普通以感情佔大部份，但是不能說孔子不講理論，只憑直覺。

梁漱溟肯定儒家思想的中心是一個「生」字，整個宇宙在生命結構成一體。儒家的「生」以調協而得中爲原則。這一點是對的。但因爲不專門研究哲學，便不再深入去求生命之理，而祇在生活方面以求人生之道。他對於人生之道，以孔子的「剛」作代表。所以他的一生也就「剛毅」，不屈服於共黨的淫威。他自己說他自己不是學問家，不是哲學家。他要朋友說：「他是一個有思想，又且本著他的思想而行動的人。這樣便恰如其分，最好不過。」㈤

註

(一) 人心與人生 頁八一。
(二) 東西文化及其哲學 頁二十四。
(三) 東西文化及其哲學 頁五十五。
(四) 東西文化及其哲學 頁二十四。
(五) 東西文化及其哲學 頁五十四。
(六) 東西文化及其哲學 頁六十七。
(七) 東西文化及其哲學 頁一百七十六。
(八) 東西文化及其哲學 頁一百七十八。
(九) 東西文化及其哲學 頁二百二。
(十) 東西文化及其哲學 頁二百十二。
(十一) 東西文化及其哲學 頁一百二十一。
(十二) 中國文化要義 頁四 頁六。
(十三) 中國文化要義 頁八。
(十四) 中國文化要義 頁二十三。
(十五) 中國文化要義 第五章、第六章。
(十六) 中國文化要義 頁八一。
(十七) 人心與人生 頁二七七。
(十八) 中國文化要義 頁三。

(九) 東西文化及其哲學　頁四十八。

(二十) 人心與人生　頁一百三十七。

(二一) 人心與人生　頁一四〇。

(二二) 人心與人生　頁十九。

(二三) 人心與人生　頁一八。

(二四) 東西文化及其哲學　頁一百二十六。

(二五) 中國文化要義　頁四。

第十章　牟宗三的哲學思想

一、概論

牟宗三教授於民國八十四年四月十三日逝世，享壽八十七歲，一生研究哲學又教授哲學，自視爲新儒學家。八十壽時自云：「從大學讀書以來，六十年中只做一事件，是即反省中華民族之文化生命，以重開中國哲學之途徑。」㈠遵循這目標，他的哲學思想和著作，分作四個層面發展。第一個層面，研究中國哲學，分作三個階段：魏晉玄學，南北朝隋唐佛學，宋明理學。「先生撰著才性與玄理、佛性與般若、心體與性體三書，以釐清各階段學術思想之系統脈絡。」㈡第二個層面，「依孔孟之教，內聖必通外王，而如何開出外王事功，實乃中國文化生命之癥結所在。先生撰著道德的理想主義、歷史哲學、政道與治道三書，其主旨即在：本於內聖之學以豁醒外王大義，進而解答中國文化中政道、事政、科學之問題。」㈢第三個層面，早年研究西洋哲學，「見出羅素之數學原理與康德之純理批判，乃西方近世學問之兩大骨幹，此皆中國學術傳統之所缺。故奮力撰著邏輯典範、認識心之批判二書，以扭轉羅素之歧出，然察康德之不足。二十年後，又陸續撰成智的直覺與中國哲學、現象與物自身、圓善論三書以及真美善之分別說與合一說之專論長文，其主旨乃在抉發中國傳統哲學之奧義以融攝康德併藉康德哲學以充實中國文化。」(四)。第四個層面從事翻譯康德的著作，「故繼老年而猶鍥而不捨，以一人之力將康德三大批判全部漢譯出版。」(五)上面四層面的研究，是爲他治喪委員會所發的訃告中所說，是最忠於他的門生們所寫，應該可靠，不能說是和他哲學思想不相同的我所杜撰。我就根據他在這四個層面所寫的書，來研究他的哲學思想；但是這四個層面不是孤獨的，而是互相通貫的。牟宗三的中心思想是康德的思想，他翻譯康德的書是在晚年的時候，可是他早年研究西洋哲學就已經崇拜康德，他寫研究中國哲學的書，腦子裡常有康德心學的思想，常想「以康德哲學以充實中國文化。」

二、才性與玄理

牟宗三的第一冊研究哲學的書：才性與玄理。他在第三版自序說：「此書除疏通人性問題中『氣性』一路之原委外，以魏晉『玄理』爲主。魏晉所弘揚的玄理就是先秦道家的玄理，玄理函著玄智。玄智者道心之所發也。關於此方面，王弼之注老，向秀郭象之注莊，發明獨多。」

才性與玄理，乃是研究魏晉南北朝哲學思想的著作。魏晉南北朝的學者，習慣集會清談，清談的內容，一部份爲品評人物，一部份爲談三玄，即易經和老莊，牟宗三在初版自序裡說：「魏晉之玄理，其前一階段爲才性。故此書即曰才性與玄理。『才性』者，自然生命之事也。」

1. 才性

魏晉南北朝學者喜歡稱爲「名士」，「名士」的封號來自品鑒，品鑒必定有評斷，評斷必定要有標準，品評人物的標準，乃是才性。品評人物的傳述，有劉劭的人物志。才性與玄理的第二章，爲人物志之系統的解析。

爲品評人物的高下，應知道人究竟是什麼。中國古人對於人有全幅人性的了悟，這種了悟從人的才性去了悟。「這全幅人性的學問是可以從兩方面進行的：一，是先秦的人性善惡問題，從道德上善惡觀念來論人性：二，是人物志所代表的「才性名理」，這是從美學的觀

點來觀於人之才性或情性的種種姿態作品鑒的論述。」㈥

人物志品鑒的才性，牟宗三定為「氣性」。「氣性」的來源，出自「生之謂性」。「生之謂性」源自告子，但發揮這種思想的為漢的王充，牟宗三乃說「故本書以『王充之性命論』為中心」㈦他分談性為兩路：一路順氣，為材質之性，就是氣性，或才性，或才質，這是以氣為主。一路為逆氣，在氣上加一理，指心靈世界，為末儒所說的天地之性。

王充主張氣性，為順氣之性；順氣之性，有幾種特徵。一，順氣而言性，上溯根源為一元之氣，簡稱元氣。「此是以氣為一形上之概念，藉以為氣性、才性，或質性之形上根源。」㈧二，順氣而言性，「則性是氣之下委於個體，則曰初稟，即稟而受之以為性。………此性，若總持言之，則『性者生也』，『生之謂性』………『性者本始材樸也。』」㈨有三種意義：自然義、質樸義、生就義。三，氣性在具體上有異質、駁雜、組合。因而有等級的差別，有善惡的差別，有可化和不可化的差別。四，等級差別可化不可化差別的順氣性，有垂直線之命定和水平線之命定。「王充曰：凡人稟命二品：一曰所當觸值之命，二曰強弱壽夭之命」。㈩前者為「水平線之命定」，後者為「垂直線之命定」。㈪才為能，是個材質的觀念，可以通於性的善惡，可以通於心靈的智愚，至於命，則是「就此總持之性之發展之度而言之之謂也。」㈫氣性自告子以下，有劉向和董仲舒的性說。

人物志品鑒人物根據人的才性，才性發爲情性，才性的建立，以「元一」氣爲根，由元一有陰陽，再有五行。「連貫質（元一），性（陰陽），形（五行）而一之，而人之情性乃可得而明。質、性、形，皆屬材質。故元一、陰陽、五行亦皆屬於氣或質。」(十三)

一個人的品質，由氣質而成，人物志的九徵篇說明人品質的特徵，牟宗三依據特徵作一表：(十四)

	金 →	筋：筋勁而精 →	勇敢 →	義	
	木 →	骨：骨植而柔 →	弘毅 →	仁	
五質	水 →	血：色平而暢 →	通微 →	智	五常
	火 →	氣：氣清而朗 →	文理 →	禮	
	土 →	肌：體端而實 →	貞固 →	信	

「由五質五德之內著而形爲儀態、容止、與聲音、貌色。五質五德是內心的姿態，儀容聲色是外形的姿態。一是皆是才性之發露，品鑒之所及

。故此姿態或形相即形成一人的格調，而此亦可說皆是『才性主體』之『花爛映發』。」(十五)

人物志品鑒人物都是從氣質的才性去品鑒，「才質之性皆是生命上之先天的、定然的。」(十六)不能從修德，變移氣質層面去著想，這要等到宋朝理學家講性理，開闢「理性之領域」才講。

這種才性的品鑒，「而卻能從品鑒立場上開出美學領域的藝術的境界。此在全幅人性之學上亦有其積極的意義。才質之性，全幅敞開，無超越者以冒之，則從品鑒立場上說，是可欣賞的。若是以超越者以冒之，從道德宗教立場上說，則亦是可憂慮的。」(十七)

但是這種品鑒的標準，以才質之性作標準，乃是一偏差的標準，人的爲人的品質，應該從全幅人性去品鑒。牟宗三自己說：「這全幅人性的學問是可以分兩面進行的：一，是先秦的人性善惡問題：從道德上善惡觀念來論人性；二，是人物志所代表的『才性名理』：這是從美學的觀點來對於人之才性的種種姿態作品鑒的論述。」(十八)品鑒人物衹就形相而不論到品德，造成魏晉南北朝的名士，不守倫理，衹求外相的美或異，有竹林七賢的疏狂，有以風姿名世的名士「惟顯逸氣而無所成」，美術和倫理道德可分不可分，常是藝術美學的問題；但美術而以人生爲表映，缺乏道德，無美可言。

2. 玄理

在才性與玄理的大部份，牟宗三談魏晉南北朝談玄的人，分章論述王弼，向秀、郭象、阮籍、嵇康。王弼注易，向郭注老莊，阮籍講莊學，嵇康講名理，玄學爲三玄之學，即易經、老子、莊子，魏晉南北朝爲道家思想的天下，學者不僅講老莊，且以老莊的思想引入儒家，如王弼注易經，就用道家的思想註解易經。

牟宗三說：「魏初以才性問題爲主，不見有談老易之玄學者。其人亦不名曰名士。但人物志既列入名家，故談才性者，史傳皆直接名之曰談名理，又其人皆比較實際，談名理者又皆較爲精練或校練。而談玄學者，則比較『玄遠』而有高致。」(十九)

漢魏之際，以才性爲主，談論名理，正始以後，名士輩出，轉向老易；元康名士，轉向莊子。他們的清談，常稱爲「玄言」、「清言」、「玄理」。

在談玄理以前，有言意的問題。王弼曾說：「意以象盡，象以言著。故言者所以名象，得象而忘言。象者所以存意，得意而忘象。」引起了爭論。牟宗三疏解說：「以形而下之言與意，即是名與形，言與理，應該相符，不能分爲二，言必盡意。然如果是玄理，則暢之言即非指實之言，而是『指點』之言，此則雖盡而不盡。」(廿)

談玄所談的爲老莊，老莊的主要觀念爲「無」。

牟宗三說：「魏晉名理，順道家言『無』而來之玄論，就『無』之爲本體說，雖說動以觀之『無』有客觀實體之意義，主觀聖證之『無』有客觀之姿態，而爲天地萬物之始；然而因其自反面立言，自否定之路以顯『無』，又因德性之心性不立，不能解消自由與道德之矛盾，則即不能真建立道或無之客體實體之意義，亦即不能真至主客觀性之統一，而不免於偏枯。故至莊子與後來之向、郭，則即消化此客觀姿態，而純歸於『境界形態』」。(三)

儒家自正面立根，從德性之路走，有客觀的仁體，有主觀的聖證，乃能有主觀和客觀的統一。「此爲魏晉玄學名理所未能知者。蓋其所能及的只是外部地籠統地知聖人亦體無，而聖人教義之內在的精蘊與核心的立體骨幹，則非彼所能知。」(三)

牟宗三乃建議，「若在今日，則順名家傳統所開出之中國哲學，復當通過宋儒所闡揚之儒家立體骨幹，進而正視西方之『實有形態』，而予以提升，扭轉，與消失，以達主客觀之真實統一，並藉以充實此『統一模型』之內容，此則今日之事也。此爲中國名家傳統所開之哲學之開擴。此當須有兩步驟以完成之：

(1)消化『實有形態』之宗教與上帝耶教『證所不證能，泯能而歸之』，一往的『實有形態』脫離『境界形態』而孤懸。只有祈禱與信仰，而無主觀之聖證。此則幽明之路隔，人天之道違。故必須予以消融而真實化其『實有形態』之客觀性。

(2)提升、扭轉、並消化希臘哲學傳統之『實有形態』之體性學與宇宙論：此則第一步須先打通柏拉圖系與康德系之睽違，而以康德之『主體哲學』統攝柏拉圖之『實有哲學』，此即所謂扭轉，次則將此統一再提升而消化於性命天道相貫通之立體骨幹中。此即吾『認識心之批評』所作者。」㈢

牟宗三用康德哲學重建中國哲學，乃是他的心願，康德哲學是在認識論層面，柏拉圖的實在論是在本體論上面（體性學），用康德去統攝柏拉圖兩個層面不同，提攝起來兩者面貌全非，此路不通，若說耶教的上帝，孤懸天上，人天不通，那是因爲牟宗三不懂天主教神學和哲學，乃有這種說法。在本性界，人的生命來自天主的生命，爲天主創造力所造，在力方面，人和天主相通。在超性界，天主以自己神性的生命與人，人得有神性生命，在生命上和天主相通，怎麼沒有主觀之聖證？

牟宗三常用「形態」一詞，「形態」和「實有體」的意義不同，把兩詞結在一起，引起混亂，這是他常講認識論的心態。

對於道家的超越心態，牟宗三認為道家不立一超越心體，「而是自虛靜一夫上，損之又損，以至無為。無為而無不為，則進而自詭辭為用以玄同彼我。」(二四)他認為儒家以「仁」為超越之心體，佛教以如來藏自性清淨心為超越心體，因此，儒家「心即理，心外無理」，佛教「無外之法，無心外之理」，兩者都能成為「圓頓之教」，天人合一。

關於「心體」，將在後面談宋儒時討論。在這裡祇說天人合一，以儒家和佛教天台宗華嚴宗並列，這種講法就是拿陸象山和王陽明的「心即理」同天台華嚴的「心即法」，也不能圓滿，而和朱熹的「仁」更不相合。若以「真如」和道家的「道」相比，相合的點很多。而牟宗三說儒家為教，道家為教，祇是他的幻見。

對於整體魏晉南北朝的「玄學」，沒有建立內在的道德，但能保守分際，在消極方面立論，也能使王弼、向秀、郭象等人達到所謂跡冥圓之境界。然究竟並沒有解決自然與名教，自由與道德問題。牟宗三說這問題的癥結，在「內在道德性」一真實主體之建立。他藉黑格爾的自由論去解釋。真正自由，須內在道德性之客觀化，主體性的自由和客觀化的道德相符合，自由和道德問題才可以解決。然而黑格爾的自由，以真理為自由；真理又為存在，存在就是自由，自由就是道德。這種真理和自由，都是由絕對精神反映而來，不是宇宙物質的存在，物質沒有自由；也不能解決通常的自由和道德的問題。

這一段關於魏晉南北朝的思想，牟宗三標出才性和玄理，恰得其當。他對才性玄理的解釋有深入的理論，祇是他說明解決問題的途徑，偏於黑格爾和康德的思想，不合中國哲學的傳統。

三、佛性與般若

中國哲學在魏晉南北朝清談玄學的時候，佛教傳入了中國，藉著道家的虛無觀念宣傳教義，很快地興起了中國的佛學，到了隋朝和唐朝，成了兩朝哲學思想的代表。牟宗三講中國哲學，先寫了才性與玄理；後寫了心體與性體，講述宋明的儒學；再後寫了佛性與般若，表詮南北朝隋唐一階段的佛學。

爲表詮佛學，牟宗三採取天台宗智者的判教作系統，「這種判教，態度很客觀，對於大小乘結論皆予以承認，予以客觀而公平的安排與判別。」[35] 對於天台宗則予以最高的評價，認爲真正的圓教，以佛性與般若的下冊，專講天台宗。「本書于天台圓教篇幅最多，以難了悟故，講之者少故，故必須詳展。又以爲此是真正圓教之所在，故以之爲殿後。」[36]

牟宗三說：「佛教一階段難在文獻太多，又是外來的獨立一套，名言熏習爲難。即使已習慣於名言矣，而宗派繁多，義理系統之性格以及既系統不同而又互相關聯之關節亦極難把握。」㈦他便選擇了「佛性」和「般若」兩個觀念作爲總綱。「本書以般若與佛性兩觀念爲綱領，後來各種義理系統之發展皆從此綱領出，吾人通過此綱領說明大小乘各系統之性格——既不同而又互相關聯之關節。般若爲共法，系統之不同關鍵只在佛性一問題。」㈧

1. 般若

牟宗三以大智度論與大般若經作第一章，開始講般若學。般若學由鳩摩羅什正式介紹進來的，鳩摩羅什翻譯了大智度論，講釋大般若經。

「般若能真知諸法實相，如，法性，實際。般若之知是知而無知，以無知知；般若之證是證而無證，以無證證；般若之住是住而無住，以不住住。住般若波羅密亦是住而無住，以不住住。若是定住，則不名般若，亦不名住般若。」㈨般若是「智」，波羅密是「渡到彼岸」，是「通事究竟」。以空解釋一切，一切都是空，諸法的實相、如、法性，實際都是空。寫大智度論的龍樹，創中論宗，中論以「八不」爲主，「八不」在中論觀因緣品第一中

「不生亦不滅，不常亦不斷，不一亦不異，不來亦不去，能說是因緣，善滅諸戲論。我稽首禮佛，諸說中不一。」中論以諸法都沒有自性，沒有自性，便沒有生和滅，沒有常和斷，沒有一和異，沒有來和去。有和空相對，便沒有意義，須要超出有和空以上，講有而不有，空而不空，有和空合於中。中論觀行品第十三說：「大聖說空法，爲離諸見故。若復見有空，諸佛所不化。」不能把「空」執著爲實體，若小乘執著「有」爲俗，大乘執著「空」也是俗，中論乃講十八空以破空，把「空」說對了，一切就可順當地走到「慧」，所以「以有空義故，一切法得成。」牟宗三說明「這並不是說以空性爲實體而生起萬緣法也。乃是說以無自性義，所以才成就緣生義，以緣生義得成，故一切法得成也。這「因此所以」是「緣起性空』一義之詮表上的邏輯因故關係，非客觀的實體生起上之存在因果關係。此不可誤解。」

(三十)

性空，以一切法（物）都沒有自性，都由因緣合成，一切法是空，所以說性空，由性空便有緣起，由緣起可以講明一切法，「以有空義故，一切法得成」。般若講空，以明瞭空的意義爲慧。這種空是從人的認識方面去說，不從客觀的本體去說，猶如老子說「道」是「無」，「無」是從人的認識去說，不是說實際上「道」是虛無，是不存在，否則怎麼說「從無生有」，老子的「無」和「有」，不是在同一的層面上，「無」是在認識的邏輯層面，「有」是在實際的本體層面，但是邏輯的層面，背後假定有實體的「道」。「道」在邏輯方面爲「無」，在本體方面爲絕對之「有」，同樣，「空無自性」的空，爲邏輯的空，一切法由因緣而成，一切法是空，在修養方面，不可以執著「空」，否則心就偏在「空」上，心不是虛了。但是在本體層面，一切法由因緣而成乃是空，然而因緣是不是空？因緣若在本體上也是空，則一切都不存在，而且都不能成。因此，大乘各宗就在因緣或緣起問題上，再去研究，乃有佛性問題。佛性是一切法的起源，可以說是最後或最高的因緣，佛性自己則不能再有因緣，應該是沒有因緣的因緣，天台宗乃講「性具」，華嚴宗乃講「性起」。

牟宗三講空，祇注意在邏輯層面，把空和緣起相融，作爲三諦的一諦。「空即于緣起無性而爲空，非永遠停在分解說的空義一面而不融於緣起；緣起即于空無自性而爲緣起，非永遠停在分解說的幻有一面而不融於空。這樣的相融即，便是中道圓實諦。亦名「實諦」。㈢這種相即相融，都是在邏輯方面的「說」。

2. 佛性

牟宗三在佛性與般若上冊第一部的第四章，開始講涅槃經之佛性義。在上冊的第二部，講前後期唯識學以及起信論與華嚴宗。

實際上更好先講前期的唯識學，以後講佛性，再後講後期的唯識學。

一切法空，由因緣起，因緣是什麼？因緣怎麼講呢？先期唯識學，講因緣是識，識由種子薰成。種子來自現行，現行薰種子，種子薰現行，乃有十二因緣論，成爲輪迴的人生。唯識宗的大乘的始教，牟宗三不分別講。

人生輪迴，由於現行和種子的互相薰習，人怎麼能斷絕輪迴，得道以入涅槃，便有攝大乘論和楞伽經講阿賴耶識。阿賴耶識爲藏識，識有一切種子，爲能使人脫離輪迴以得道，攝大乘論就講「轉識成智」。

攝論提出唯識有淨品和不淨品；淨品爲「遣境遣心」，不淨品爲「遣境不遣心」，識是空的，因境是假，境爲感覺客體，客體爲種子所造，所以是空。客體雖空，阿賴耶識還在，所以「遣境不遣心」。爲使人行道，需要「遣境遣心」，對阿賴耶識加以處理。攝大乘論乃主張阿賴耶識藏有染污種子和清淨種子。「淨種子」由正聞薰習所薰成，也寄存在阿賴耶識中。淨種子和阿賴耶識不同性，也不受同性的薰習，祇是寄存在阿賴耶識中，爲對治阿賴耶識的種子，「它的自性既是淨法之種子性，經過薰起成爲淨法，（現行的出世淨法），它即能對治阿賴耶。這種對治是依數數正聞薰習而成功由淺至深由低至高的正聞薰習底連續增長

擴大之方式而對治之，也就是說，依漸修之方式而對治之。」(二一)

但是真諦認爲阿賴耶識本爲污識，藏有淨種子，解說不澈底，乃主張建立第九識阿摩羅識。阿摩羅識爲淨識，以淨識滅阿賴耶識。真諦譯決定藏論卷上心地品第一之一說：「一切行種煩惱者，聚在阿羅耶識中。得真如境智，增上行故，修習行故，斷阿羅耶識，即轉凡夫性，捨凡夫法，阿羅耶識滅。此識滅故，一切煩惱滅。阿羅耶識對治故，證阿摩羅識。阿羅耶識是無常，是有漏法；阿摩羅識是無常，是無漏法。得真如境道故，證阿摩羅識。」阿羅耶識爲第八識，即阿賴耶識；阿摩羅識爲第九識。

雖然阿摩羅識爲淨識，還只是識；雖然識轉成智，還祇是般若；究竟般若的智要見到因緣的究竟嗎？因緣的究竟便是佛性。

牟宗三在講涅槃經時，提出佛性。涅槃經說明一切悉生悉有佛性。「依是，佛性有兩義：一，是佛之體段。一切衆生悉有佛性意台悉有成佛之體段之可能，不過爲煩惱所覆，不顯而已。依此，一切衆生皆是一潛在的佛。從此潛在的佛說佛性，即曰如來藏。如來藏之藏有兩義：一是藏庫，一是潛藏。前者表示不空，如來法身是無量無漏功德聚。後者表示此不空之法身爲煩惱所覆，隱而不顯。二，是所以能顯此佛之體段之性能，就此能顯之性能而言佛性。此佛性義是『所以成爲佛』之性能或超越根據之義，不是佛之體段之義。」(二二)

楞伽經講如來藏，牟宗三說楞伽經講如來藏識，即第八識，以第八識爲染淨雜識。勝鬘夫人經說空如來藏，言「自性清淨如來藏」，又言「自性清淨心」。

根據這種解釋，大乘起信論乃講「一心二門」，一心名爲如來藏，二門爲真如門、生滅門。起信論立一真心，真心爲主虛妄薰習是客，真心即爲真如，真如爲一切法的依據，乃有「如來藏緣起說」。

由「如來藏緣起說」進有天台宗的性具說和華嚴宗的性起說，合爲真如緣起說。牟宗三以華嚴宗由起信論而發展，沒有達到佛學的頂峰；頂峰是天台宗。方東美則讚譽華嚴宗爲佛學最高峰，唐君毅也有同樣的看法。牟宗三以天台宗爲圓教，華嚴宗爲別家。實際上，天台宗稱爲圓教，因爲包含權教（方便門），權教包括小乘和各乘各派，爲修行的方便門。華嚴宗則爲自立的圓教，即以真如提攝一切法，一切法和真如又和彼此互相圓融。

牟宗三之標出天台宗法華圓教的特徵有三：一，原始的洞見—不斷斷；二，念無明法心—無住本；三，一切法趣空、趣色、趣非空非色。(三四)

原始的洞見是什麼？即「低頭舉手皆成佛道」，成爲跡門的權教。「不斷斷」以主觀心解脫淫怒痴，「但除其病而不除法，無住本的『住』者，依住義，或依止義。有住即函有所依止處。而最後一步『顛倒想』所依住的卻是『無住』。無住者，無依止之謂。是則無住爲顛倒想之本，而『無住』本身則無本。」㉟維摩詰經觀象生品第七，以善不善以身爲本，身以欲貪爲本，欲貪以分別爲本，分別以顛倒想爲本，顛倒想以無住爲本，文殊師從無住本立一切法。這一層推究如果一般哲學所講動因一樣，一動因有一另一動因，到最後要有一個本身沒有動因的動因，無住就是實相，就是真如，就是佛。

至於說一切法趣空，色，非空非色，這是三論的中論和天台宗的一諦，但是牟宗三沒有講從無住本立一切法的天台宗「性具」。真如實相爲無住，真如爲何立一切法，因爲性具淨污兩面，一切法由污面而立，這豈不是起信論的一心二門？牟宗三說華嚴宗源自起信論，低於天台宗，實則天台宗源自起信論。佛教宗派的高低，不關我們教外外道人的事，天台宗和華嚴宗都有教判的立論，各有所長，天台宗的教判較比華嚴宗的教判更複雜，反而不明瞭。

牟宗三以華嚴宗的「緣起性空」，來自攝論的阿賴耶識緣起說因種六義，㊱是不合事實，賢者華嚴一乘教義分齊章，明明說了：「若小乘中法執因相，于此六義，名義俱無。若三乘賴耶識，如來藏法無我因中，有六義名義，而主伴未具。若一乘普賢圓因中具足主體，無盡緣起，方究竟也。」攝論六義爲：剎那滅、俱有、待眾緣、決定、引自果、恆隨轉。這六義是「種子的特徵」六義，而不是「緣起性空」一義，如牟宗三所說「展轉引申」㊲華嚴宗的六義：即、入、攝，以及一中多、多中一、一即多、多即一，按此六義，華嚴宗以事理相攝相入，理爲真如，事爲萬法，入一切，一切入一，一切入一切，萬法和真如，互相圓融。華嚴乃講「性起論」，從佛性法身說法界緣起。這種圓教不是牟宗三所說：「這圓教只是分析的，此是別教一乘緣教，亦即真心即性之性宗之存在論的圓教。」(三八)實際上大乘各宗和天台宗也都以「真心爲性」。

四、心體與性體

宋明六百年以理學爲主，理學是講性理之學。牟宗三寫了心體與性體三冊，講述宋明理學，他在第一冊的緒論，說明對理學的看法。

「性理之學」就是「心性之學」，因爲性理一詞不是指心的理，或「即性即理」，乃是「本心即性」之性理。宋明儒家講學的重點，在於道德的本心和道德創造之性能，所講的學爲「內聖之學」。儒家常講內聖外王，但所講多屬修身進德，屬於「內聖之學」，「外王之學」則沒有發展，只停在堯舜的仁義之政。宋朝有永功利派捨孔子而講外王，明清儒者反宋明理學的空疏而主張事功，卻沒有建立外王學的系統。

牟宗三以「內聖之學」即是「成德之教」。「成德之教」的最高目標是聖，是仁者，是大人，而其真實意義則在于個人有限之生命者取得一無限而圓滿之意義。此則即道德即宗教，而爲人類建立一『道德的宗教』也。」(卅九)又說這種宗教和佛教以捨立爲中心，和基督教以神爲中心都不同；因爲儒家的道德，不有限制的範圍，不合宗教成爲對立階段，道德之實體是無限。關於這一點，牟宗三沒有了解宗教的意義，更沒有了解道德在天主教的意義。道德和宗教不是對立的階段，而是一致，宗教生活就是道德生活，因爲宗教不祇是敬禮神靈，真正的宗教是引導人生的道路。至於說儒家的道德實體是無限，從形上本體論說是說不通的，以心體和性體作爲道德實體，心體和性體來自天道，以天道爲道德的無限實體，這是以「天道」配對道家的「道」，儒家沒有這種思想。

牟宗三以修己成聖爲無限制的工程，「要說不圓滿，永遠不圓滿，無人敢以聖自居。然而要說圓滿，則當體即圓滿，聖即隨時可至。……要說信仰，此是內信內仰，而非外信外仰假祈禱以賴救恩者也。聖不聖且無所謂，要者要是在自覺地作道德實踐，本其本心性體以徹底清澈其生命。此將是一無窮盡之工作。」(卌)牟宗三沒有，也不能瞭解耶穌基督所說和信從的人合成一體，宗教信仰生活就是和基督一體的生活，不是「外信外仰假祈禱以賴救恩者也。」

牟宗三講述宋明的道德哲學爲道德的形上學，「自宋儒觀之，就道德論道德，其中心問題首在討論道德實踐所以可能之先驗根據（或超越的根據），此即心性問題也，由此進而復討論實踐之下手問題，此即工夫入路問題是也。……由『成德之教』而來的『道德底哲學』既必含本體與工夫之兩方面，而即在實現中有限即無限，故其在本體一面所反省澈至之本體，即本心性體，必須是絕對的普遍者。……不但只是吾人道德實踐之本體（根據），且亦須是宇宙生化之本體，一切存在之本體。……而說宋明儒之『心性之學』若用今語言之，其爲『道德哲學』正函『道德形上學』之充分完成，使宋明儒六百年所講者有一今語學術上更爲清楚而確定的地位。」㈣

從形上學說心性本體須是絕對無限，且是一切存在的本體，乃是講不通的，心性本體究竟是什麼？是太極？是天道？是大化？宋儒也企圖這麼講；但根本沒有說明太極或天道，或大化，或易，或誠，究竟是什麼。方東美在所著『生生之德』也稱揚中國傳統儒家所講生化之德。

牟宗三解釋宋朝理學稱爲新儒學的「新」，第一對先秦的龐雜思想，定出一個統系；第二，對漢人以傳經爲新，宋學則直接以孔子爲標準，就孔子之生命智慧之方向而言成德之教以爲儒學。宋明新儒學的根據爲易經，中庸、大學、論語、孟子五本古籍。

「大體以論孟中庸易傳為主旨，是宋明儒之大宗，而亦較合先秦儒家之本質。伊川朱子之以大學為主則是宋明儒之旁枝，對先秦儒家之本質言則為歧出。然而自朱子權威樹立後，一般皆以朱子為正宗，儱侗稱之為程朱，實則只是伊川與朱子，明道不在內。朱子因偉大，其取得正宗之地位，實只是別子為宗也。人忘其舊，遂以為其紹孔孟之大宗矣。」(四)

朱子和先秦以及宋儒之不同點，牟宗三舉出：一，宋儒以仁與天合而爲一，伊川和朱子稍有不同，二，宋儒以性、命、天爲一，伊川和朱子亦有不同。三，天命不已的實體內在於個體即是個體之性，伊川和朱子同宋儒所說相同，但惟于天命的實體與性體理解有所不同。四，宋儒以明明德的明德是就因地之心性說，不就果地之德行說，伊川和朱子講格物致知有自己的學說。

牟宗三的心體和性體共三冊，講述宋明理學，實則祇講述了宋朝理學，沒有講明朝理學。第三冊專講朱子，把朱子思想進展過程，講述清楚。我不能將每冊書都講，不僅太長，而且書中所講是朱朝理學不是牟宗三的思想，我就書中的緒論，提出兩面幾點，那幾點代表他的思想，在全書裡我願意注意的是「心體和性體」，因爲這個「心體和性體」代表牟宗三對理學的思想。

在周濂溪的通書，牟宗三說建立了「誠體」。「誠本真實無妄意，爲形容名詞，其所指目之實體即天道。天道以『生物不測』爲內容，即以創生爲內容。此作爲實體之天道，即以誠代之亦無不可。故誠亦可轉爲實體字，而曰『誠體』。誠體者即以誠爲體也。誠即是體，此即是本然，自然，而當然之天道。」(四三)以天道爲實體，在形上學不能說，以誠爲實體，更不合形上邏輯，中國傳統講體用，天道是用，誠是形容詞。對周濂溪的「誠」，解釋者所說不同，「誠體」爲其中之一說。

性體的名詞，牟宗三說是張載所立。他解釋張載的「合虛與氣有性之名。」說「性就太虛神德言。太虛神德之爲體即天地萬物之性也。……此性體是涵蓋乾坤而爲言，是絕對地普遍的。雖具于個體，亦是絕對地普遍的。」(四四)「性體具有二項意義：一，性能義，能起道德創造之大用也；二性分義，言道德創造中每一道德行爲皆是吾人中之本分也。」(四五)這種性體在形上本體論不能講，以性體爲天道，以性體爲道德都講不通，若理學家真是這樣講，我們講新儒學就要加以改正。性是抽象的，朱熹以爲理，性者是絕對的實體，性體便是宇宙的根源，或是老子的道或是詩經書經的上帝，這兩點都不可能。

張載又說：「合性與知有心之名」，牟宗三解釋為心體：「則心之本義，是深義、根源義，必須就神體之『虛明照鑑』說，而靈知明覺之知覺亦必須就此神體之明說。是以不易『合性與知覺有心之名，乃是就性體寂靜之神之靈知明覺或虛明照鑑說即是心，此心之名之所以立也。』」㈣他以知覺之心為心理心、經驗心、習心、成心。張載所說的心，應該是動靜一如之神心、真心、本心超越心。然而這都是一種玄想。張載主張「氣」成萬物，理在氣內，「合虛與氣有性之名」，虛為太虛之理，性是太虛之理和氣合成。牟宗三說不能說「合氣」，然不合氣，性便不實。「合虛與氣」是氣性，但不是朱熹的「氣質之性」。「合性與知覺有心之名」也是「氣」的問題。心能知能主宰，乃是儒家的傳統思想，心的特徵在於知，牟宗三認為心的知為周濂溪所說：「『形既生矣，神發知矣』，即是誠體之神之發為識知也。識知既是此靈明知覺之發用，則其根即是此宇宙的靈知明覺之神亦明矣。」㈦這祇是玄想，什麼是誠體？什麼是宇宙的靈知明覺之神？實則是太虛有知之能，這種能在「合虛與氣」之性內，性之知能發用便是心，心的知不僅是感覺之知，虛靈之知也是心之知。

對程明道的性心，「若就其為性說，它具五義：性體、性能、性分、性理、性覺。它是理、是心、亦是神，若就其為心說，它亦具五義：心體、心能、心理、心宰、心有。它是心，是理，是神，亦是情。在此直覺創生之『一本』之下，心理天是一，心理是一。心與神決不可一條鞭地視爲氣，天心本心不是氣，誠體之神不是氣。」(四八)二程開始朱熹的理氣二元，心是理，當然不是氣。可是，天心、本心、誠體之道，究竟是什麼？牟宗三說：「此本體宇宙論的實體有種種名：天、帝、天命、天道、太極、太虛、誠體、神體、仁體、中體、性體、心體、寂感真幾、於穆不已之體，等等是。此實體亦得總名曰天理或理。」(四九)這些名詞，在儒家的著作裡，有些意義相同，有些意義不相同，有些如誠體、性體、心體、誠體之神並不見於古儒的著作，是牟宗三的自己意見。心、性、理、命、天，在宋儒中意義相同，但是意義的觀點各不相同，至於說以理爲宇宙實體，程朱都沒有這種思想。朱熹衹說在抽象的理論上，理可以和氣相分，理先於氣。朱熹以太極爲理爲極至，天地有一太極，每物有一太極，太極仍是抽象之理。若把太極、天理、理、中，配合老子的道，或佛教的真如，則成爲實體，然已經不是儒家的思想。

對於朱熹講性，牟宗三批評四點：一、性體之道德性之減殺，「但這實體（即性體道德）之道德性，在朱子的說統中卻被減殺，甚至不能保存。他的存在論的解析是泛就存在之實然以推證其所以然之理以爲性。」(五〇)二、性體之爲道德創造的實體之創生義之遺失，「依朱子對於『存在之然』所作的『存有論的解析』，其由存有之然推證其所以然之理，其如此把握的實體（性質，道體只能是理，而不能有心義與神義），此即實體只成存有而不活動者，因此，即喪失其創生義。」㈢三、順取之路異於順逆，道德自覺與道德實踐應是逆覺自證，孔子之仁也要逆覺自證。朱熹以格物窮理以致知的工夫，乃是外在工夫。四、存有論的解析由存在之然以推證其所以然，此與體用不二不同。牟宗三以朱熹以存有論解釋，「則性體與存在之關係只能是理與氣不離不雜之關係。理既不能創生地實現此存在，則理與氣之間亦不能有那些體用不二，即用見體等圓融義。」㈢

「以上四點可判直貫系統與橫攝系統之異，此朱子之所以終於主觀地說為靜涵靜攝系統客觀地說為本體論的存在之系統也。原朱子之言太極，言性理，初亦是本天道一元、天命流行之體、天命之謂性、性善等義說下來，但因其實在論的心態，直線分解的思考方式，以大學格物致知為定本，便不自覺地說成橫攝系統，而不能還其本義。」㈢

從儒家整體思想說，由易經的生生思想造成形上宇宙論，以太極，或太虛，或元氣，或天地為宇宙的根本，根本為實體或理想觀念，並不清楚，也沒有和上帝結合在一起。宇宙根本具有生化的理和力，生化的力爲大化之力，周流宇宙化生萬物，生化的理結成事物的性。但對物的本體，沒有說明，以心、性、理爲一。朱熹就事物本體進一步解釋，以理和氣二元素，理成物性，氣成物形，爲連接本體論和宇宙論，朱熹說人物得天地之心以爲心，天地之心爲生，人物之心爲仁；仁乃成爲貫通天人的德能，人遂能和天地合其德，參贊天地之化育。牟宗三所說直貫系統爲宇宙論，所說橫攝系統爲本體論。宇宙論爲主觀的玄想，本體論爲實在論，兩者可以並行，祇是朱熹的思想以理氣爲中心，故捨宇宙論不談，然不是反對，而是隱涵；因爲朱熹講致知，標出易傳所說：「窮理知性以至於命」，提到直貫系統的宇宙論。

牟宗三的心體和性體，堅守他的直貫系統的心態，以仁體爲宇宙根源，評論宋朝理學家的思想，對朱熹思想的轉變，有詳細的述說。

牟宗三在出版心體與性體十年後，寫了從陸象山到劉蕺山一書，算是心體與性體的第四冊，講述陸象山、王陽明、劉蕺山的思想，他肯定陸王之學爲孟子學。孟子言性善，仁義在人心內，此義即是仁義之心。朱熹講人性即理，性與理合而爲一；陸象山講性即理，理與心爲一。但是朱熹明明說人心是仁，人物得天地之心以爲心故仁。朱熹講理一而殊。每一物之理與氣合而不同，在心之理爲同一之理，在物之理在物。陸王不講氣，祇講一理，故說心外無理。孟子明明說養心，養心莫善於寡慾，陸象山沒有講養心，王陽明雖然講，弟子們則主張依照心與理爲一的原則不用講。陸王之學根本和孟子的思想不完全相同。朱熹致知的分析並不是曲解孟子，而是對直接的體驗予以說明。孟子的「仁義內在」不能解析就是陸象山的「心即理」；若是這樣「心即理」，孟子的「養心養性」就沒有意義了。

牟宗三本著重玄想輕視分析，輕視事功，對於王船山的思想，沒有澈底研究。還有一點，牟宗三對於中國的易學，沒有系統的說明。

五、外王事功

儒家的傳統在內聖外王，但是儒家學者歷代所講，多屬於內聖之學，對於外王之道祇標出堯舜的仁政，沒有發揮。牟宗三著政道與治道和歷史哲學。在政道和治道的自序中說：「本書中之問題有二：一爲政道與治道之問題，而主要討論點則在於道如何轉出。二爲事功之問題，用古語言之，即爲如何開出外王之問題。此兩問題成爲中國文化生命之癥結。相連而生，故亦相隨而解。此兩問題之具體誘發乃在吾之『歷史哲學』。該書縱貫言之，以見吾華族文化生命之來龍去脈。」

政道與治道不是一本有系統的著作，是輯集相關的十篇文章而成；歷史哲學則爲系統的著作。兩書中所顯示的思想，爲黑格爾的理性，和歷史平等自由。黑格爾主張理性即實有，非理性不能存在；歷史爲人類爭自由的歷史，即是宇宙合到絕對的精神實體。

政道與治道的第三章，理性之運用表現與架構表現，第八章，理性之內容的表現與外延的表現，牟宗三說「我在『祖國』第一三三期裡曾有一文曰『尊理性』，中言民主政治乃是『理性之架構表現』，並言中國文化只表現爲『理性之運用表現』。該文提到了這兩個名詞，尤其對於『運用表現』未詳加解析。……我現在先簡單地指出：中國文化生命之特色是『理性之運用表現』，而缺乏了『理性之架構表現』。運用表現就是空蕩蕩的，一無所有的。而若缺乏了架構表現，就不能有事物指目。我也常說中國文化，從主流方面說，到最後只是三點：社會只是五倫，政治是大皇帝，學問是『靈明』（良知）。這三點，人們也必覺得太空泛了，不過癮。但我這說法卻比較積極，正是以使吾人由這三點作線索來了解中國文化之爲『理性之運用表現』。」(五四)

「在我的歷史哲學中，我曾以『綜合的盡理之精神』說中國文化，以

『分析的盡理精神』說西方文化，現在可說『理性之運用表現』是『綜合的盡理之精神』下的方式，『理性之架構表現』是『分析的盡理之精神』下的方式。」㊂

文化的內容非常複雜，中西兩方面的文化有相異相同之點。我們講中西文化的學者，習慣用兩個名詞作代表：精神文明物質文明，向外前進的文明向內省思的文明，分析的文明綜合的文明，都是先作框架，把文明塞進去，格格不入。若說中國文化爲理性運用的表現，方東美則要說中國文化是以情入理的文化，情理互相平衡。

「我以上從治天下方面，說明『理性之內容的表現』上『仁者德治』一觀念之不是：一，可遇而不可求；二，『人在政舉，人亡政息』，不能建立眞正的法治；三，只從治者個人一面想，擔負過重，開不出『政治之自性』。由此三點，再加上得天下方面『推薦，天與』一觀念之不能立起，遂迫使我們必須進到『理性之外延的表現』」㊃

爲解析「理性之外延的表現」，牟宗三引用黑格爾的在上帝前人人平等作爲孟子的仁義內在性善的平等相對待。又說「人生而自由平等，黑格爾把它提煉凝歛而爲『人性之理念』，即『人性之本質的所以然』，人，如其爲一人，依其本質之定然之性與實現此性之自覺力的創發力，無分貴賤，故依此本質而言，人亦皆是平等的。」(三七)

歷史爲民族的實踐生活的歷程，歷程要有一「理想」，理想的內容是觀念，(三八)這也是黑格爾的歷史哲學的主張。觀念就是實踐的方向與態度，「這個觀念形態就是民族的文化形態之根。由文化形態引生這個民族的『文化意識』。是以在實踐中，同時有理想有觀念，亦同時就是文化的。」(三九)

牟宗三的歷史哲學的分部，就是中國歷史的分段，全書分成五部：夏商周；春秋戰國秦；楚漢相爭：綜論天才時代；西漢二百年：理性之超越表現時期；東漢二百年：理性之內在表現時期。黑格爾講歷史理念，理念爲平等自由；黑格爾寫歷史哲學用平等自由一貫他的全書，牟宗三的歷史哲學沒有一個一貫的理念，對所寫的歷史哲學所講由上古到兩漢的歷史文化，沒有中心的觀念。在第一部講氏族社會，在第二部講學者和政權，在第三部論楚漢相爭，標出「綜合的盡理之精神之歷史文化意義，綜合的盡氣之精神之歷史文化的意義」；在第四部講蕭規曹隨和漢武帝；在第五部講漢光武帝，五部沒有貫通的思想，祇是一篇一篇論史事的文章，而且也不如王船山的史論，有一貫的評論理念。在本書附錄唐君毅對這書的評論：「牟先生此書所論者，雖爲中國歷史之哲學。然其所以論之方法與所用之名辭，亦未嘗不受西方思想如黑格爾等之影響。」㈥唐君毅指出這書的中心觀念，爲綜合盡理盡氣，和西洋的分解認識相對，但這種中心觀念，只是一種治學方法，不足以代表一種文化的精神。王船山的歷史哲學以天命、倫理、氣運，法成天人之際的歷史理念：貫徹中國全部歷史。中國的皇帝一貫地自稱「奉天承運」，奉天命承氣運而爲王，爲王以行天道仁政；仁政爲中國「外王」的中心理念。

六、融會康德哲學

牟宗三教授訃告中說：「二十年後，又陸續撰成智的直覺與中國哲學，現象與物自身，圓善論三書以及「真美善之分別說與合一說」之專論長文。其主旨乃在抉發中國傳統哲學之奧義以融攝康德，並藉資康德哲學以充實中國文化。」

在智的直覺與中國哲學的自序裡，牟宗三說明全書的兩個目標，「我現在對於康德的範疇論這方面稍爲謙虛一點。我承認知性底涉指格可分兩層論。一是邏輯的涉指格，此即吾前書所論（認識心之批判）；另一是存在論的涉指格，此即康德所論。吾人若單就邏輯中的判斷表說，實不能從此表中直接地發見存有論的涉指格以爲知性之所自具，吾人只能發見出一些純粹的邏輯概念以爲知性之自具。順這一層說，自然是實在論的意味重。但雖不能發見存有論的涉指格，然吾人的知性之認知活動卻可以順這判斷表的線索，再依據一原則，先驗地但卻是跳躍地對於存在方面所有要求、提供、或設擬。即在此要求、提供、或設擬上，吾人可以承認存有論的涉指格之建立爲合法。康德是把這要求、提供、或設擬說成知性所自具、所自給，至少這兩者是混而爲一，說得太緊煞，並未分別得開。因此遂有『知性爲自然立法』，『知性所知于自然者即是其自身所置定于自然者』，等過強的說法，這便成了一般人所厭惡的主觀主義。我現在把它鬆動一下，分開說。……我現在此書即這個意思承認吾人的知性可有『存在論涉指格』之一層。吾順這個承認正式疏解康德之原義，把他所說的『先驗綜合判斷』更換詞語予以明確的規定，使之順適妥貼，較爲可浹洽于人心。……如果吾人不承認人類這有限存在可有智的直覺，則依康德所說的這種直覺的意義與作用，不但全部中國哲學不可能，則康德本人所講的全部道德哲學亦全成空話。這非吾人所能安。智的直覺之所以可能，須依中國哲學的傳統來建立。」(六)

這兩種目標，祇是一種理想的追求，康德的先驗判斷是含有存在方面和邏輯方面的涉指格（reference-scheme），但根本不能解釋知性，也不能保全形上本體，又不能被一種解釋可以改變的。牟宗三所作的，祇是解析康德，不是自成一種主張。中國哲學的直覺，儒家佛教、道家莊子三家的主張，各不相同，都和各自的形上本體論和宇宙論相連，更不和西洋的認識論相符合。牟宗三在這書裡講這三家的直覺智，有予以分析，「蓋儒家自道德言，其本心仁德之誠明之道德的創生性甚顯，而天道亦直說爲『生物不測』之道，故由誠明所發的虛明照鑑之智的直覺，其創生性甚顯。」㈥「道心之虛寂圓照本由學，知之滅于冥極而顯示。當我實感到學知追逐之不自在而『爲道日損』時，則學知之，『失當』即消滅，而道心之虛寂圓照即有具體的呈現，此固非只是一虛擬之形式概念。」㈦「實相既非對象，它即無客體與之相對；無客體之相對，它之主體意義亦不存在，此即示它不在一能所對之架構中。無此能所之架構中，它不能有所知，因而亦不能有知，亦即無知，亦曰無知相。雖無知，而又朗照一切假名法之實相。在此朗照中，空意即于緣生無性中呈現，而緣生無性之假名法亦一一朗現無遺，亦即一一如其爲一假名法而宛爾呈現，法爾如此，不增不減。……此之謂無知而無不知……；此種無知而無不知，即是智的直覺。」㈧

從上面所引牟宗三的話，可以看出中國哲學的智的直覺和康德所講先驗判斷不同，也和西洋認識論所講的直覺不同。中國的「直覺」不是智的直覺，而是本體的呈現；西洋認識論的「直覺」是從認識去直觀，兩者可以不相衝突，也可以互相完成。

圓善論一書是牟宗三企圖以佛教天台宗圓教爲出發點，解決康德哲學系統的最高善——圓滿的善之問題。牟宗三說：「我之講圓教與圓善是直接從孟子講起，我之這樣講起是取疏解經典之方式去講，不取『依概念之分解純邏輯地憑空架起一義理系統』之方式講。」(六五) 全書所研究的問題是「善惡」問題，由孟子的思想和康德的思想兩方面去說，以孟子和康德所談的性，都指氣性才性。孟子所說「義理之性之定然的善亦有需于生而有的氣性或才性，否則義理之性不能有具體而現實的表現。」(六六)

「圓善所以可能，依康德之思路，必須肯定上帝之存在。上帝是圓善可能底根據，因爲圓善中福一面有關于「存在」——我的存在以及一切自然底存在，而上帝是此存在之創造者。上帝創造了自然——使自然存在，故能使自然與德相諧和，而保障了人在現實上所不能得到的德福一致。」(六七) 牟宗三認爲上帝的存在是虛妄的，是不必要的，因爲圓善是實踐上的事，不是知解上的事，不必要一無限智心人格化的對象。否則須要證明這對象的存在，但無限智心人格化的上帝無法證明。反過來，牟宗三以中國儒家的「仁」，作爲仁體，爲無限智心。「有此無限而普遍的理性的智心，故能立道德之必須且能覺潤而創生萬物之有存在。只此一無限的智心之大本之確立即足以保住『德之純亦不已』之純淨性與夫『天地萬物之存在』以及存在之諧和于德之必然性。此即開德福一致所以可能之機。」㈥牟宗三沒有瞭解康德和西洋形上學「存在」的一貫意義，沒有圓滿至善的實體—上帝，不能有善。儒家所說的仁，不是實體，更不是至高的實體，不能「覺潤而創生萬物之有存在」，不能代替康德的上帝。牟宗三又由天台宗「一念無明法性心」講圓善，天台宗說「一念三千」，即是「一念無明法性心即具三千世間之無量法即爲法之存在之盡而滿。此種盡而滿即爲法之存在之存有論的圓滿教」㈦

「圓教必透過無限智心始可能。如是，吾人以無限智心代替上帝，蓋以無限智心之人格神化為情執故，不如理故。無限智心不對象化而為人格神，則無限智心始落實。落實云者人能體現之之謂。人能體現之始見其實義，對象化而為人格神只是情識崇拜祈禱之對象，其實義不可見。……無限智心能落實而為人所體現，體現之至于圓極，則為圓聖。」㈧

牟宗三認爲這種圓教，「此當是康德思路所必應有之歸宿。蓋在康德，道德與宗教仍是兩截未通氣的，關鍵在人格神—一個個體的無限存有之肯定。」㈦康德肯定無限存有人格神之存在，是爲道德有最後的基礎。牟宗三以無限智心人格化，既不能是神，若是神，則是泛神論，不能作道德的最後的基礎。

牟宗三晚年著力翻譯了康德的著作，加以註釋。他以康德思想作儒家思想的現代化，實際上康德的哲學思想和儒家的哲學思想相距很遠，儒家是體現人生的實踐哲學，康德是分析批判的唯心哲學。

談牟宗三哲學思想的人，以「道德的形上學」爲他哲學思想的中心，也認爲是他所創作。「道德的形上學」以形上學爲主，以道德爲路滲透至宇宙之本源。「中庸之天命之性以及至誠盡性，而至易傳之『窮神知化』，則此圓下的道德形上學在先秦儒家已有初步之完成。宋明儒繼起，則是充分完成之」㈢儒家的道德論爲形上道德論，是說道德不是行爲的善，而是人生命的發揚，孟子說仁義禮智是人所以爲人之道，仁義禮智在人心，人應該養心養性，中庸乃說盡性，道德乃是人本體的發展。這一點在宋明理學有了更大的發展，性、心、理、天、命同而爲一，由人心之仁，以達到天地大化之神妙，人心和天心相通，人心之仁即是天地之仁。這種道德爲人本體的生化，屬於形而上，然不是抽象的形而上之理，而是神妙之化。牟宗三以心爲道德之體，稱爲心體；人心的道德爲仁，天地的大德曰生，生爲仁，牟宗三以仁爲體，且進爲宇宙的體，爲宇宙之源。這種講法在形上學變成了泛神論。在佛性與般若，牟宗三標出天台宗為圓教的圓教。天台宗主張最後實體為「一念無明法性心」不是實相而是實相理，不可分析而是詭證。牟宗三以抽象而又實際的一念心作為一切法（物）的根源，在形上學不能說，天台宗的「一念心」實作似乎老子的「道」，空無不說乃從無生有。

註

㈠ 牟宗三教授訃告
㈡ 同上
㈢ 同上
㈣ 同上
㈤ 同上
㈥ 才性與玄理第二章第三節
㈦ 自序
㈧ 才性與玄理頁二
㈨ 同上
㈩ 氣壽篇第四

(十一) 同上，頁四
(十二) 同上，頁六
(十三) 同上，頁五〇
(十四) 同上，頁五二
(十五) 同上，頁五三
(十六) 同上，頁五八
(十七) 同上，頁五九
(十八) 同上，頁四六
(十九) 同上，頁二三八
(二十) 同上，頁二五三
(二一) 同上，頁二七四
(二二) 同上，頁二七六
(二三) 同上，頁二七七
(二四) 同上，頁二二八
(二五) 佛性與般若上冊，頁二。
(二六) 同上，頁三。
(二七) 同上，頁一。
(二八) 同上，頁三。
(二九) 同上，頁六十二。
(三十) 同上，頁九十五。
(三一) 同上，頁九十六。

(三二) 同上，頁三〇三。

(三三) 同上，頁一九一。

(三四) 佛性與般若下冊，頁六一六。

(三五) 同上，頁六七六。

(三六) 般若與佛性上冊，頁五一九。

(三七) 同上，頁五二一。

(三八) 同上，頁五五三。

(三九) 心體與性體第一冊，頁六。

(四〇) 同上，頁六。

(四一) 同上，頁八—一〇。

(四二) 同上，頁十八—十九。

(四三) 同上，頁三二四。

(四四) 同上，頁四九〇。

(四五) 同上，頁四九二。

(四六) 同上，頁五三一。

(四七) 同上，頁五三〇。

(四八) 心體與性體第二冊，頁一九。

(四九) 同上，頁一八。

(五〇) 心體與性體，第三冊，頁四七七。

(五一) 同上，頁四七八。

(五二) 同上，頁四八一。

(五三) 同上，頁四八五。
(五四) 政道與治道，頁四四—四五。
(五五) 同上，頁一四〇。
(五六) 同上，頁一五五。
(五七) 歷史哲學，頁一。
(五八) 同上，頁二。
(五九) 同上，頁二。
(六〇) 同上，附錄頁八。
(六一) 智的直覺與中國哲學，頁一—二。
(六二) 同上，頁二〇八。
(六三) 同上，頁二一〇。
(六四) 同上，頁二一三。
(六五) 圓善論，弁言頁十。
(六六) 同上，頁六九。
(六七) 同上，頁二四三。
(六八) 同上，頁二六三。
(六九) 同上，頁二七六。
(七〇) 同上，頁三三二。
(七一) 同上。
(七二) 從陸象山到劉蕺山，頁二二四。

附錄一

羅光的生命哲學

一、生　命

哲學界對於生命的研究，在西洋早有論著　，中國哲學界對於中國哲學以研究生命爲中心，有熊十力、方東美、唐君毅、梁漱溟諸位先生。我因久居羅瑪，少讀這幾位學者的著作，自己暗中摸索，以易經的中心思想在於『生生』，後代理學家發揮了「生生」的思想，儒家哲學的一貫之道，應以「生生」思想爲最恰當。來到臺灣以後，在這二十多年中，讀了熊、方、唐三位先生的著作，發現他們都已早在講這種思想了，自心非常興奮，也就肯定我的一種信念：凡是眞正以哲學的眼光去研究儒家哲學，必定要認定「生生」爲儒家哲學的中心思想。

「生生」是化生生命，宇宙常在變易中；易經研究宇宙，發現宇宙常在變動，因爲伏羲氏遠觀天地的現象，近察身邊的事物，就體驗到一切都在變，因此用卦來代表宇宙的變，卦由爻而成，爻象徵變，易經一冊書乃稱爲『易』，易就是變易。希臘的哲學開始就研究宇宙，講論宇宙由何而成？或說由水，或說由火，或說由原子。中國哲學家研究宇宙，講論宇宙由變易而成。

變易是什麼？變易就是變化，變易是什麼？「是故易有太極，是生兩儀，兩儀生四象，四象生八卦。」（繫辭上　第十一章）這種變化的歷程都稱爲「生」，易經乃說：「生生之謂易。」（繫辭上　第五章）

「生」不是普通所謂生產或產生，所謂父母生子女，一個生命由同樣的另一生命而生。這種生產，假定兩個生命是同樣的生命，又假定在兩者之中，存有因果的關係。易經的「生生」，上面的生字，是化生，下面的生字，是動的「存有」，宇宙間的一切「存有」，都由化生而來。

所謂「化生」並不是講進化論，胡適在他的中國哲學史裏，講莊子的「化生」就講爲達爾文和赫胥黎的進化論，「化生」是由原素變化而生。原素是動的，動乃有變，變乃有化。

易經祇提到太極，沒有說到太極的內容，漢朝的學者都以太極爲「一元之氣」，宋朝張載以太極爲「太虛之氣」。「一元之氣」或「太虛之氣」不是呆靜不變；自身激盪不停，周流天地。由「太虛之氣」之變，化生「陰陽」，陰陽繼續變化不停，化生萬物。易經說「一陰一陽之謂道，繼之者善也，成之者性也。」（繫辭上　第五章）由太極之變而有陰陽，由陰陽之變而有四象，由四象之化而有八卦，由八卦之變而有萬物。四象和八卦實際卽是陰陽，又如漢朝所講的五行，也就是陰陽，所以易經說陰陽爲變化之道，由陰陽的繼續變化，化生萬有的本性，萬有乃能生，乃能有。

這種「化生」不是生物學上的化生，乃是哲學的一個觀念，萬物由原素變化而生，原素卽是陰陽，陰陽乃是氣。氣和陰陽又不是物理學的觀念，現在有些學人用心去尋求「氣」是什麼？又有學人認爲人身有氣，人由氣而成。哲學上的氣祇是原素的代名詞，並不指定原素是什麼？如同我們說「一切物都由原素而成」，你贊成或不贊成，祇在肯定或否定這項原則，並不講原素是什麼，如果我說「水是由兩元素而成」，那就要談到兩種元素是什麼了，可是這個問題不是哲學問題，而是物理學的問題。

陰陽和五行，也應該是哲學上的術語，代表哲學的觀念，而不代表物理學的物質。從哲學上去講，陰陽乃是原素——氣的兩種變化，易經稱爲剛柔，又稱爲動靜，又稱爲進退。因著變不同，變所成的內容也不同，陽是陽，陰是陰。五行，又是陰陽的變化，漢朝學人以四季或四方來解釋五行，卽是以陰陽在變化中的盛衰來解釋。

周敦頤畫「太極圖」，又作太極圖說。他說先有太極而無極，太極生陰陽，陰陽生五行，五行成男女，男女生萬物。我們要從哲學的觀點，看這些名字都是代表原素的變化，不用作物質方面的普通意義，「太極圖」才有哲學的價值，否則在現在的物理學上，「太極圖」祇是一點原始物理學的古老知識，現在一點價值都沒有了。

從哲學去看，一種變化，應有一起點，起點為一。一種變化又要有兩個動力，動力為二，兩種動力相接相離，相合相分，變化乃成。離接分合的原始方式應該是四，這是數學的原則。易經稱四為四象，漢人稱四為五行，因為五行之土為五行的基礎，不算為一行。例如仁義禮智信的五常，信是仁義禮智的共同條件，不算單獨一德。

宇宙的變易為有形色的變易，形色的變易，必定有數、有象。有數，乃有一有多，用數分別變易。數，本可超於形色，成為抽象的數；但既是數，便有量，量則佔空間；因此，宇宙的變化必定在空間以內。有空間就必有象，象是形，最簡單或抽象的象，就是由數而成，易經的卦，所以有象有數。卦的變，由爻而顯；爻的變，由數而變。爻數的變又在空間以內，即是爻的位，數和位相連，構成卦的變。卦的變，代表宇宙萬物的變；宇宙萬物，便是由原素——陰陽的數和位之變。數和位之變本是量之變，量之變，不是本性之變，祇是附加性之變。但是原素——陰陽不是代表物質，而是代表本體的原素，超越「量」而是抽象的觀念，然有實際的存在，但不是物質體。因此數和位的變，不是物質量的變，而是原素結合的變。陰陽的結合乃成物性，每一變所成的性不同，物性也就不同。

宇宙的變，是在時間以內的變。沒有時間，不可能有變，或更好說沒有變便沒有時間，易經特別注意「時位」，因爲宇宙的變是在時間空間以內；時間爲變化的延續，空間爲變化的延伸。

宇宙既是常在變化，萬物由變化而化生，宇宙便是一個活動的宇宙，繼續不斷的由「能」而到「行」，整體宇宙不能是絕對的存有，宇宙中的萬有更不能是絕對的存有。但是宇宙的存有，不是一個抽象的有，也不是一個死靜的有，而是活潑不停的變化，易經稱這種不停的變化爲「生生」，爲化生生命的變化，以宇宙爲一個延續不停的生命。在西洋的哲學中，沒有這樣偉大高貴的思想，從物質的宇宙中看到不停創化的生命。祇有在若望福音的緒論裏，稱天主的聖言爲道，道卽是天主聖子，與天主聖父同體。聖言又是生命，生命創造萬物，居在萬物內。

宇宙萬物由原素變化而化生，原素變化不停，宇宙的化生也不斷，宇宙乃是一延續不停的生命，宇宙的萬物又是各自變化不停；因爲原素——陰陽，在每個「存有」以內，繼續變化；王船山乃說「命日降而性日生」。每個「存有」既有內在的變化，內在的變化不改變

「存有」的本性，或者說因著天命常是一樣，內在的變化繼續不停的化生同一的性，則化生同一的性便可以稱爲「生命」。

「生命」的意義又和通常生物學和哲學上的意義不相同，「生命」即是創化的化生。整體宇宙不斷的化生，整體宇宙便有生命，每一「存有」也不斷的化生，便也有生命。創化的化生，有程度的高低，程度由具體的「存有」而定。宇宙間的具體的「存有」，帶有物質性；有的物質性最重，生物的理不顯；有的物質性較輕，生物的理較爲顯露；物質輕的程度到了人，則爲最輕，生命之理乃能完全顯出，即是心靈生命，人的創化化生爲神秘的化生，不可測。朱熹乃說『物得理之偏，人得理之全』。

全部生命之理，即全部宇宙創化之理，人的生命，代表宇宙最高的創化。人生命的發展，即是宇宙最高創化的化生，最高創化的化生，自己是創化的主人，創化的化生爲由「能」到「成全」的「行」，「行」是善。最高創化的化生，乃是倫理道德的「行」。中庸概括地說明人生命的發展，「尊德性而道問學」（中庸 第廿七章）。「尊德性」爲倫理道德的生活，「道問學」爲理智的生活。西洋哲學談論「人」，注意理智生活，中國哲學談論「人」，注重倫理道德生活。

二、理智生活

中國哲學雖以倫理道德生活爲重，然不輕視人的理智生活，大學講人的修身，開始就在於「格物致知」。

人的生命在嬰孩的時期，跟禽獸的生命在外面的表現，不見得有分別。嬰孩稍爲長大發育，漸漸「懂事」；「懂事」乃是理智生活；因著「懂事」人才表現是人。

「懂事」是知道外面一樁事件的意義，最原始的「懂事」是對外面事件的反應，你對嬰孩行手式，他知道看你，「看你」乃一原始的反應。再進一步，你逗嬰孩，他知道向你笑，「向你笑」已經是有表情的反應。反應的「懂事」，禽獸也有。家裏養的鳥和狗，牠們知道對主人有表情的反應。嬰孩長成了小孩，對於外面的事件，漸漸懂得事件的意義；對於所聽到的話，也漸漸懂得話的意義；懂得意義，才眞正開始了理智生活，小孩再長大，學會講話，知道表達自己所想的和所要的；講話，乃是理智生活的發育。小孩成了青年，青年遇著一樁重要的事，自己知道反省；反省，則是理智生活的成熟。對於一樁事，經過了反省，才可以說眞正「懂事」。

「有情的反應」，「懂得事件或語言的意義，「表達自己的思想」，「反省」，爲理智生活發育的歷程。到了反省的程度，以前的反應，懂得意義，表達思想仍舊繼續發育。

「有情的反應」爲人天生的行動，遇著一種感受，自然流露出來，好比敲鐘，鐘就響。但是敲鐘就響，敲木板卻不響；鐘有響的能，木板則沒有。嬰孩有「有情的反應」，因爲嬰孩有這種反應之能，「有情的反應」雖然是一種原始的動作，然而並不是一種純粹物質的動作。我們看見鳥和狗有「有情的反應」，我們稱讚牠們有靈性。靈性不是純粹物質的動作，也不是純粹精神的動作，按古老的哲學說是「覺魂」的動作。古老的哲學分生命的根源爲「生魂」、「覺魂」、「靈魂」，現代的哲學不喜歡這種分法。中國哲學按照朱熹的思想，以這種種生命，因著氣的清濁而分，清濁的程度不等，生命的表現也不等。我認爲每一「存有」，由原素——「陰陽」變化而化生，陰陽變化而結成「存有」的性，「存有」的性具有自己的能，「有情的反應」卽是「存有」本性所有的能，這種能祇是簡單的反應。禽獸的性祇有這種簡單的能，人的本性則具有「懂事」的各種能。「有情的反應」爲人性懂事的能之初步表現。在這初步的表現，先要有外面激起反應的事物，後要有嬰孩的注意，外面事物和嬰孩注意相合，反應便同時發生。這種過程在「懂事」的各種活動中都應該有。因爲我們人的生命，是心物一體的生命，外面的事物因著人的「物」而進入「心」，心才有反應。由簡單「有情的反應」到懂得事物或語言的意義，到用語言表達思想，到反歸自心的反省，都是由「物」而進入「心」的反應，反應的內容和方式則有不同。我們稱這種種反應爲知識。

初級簡單的「有情的反應」，爲最低級的知識，在這最低級的知識中，祇有感覺印象和靈性的注意，知識的表現祇是感覺的反應。這種知覺純粹是單純的反應。

小孩對於事物，對於語言，開始懂得意義，這是高層的知識。在這高層的知識，有感覺的印象，有心靈的注意，更有心靈的思維。小孩看見一條牛，問爸爸說那是什麼？爸爸答應說那是牛，小孩把「牛」這個「名」和所看見的「物」連接一起，他便懂「牛」這種名的意義，也懂得所看見的「物」——牛的意義。他後來再聽見說牛或看見牛就會懂得是什麼。這種懂得確實是理智生活，禽獸是沒有的。

人的生命不是孤獨的生命，是在宇宙內的生命，小孩逐漸長大，逐漸知道自己生活在一羣物和一羣人中，感覺對於外面事物，自然有接觸，自然有感覺的印象。感覺有了印象，心靈已開始活動，便認識感覺的對象，得有一觀念。心靈若尚在幼稚時期，對感覺對象的認識便不清楚，所得觀念便不清晰，靠大人們加以解釋，幫助結成一觀念。因爲人既然生活在一羣物和一羣人中，對於物和人自然要認識，否則人的生命就不能發育。感覺所認識的物留下一印象，心靈所認識的留下一觀念。哲學家討論心靈能不能夠認識自己的對象，心靈認識的對象，是否就祇是感覺的印象。人既然高於禽獸，人具有心靈的理智，心靈的理智當然認識自己的對象，理智認識的對象當然不祇是印象；否則人就等於禽獸。

人又既然是由心物一體而成，心靈理智的活動也就脫離不了身體的物，身體是物，物的認識官能為感覺，理智的認識也就脫離不了感覺。第一，理智的認識由感覺而來，第二，理智的觀念常會有感覺的特性。因此，一個人若缺少一個感官，如眼睛，就不能有形色的觀念。人對一切事物的認識都在時間和空間以內，一切的觀念便都帶有時空的特色。康德以時空為先天的範疇，又稱為先天的經驗。實際上人的身體——物，常在時空以內，人所有活動便也都帶有時空性。人沒有一個絕對超於時空的觀念，因為人的心物一體的生命是在時空以內。

人的一切認識，無論是抽象的、是具體的，都由人心靈所造，人造認識當然不是任意而造，更不是人心的幻想；人所有的觀念，具有客觀的對象；但是對象的本身，並不是人的認識，人祇認識客觀對象所呈現於人心靈的一面。例如紅色，人有紅色的印象，也有紅色的觀念；但是紅色的本身則是由一些物理和化學的成份所成。又例如桌子，人看到桌子的形色，有桌子的印象和觀念，但是桌子本身是木或是鐵，或是石頭，木和鐵和石頭，又是由別的成份所成。科學的認識說是最客觀的，可是科學的認識雖然使用儀器，儀器的認識仍舊由人心靈去作結論。所以人所有一切認識，都是由人心靈所造，人心靈造認識時具有客觀的基礎，認識乃有客觀的價值。若是按照有些哲學家所說祇有科學的認識才有客觀的價值，哲學的抽象觀念則沒有客觀價值，那祇是沒有深入研究人的一切認識的性質，也沒有體驗到認識和人生命的關係。

認識乃是人生命的繼續創化，生命繼續創化乃生認識，離了人的生命，沒有認識。

用語言表達人的思想，又是生命的創化。人的生命是在一羣人中，一羣人都有心靈便不能不發生心靈生命的關係，心靈中所有的，傳達給別人，便創造了語言。

語言有兩部份，一部份是名，一部份是名的聯繫。名由人創造以代表觀念，字由人創造以代表語言。實際的事物都不是孤立，彼此中間常有關係，把名或字聯繫起來，乃有語文的文規，名和字的造，由人自由創造，造了以後，大家都用，便成了事物的名和字。文規由人所造，人造語文的文規卻不能任意創造，有些文規是出於語文本身的要求，有些文規則生於思想聯繫的理則。這種聯繫的理則可以稱爲「語意邏輯」。人的思想由觀念聯繫而成，觀念則常帶有時空性，語言的文規便須表現時空的關係。再者，觀念代表客觀對象，客觀對象的認識是由主體生命的繼續創化，語文的文規便不能忽略這種本體方面的關係。創化關係和時空關係，構成「語意的邏輯」，語意的邏輯本是邏輯學的法則，然而時空和創化則進入形上本體論的領域，語意邏輯也就含有幾分本體論的氣氛。因此卡納普（Carnab 1891-1970 A.D.）維根斯坦（Wittgenstein 1889-1951 A.D.）的語意邏輯學變成了形上學，且被用來推翻歐洲傳統的形上學，這一點就走出了邏輯學的領域，侵犯了本體論的領域，而且語意邏輯除必要的普遍部份外，還有各種語文的文規，中國象形的文字和歐美拼音的文字，性質不同，文規也就不能完全相同，不用說單數多數和時間先後的表達方式不同，就是主詞、動詞、副詞的聯繫也不相同。用數學的數字或用拼音的字母，代表名詞列成方式，以檢查語文意義對不對，當然可以非常正確，但是也可以流入錯誤。中國名家的詭辯，都可以用數字或字母列成方式，證明詭辯說得對。例如「白馬非馬」，白爲A，馬爲B，AB當然不是B。

語言爲生命重要的創化，用爲連繫生命的關係，語言的關係乃是生命的關係。生命的關係非常神妙，變化無常，用著時空性的觀念去表現已經很難，若又把語言的結構弄成數學式的僵屍，語言便失去意義。Wittgeustein 認爲普通所說的語言，在意義上都不正確，祇有使用語意邏輯的語言才有正確的意義。使用語意邏輯的語言好比是經過儀器化驗的食品，人們吃飯不能把每餐的食品先都經過化驗後才吃，否則人便成了機器的奴隸，人的生命已經不是生命。

理智的認識和表達，既是人心靈生命的創化，人的心靈因和物質的身體合成一體，認識和表達都帶有時空性，心靈有許多感受便無法認識或表達，佛教禪宗乃倡不立文字。在哲學上乃有「直觀」（Intuition）的問題，人心靈是否能夠突破身體而直接和自己的對象相結合，這種結合能有純精神的認識，在宗教方面肯定有「直視」（Contemplation）的現象，人心靈直接和「絕對存有」相結，超越一切的觀念和言語，這種現象不能言傳，祇有生命的體驗，超出哲學的範圍。

在哲學上說：知識是人心靈生命創化所化生，含有人心靈生命的特性，常帶有時空的特質，超於時空的知識，便不在哲學領域以內。

三、存有

西洋哲學的中心觀念爲「存有」，對於「存有」的意義各派都有不同。當代許多西洋哲學家主張廢棄「存有」的觀念，認爲空虛不切實際，應以實事實物作爲研究的中心，然而實際上他們祇是換了名詞，把實事實物作爲「存有」。「存有」雖是形上學研究的對象，但不能是空虛的抽象觀念，否則不能成爲哲學的對象，

哲學所研究的，是我們所認識的對象，這些對象究竟有什麼意義，我們所認識的對象，

都是實際的「有」，實際的「有」，則都存在。因此每個對象都是一個「存有」。

「存有」，就是說實際存在，誰不知道這個意義。實際有什麼可以研究的！我們該研究的是實際存在的是什麼物體。若是老師問學生外面的那件東西是什麼？學生答說是一個「存有」。老師必定說這個答覆過於簡單，實際上等於沒有答覆。不過，我們若靜下心思考一下，一切的問題都要歸到「存有」，也都要以「存有」作基礎。事件很簡單，事物若不存在，就是沒有，就是「無」，那就什麼都不必說，也沒有什麼可說了。

人心靈所認識的對象既都是「存有」，第一個問題便是「存有」有沒有意義？既然一切都是「存有」，「存有」當然有自己的意義。而且一切最後都歸到「存有」，「存有」的意義便應該是一切事物所有意義的根基，例如一個學校的學生稱爲學生，「學生」當然有意義，這全體學生的責任和權利都以學生的意義爲根由。宇宙間一切事物，歸根都稱爲「有」，卽是萬有，「有」卽「存有」當然有意義，而且「存有」的意義必定是宇宙萬物所有意義的根基。

有人要說「存有」的意義非常抽象，非常空泛，對於事物的研究有什麼益處？益處卻眞大！「存有」把宇宙萬物歸在一個觀念裏，萬物便可以相聯繫，而不是孤單獨立不相關。同樣哲學因研究「存有」，也可以使各門學術互相連繫，不致於各自關閉。再者，「存有」是一實體，實體爲主體，一切知識便應歸於自己的主體，不致於賓奪主位，各自爲主。

西洋形上學乃以『存有』爲研究的對象。『存有』實際存在，爲能有，當然要在；爲能在，要有在之理，所以「存有」有「理」有「在」，理就是性。性和在的關係，性限制在，在成全性。性爲抽象，在爲實際；實際的在是按抽象的性，抽象的性因實際的在而具體化，抽象而成具體，當然要加上副加性以成自立的個體。個體和個體的關係，從「存有」去看，有幾項基本的原則，形上學稱爲「同一律」、「矛盾律」、「因果律」。個體從「存有」看本體，應該是眞、是善、是美。

中國形上學由易經開始，以宇宙爲一變易的整體，又以每個單體也是常在變易，變易爲繼續創化，創化爲生生，生爲生命。單體卽是「存有」，易經便以「存有」爲生命，爲創化。宇宙常在創化以化生萬物，每物也常在創化以化生事物。

『存有』從本身上看，是實際的存在；從本質上看，則是變易的創化，是生命。「存有」卽是「生命」，「生命」卽是「存有」。

生命既是創化的變易，必定要有變易之理和變易之質，變易之理爲性，變易之質爲元素卽是陰陽之氣。所以說：『一陰一陽之謂道，繼之者善也，成之者性也。』（繫辭上 第五章）

宇宙的創化之變易，具有變易之道，卽是變易之原則。陰陽兩素運行而成變易，陰陽的運行有本身的原則，使能化生。第一項原則是結合律，陰陽的運行，要互相結合，不能互相排拒，和黑格爾的正反合辯證律相反。陰陽運行爲能創化生命，卽化生萬有；化生生命，要陰陽相結合才能生生，若相排拒便不能生，易經說：「天地絪縕，萬物化醇。男女構精萬物化生。」（繫辭下 第五章）

結合要適得其當，陰陽兩要素的盛衰適得其當，兩素的運行又要合於時地，易經很注重時和位，又特別看重「中」，時和位的中，就是對於時和地洽得其當，中庸稱之爲「中庸」，這是「時位適中律」。達爾文的進化論，主張物競天擇，強者生存，中山先生改正這種鬪爭的主張，肯定人類的生活以互助爲原則，實際上達爾文的原則是全部錯誤，物種的死滅和生存，原因在於適合或不適合自然環境，就是「時位適中」，一種生物的生命，若因自然環境變遷而不適於生存，便漸漸死滅，適合的生物則逐漸發育，新種也適時化生。若說只是弱肉強食，強者生存，古代生物的恐龍，身軀偉大，較比後代的生物都要強壯，卻竟滅了種，適者生存，才是實事。

陰陽兩素的運行，適得其當，使宇宙萬物的生命互相調協，宇宙具有一種天然的韻律，好似一曲音樂，稱爲天籟，所以生生有一項「和協律」（Harmony）。自然界的物體各有各的位置，彼此間有自然的關係，人不宜予以破壞，否則整個宇宙都要受到傷害，人的生命受害更重。現在生態環境已經受到人類的破壞，務必要加以補救。

宇宙萬物不僅彼此連繫，構成「和協」，而且彼此互助；因爲生命不能孤立，需要別的生命的協助。協助的程度有天然的次序，下級供上級的使用，整個宇宙萬物供人生命的使用。使用的程度按生命的需要，過了生命的需要則是濫用，濫用便會破壞自然界的平衡。這種關係構成生生的「互助律」。

自然界的宇宙，從整個生命說，既是「適中」、「和協」、「互助」，宇宙是美、是善，詩人騷客乃常欣賞而歌誦自然之美，宗教家又讚頌自然界之善。

每個單體生命，從本質上說，也天生是眞、是美、是善。

單體的生命卽是「存有」，單體的生命繼續創化。單體生命的創化由陰陽兩素的運化而成，陰陽兩素爲靜爲動，在繼續創化歷程中常有一動一靜，一動一靜的繼續乃有時間。單體的生命在宇宙內又常含有物質的量，有量則有延伸，有延伸便有空間。

單體生命的由來，由宇宙創化而化生，卽是由自然界的創化而生。宇宙創化的能力，可稱爲「創生力」，或稱爲生元。「創生力」來自宇宙的創造者，卽是來自造物主——上主。造物主創造了宇宙，開始時只是造了元始的物質，給元始的物質一種「創生力」，元始物質因著「創生力」繼續創化，化生適合當時環境的物體。每個物體也具有適合本性的創生力，常常變易、創化。在地質學、天文學和生物學上有千千萬萬年的歷史，從哲學上去看乃是生命因著創生力的繼續創化，達到了現在的文明世界。

生命的本體爲「存有」，生命爲「存有」所有，「存有」的本質卽是生命；因爲「存有」爲一變化的「存有」。但是在本體上，「存有」是主體，「生命」是附體，生命屬於存在，在具體的實際存在上，生命和存有合而爲一，卽是「體用合一」。所謂合一，是兩者相合，而不是「同一」；若是「同一」，則不必相合，本來已經是一。

「存有」既是生命，「存有」的存在，是個變易的存在。變易的存在，時時在創化，一方面和宇宙萬物的生命——創化相連，化生新的「存有」，卽化生新的生命；同時在本身又創化，化生各種事物。一個人，須協助宇宙萬物以化生萬物，自己又時時刻刻創化心靈的知識和情感，身體的各項動作。人的生命爲最高的生命，最高的生命具有最高的創化力；生命愈低，所有的創化力也愈低。通常說礦物沒有生命，然而每塊礦物也具有創化力，對外協助宇宙化生萬物，對內也時常創化爲維持自身的存在。宇宙間沒有一物在開始存在後，就靜靜地自然存在。存在乃是創化，一物一開始存在，就要繼續創化以化生自己的存在，如同王船山所說「性日生而命日降」。一物既生，要繼續生，才可以存在。萬物原來沒有，由造物主以創生力造爲「存有」。受造的「存有」，時時仗賴造物主的創生力去維持，所以聖多瑪斯說：「維持萬物的存在就是繼續的創造。造物主的繼續創造，在每個物體內即是繼續創化。」

「存有」既是「生命」，生命又是「創化」，生命便該繼續發育。生命的發育按照物性之理以進行，低等生命，發育最低，如礦物只能維持自身的存在，不見發育的形跡。生命漸高，發育漸高，發育的形跡漸顯。人的生命最高，人生命的發育也最高，發育的形跡也最顯著，成爲人類的各項建設。發育所以是生命的天性。一個人不能發育自己的生命，就不能成爲一個完全的人。身體不發育，則變爲殘障人；心靈不發育，則變爲低能的白癡。

人生命的發育，在理智方面有種種學術和藝術，哲學即是人生命發育的創化。人生命最重要的需要是對生命的認識。生命有內在的一面，有外在的一面；外在一面爲宇宙間的萬物，內在一面是人自己。人類一開始，就對生命的兩方面追求認識；因爲若不認識生命，怎樣可以發育生命？因此哲學爲學術中發達最早者，在學術史開始時，哲學代表整個的學術。後來人類理智生活愈加進步，學術的分類乃愈多；但是和人的生命聯繫最緊的仍舊是哲學。哲學是人的心靈和事物相對，以知道事物之理，所知道的事物之理和人的生命相關連；所以哲學是人生命的學術。

四、發育

人生命的發育，乃天然的要求，也是人天生的願望。生命既是繼續的創化，創化爲化生新的事物，使生命更完全，日新而又新。

人生命爲宇宙生命中最高的生命，最高生命爲心物一體的生命。但在心物一體中，心靈的部份高於物質身體的部份。身體的部份和禽獸相似，又因爲是物質，物質的發育受量的限制，到了最高點便開始退化，老人的身體就是退化的身體。

心靈則沒有量，心靈生命可以繼續發育，至於無限。哲學所研究的卽是心靈生活的發育。

心靈的創化和宇宙的創化相連，因爲人爲宇宙萬物的一部份，而且是最高的一部份。宇宙創化有宇宙創化的原則，這些原則也該應用於人生命的創化。宇宙創化的原則稱爲自然律，自然律應用於生命的部份，稱爲性律，中國儒家稱爲天理。天理在人性，中庸所以說「率性之謂道」（第一章），又說人若是至誠，則能發育自性，且能發達人性和物性，以贊天地之化育。（中庸 第二十二章）

人性既有天理，天理爲眞爲美爲善，人生來便是善，儒家乃以人爲「倫理人」，孟子說：人生來具有仁義禮智四端，（公孫丑 上）人生命的發育就是發育這四端。

人的生命生育在一羣人和一羣物中，生命的發育不是孤單的發育，而是彼此聯繫的發育。彼此聯繫便彼此有關係，生命關係爲創化關係，有予有取，予取適得其當，發育才能健全。人生命發育的規則「中庸」一律乃非常重要，中庸卽是於時於位，適得其當。

創化的目的在於化生新生，化生新生仗造物主的創生力，又是造物主的繼續創造，應視爲造物主的愛，易經也稱爲天地好生之德，『天地之大德曰生，聖人之大寶曰位，何以守位？曰仁。』（繫辭下 第一章）

仁代表生，仁是愛惜生命乃發育生命。易經說生命的生命歷程爲元亨利貞，元爲生命之生，亨爲長，利爲收，貞爲藏，以四季相配，卽是春生夏長秋收冬藏，元爲生命之生，包涵亨利貞。同樣心靈天生有仁義禮智四端，以仁爲元，包涵義禮智。仁爲生，人愛自己的生命，也該愛和人生命互相連繫的人和物的生命，而且還要協助人物生命的發育。孔子乃說：『夫人者，己欲立而立人，己欲達而達人。』（論語 顏淵）

發育人的生命，以「仁」爲中心，朱熹以人得天地之心爲心，故仁。（朱文公文集卷六十七仁說）又說：仁爲愛之理。（朱子語類 卷二十）生命的關係爲彼此關連，彼此互助，生命的關係，當然是愛的關係。和人生命相連，開始爲家庭，再爲同鄉同城的社會，再爲同國的國家，再後則有全人類的國際社會。另外又有自然界的萬物。一個人對於這些社團和自然物，都有生命的關係，都要有愛，人生命的關係，乃是愛的旋律。愛的旋律由近及遠，推己及人。

「愛之應得其道」，所以有義有禮有智。好比亨利貞爲元發育的歷程。義禮智也就是仁發育的歷程。義禮智對於仁的發育所有的意義，在於使仁合乎中庸，常能適得其當，不偏不倚，也不過或不及。合乎中庸之仁，發揚心靈的生命，人心能有浩然的精神，包涵宇宙萬物，「萬物皆備於我矣」。（孟子 盡心上）

人心靈爲精神性，本來無限無量，人心靈生命的發育天然地奔向無限，沒有止境。心靈生命爲理智和感情的生命，理智追求無限的眞，感情追求無限的美和善。人心靈的追求，第一爲成全自己的生命，第二爲達到自己生命的目的。生命有一分成全，心靈便有一份的滿足，生命達到目的，心靈乃得到完全的滿足。滿足就是幸福快樂；一分滿足，爲一份幸福快樂；完全的滿足，爲完全的快樂。

無限的眞美善，決定不能存在於宇宙萬物以內；因爲宇宙萬物具有物質性，物質性必定有量，有量便是有限。心靈生命爲追求無限的眞美善，必須超越宇宙萬物，使心靈生命傾向於一『絕對存有』。

物質的宇宙爲自然界的宇宙，愛的旋律的社會爲倫理道德的社會，學術藝術的世界爲理智的世界，人心靈傾向「絕對的存有」，必定要超越自然宇宙，要超越倫理社會，要超越理智世界，人心靈直接歸向「絕對的存有」，達到「直視」(contemplation) 的境界。

所謂超越，並不是捨棄，而是要將心靈從這幾層的世界中，提升向上。

中國儒家講天人合一，人心靈的發揚，『與天地合其德』，（易經・乾卦・文言）「參天地之化育」（中庸　第二十二章），易經稱天人合一的人爲「大人」，中庸稱爲「至誠之人」或「聖人」。「大人」或「聖人」的心靈生命，發揚仁道，協助宇宙的創化，化育萬物。方東美教授認爲這種心靈超越，爲人內心自力的發揚，由下而上，不假天上神明的力量，乃儒家生命哲學的特點，有異於西洋天主教假神力的超越論。

儒家的天人合一，在於合於天德。天德爲天地好生之德，天地之德若不解釋爲上天上帝好生的愛心，天地則仍爲宇宙，天地之德乃宇宙之德，人心合於宇宙之德，雖然廣大無垠，然仍在宇宙以內。儒家的超越乃是超越單體的萬物，而不是超越宇宙。超越單體的萬物，是超越單體的利益，而以整個宇宙的利益而關心，但總未能超越宇宙而歸入「絕對存有」。孔子述說他自己心靈生命發育的歷程說：『吾十五而有志於學，三十而立，四十而不惑，五十而知天命，六十而耳順，七十而從心所欲不逾矩。』（論語　爲政）他超越了自然宇宙，超越了理智世界，但尙存在倫理道德世界，達到「從心所欲不逾矩」倫理生活的最高峯，然而沒有直接歸向「絕對存有」的皇天上帝。孟子則說：『余善養乎浩然之氣。』（孟子 公孫丑上）浩然之氣充塞宇宙，由集義以成。孟子的浩然之氣，仍舊在宇宙以內，超越了單體的萬物，沒有超越宇宙。

道家的眞人，雖說和「道」相合，實則是和天地之氣相合，與天地同流而長終。佛教的禪道，由人心而見眞心，去掉自我而存眞如，人合於眞如，入涅槃而成佛，然而佛教所講眞如，渺冥莫測，不可言宣。

實則宇宙由造物主所創造，造物主爲「絕對存有」，超越宇宙，純粹精神，爲絕對的眞美善。宇宙的生命發育到了人的生命，人的生命以心靈爲中心，心靈雖和身體相合，心靈則是精神，所以追求無限的眞美善。人心自然的傾向，卽傾向於無限的眞美善，對於宇宙內所能得到的眞美善都不能取到完全的滿足。

人心靈與身體結成一體，心靈之活動，身體必定參加，心靈傾向「絕對存有」，超越世物，整個人的活動必表示不受事物的牽制，對於名位、金錢、男女，不留戀愛慕，就同聖保祿宗徒所說：「有，如同沒有；用，如同不用。」這種心理態度，普通人都可以有，中國古代許多賢人也都能做到。而且古代聖賢倫理道德也能超出凡人。因此，爲善、修德、克制情慾，乃人自力可以做到，爲何天主教主張務必需要天主的神力助祐？理由很簡單，「絕對存有」超於宇宙萬物，超於人心靈；人惟爲萬物中最靈最秀，但仍舊是有限之存有，人心靈所有能力都屬有限，以有限之能力，絕不能攀上「絕對存有」。人可以行善，可以有高尙的道德，然這些道德善行，可以使人心和宇宙相合，而不能達到絕對存有之天主。天主教人士行善克慾和教外人士行善克慾有點不同，即是天主教人士以行善克慾而傾向天主的意願，這種純淨的超然意願，由天主神力助祐而有。若無神力助祐，天主教人士行善克慾也和教外人士一樣，沒有傾向天主的純淨意願，心靈生活就不能傾向絕對存有而發揚。

懷著傾向天主的純淨意願，心靈不繫戀世物，而傾向天主的愛，心靈安寧，忍受世事的遭遇，這種心情顯露於外，身體的形色也表露這種心情。

至於心靈暫時脫離身體的限制，直接和「絕對存在」天主相接，不是哲學所能解釋的問題，但是在宗教內有過這類事實，聖保祿宗徒曾說自己被提舉與天主相接，自己不知道是在身體以內，或是脫離身體。別的同類事實則是身體亦有生理方面的生命，感覺和理智的生命暫時停止，直接和天主相接的人，仍是活著，但一點知覺都沒有，叫喊不聞，針刺不痛，火燒不覺。心靈和身體暫時分離，心靈所見的，則是「絕對存有」天主所放射的光明，在光明中直見天主，不用感官，不用理智，不用觀念，精神對精神。醒悟人間事時，只覺心靈的愉快，所見的已不留有印象或觀念，沒有語言可以表達。這種事，乃是偶發的事，不是「超越生命」的常情。要待人去世，心靈單獨生存，心靈沒有罪汚的沾汚，直接歸向生命之源，「直見」的生活便成爲常情。心靈生命達到了目的，欣賞無限的眞美善，取得圓滿的幸福。

當人尚在人世活著時，心靈傾向天主，不是要飛升天上，而是在自心以內和天主相接，只是人心尚和身體結合一體，不能在心內見到「絕對存有」的精神體，而是相信在心內和天主相接，激起接見天主的誠切希望，熱烈愛慕天主。「超越生命」在這時已經開始，直到身後才得完成。

五、結語

整部哲學乃是生命的哲學，人自體是生命，宇宙萬物也是生命，即是繼續的創化。人生命和旁的生命相接觸，心靈對他們有知識，知識是按人心靈的心物合成一體的境遇而成的，常會有時空性，知識乃是人生命的表現，有表現者便應有接受者，人生命和別的生命的關係是「予受」的關係。

「予受」的關係，使生命彼此聯繫，彼此互助；因爲生命的本性趨向發育，發育便繼續創化。整個宇宙是「繼續創化」，每個物體也是「繼續創化」，創化的動力來自造物主天主，宇宙萬物繼續創化，即是造物主的繼續創造。

人的生命爲宇宙萬物生命的最高峯，人心靈有知有情，自作生命發育的主宰，使自己的生命有意識地和別的生命相連，結成層層愛的旋律之世界、家庭、社會、國家、人類、自然界。

然而人心靈生命發育的目的，乃在於追求無限的眞美善，以歸回生命之源。人心靈的生命便要超越宇宙萬物，時時事事傾向「絕對存有」的造物主天主，及到「直見」天主爲止，取得圓滿的精神幸福。

哲學所講的認識論、本體論、宇宙論、心理論、倫理論，都是心靈生命的發育，就是生命的繼續創化。所以生命哲學不是以哲學講生命，而是以生命講哲學，生命是哲學的本體，又是哲學的發展。我講生命哲學的各部份，很多處應用士林哲學和中國哲學的思想，因爲那些思想正確地講明生命在那方面的發育，然而我是把那些思想連繫在「生命發育」的系統內，並不是因爲大家都知道那些思想，便不必講，或者沒有新的意義、新的中國哲學不能完全從新創造，而是把舊的和新的思想，裝在新的酒罈裏，使舊的要超越舊的意義，和新的結成一體，融會成中國的新哲學。